¡¿CÓMO SUBDESARROLLAR A UN PAÍS?!

¡¿CÓMO SUBDESARROLLAR A UN PAÍS?!

There are 10 chapters plus Index and Glossary.

Jacobich Mileto Alexandropoulos Zaitsev

ÍNDICE

¿QUÉ DICE EL AUTOR?

¿Qué es lo que dice el autor sobre el libro?

Dice que este tiene como tema central la situación económica de la isla, pero como está lastrada, como es una rémora de la política que es la que determina cada paso en la vida del país, entonces fue necesario abordar con mayor profundidad el entrelazamiento entre economía y política.

Él dice que el futuro desarrollo de la nación tiene que necesariamente pasar por un sector privado fuerte y diverso que no se concentre entre bambalinas en las manos de los que detentan el poder. GAESA, es un pulpo que solo le proporciona ganancias a los Castros y a los altos rangos militares del fidelismo o castrismo.

El autor también dice que el sistema político no se va a caer solo, que hay que estremecerlo y sacudirlo para que caiga porque los que asumieron el poder entre charcos y ríos de sangre no lo van a dejar, no van a salir de él si no hay, más que un Maleconazo como el del 94, un CUBANAZO que nos traiga la verdadera libertad e independencia para todos los cubanos.

¿Y qué más dice el autor sobre el libro?

Le dice a los miembros de los cuerpos armados, el ejército y sobre todo la policía, que ellos no son una guardia pretoriana destinada a cuidar y proteger a los nuevos prototipos de emperadores, que sus obligaciones son con la defensa del país y su orden interno, que no es estar violando jóvenes, ni servir de perros falderos porque reciban una jaba o unas libras de pollo a las que la inmensa mayoría de los cubanos pobres no pueden acceder.

Que el uso de las armas de fuego contra sus congéneres es ante todo un acto vil, abusivo, un acto de canallas y propio de cobardes como los dirigentes políticos que ostentan los más altos cargos del país; que esas armas son para ser empleadas si hubiera una agresión externa y no contra la población que reclama el justo trato al que tienen derecho todos los seres humanos sin considerar el aspecto ideológico. ¡Qué no manchen sus manos, su conciencia, sus armas disparando contra el pueblo inerme! ¡Qué las órdenes recibidas para matar y masacrar a cubanos que luchan por sus derechos pueden y deben ser incumplidas si ellos son hombres y mujeres de bien que quieren lo mejor para su país!

El escriba dice además que llegado el momento la diáspora debe apoyar a los que en la isla luchen por derrocar al abominable régimen que oprime, esclaviza y se burla del pueblo, que esa ayuda debe concentrarse en alimentos y en mantener los teléfonos recargados para permitir algún grado de comunicación y coordinación dentro de la isla por lo que también es necesario que se establezca alguna vía de comunicación que no sea la que ofrece ETECSA.

Este amanuense también señala como punto muy importante que la lucha no debe ser basada en el uso de las armas porque nos ocurriría lo mismo que con la revolución fidelista, que una vez instaurados en el poder se creen el dueño del mismo y no van a querer soltarlo; vean el ejemplo de FCR que empezó diciendo yo no quiero el poder, no lo quiero, deseo estar lejos de él y cuando se encaramó en el mismo, no hubo forma de bajarlo. Debe ser una lucha cívica, de desobediencia en la que se afecte la economía del país y la nuestra, por eso más que armas se va a necesitar ayuda material desde la diáspora sobre todo en alimentos, pero sin que se contraigan compromisos ominosos que le den a alguien el derecho de decir: "yo fui el que más aportó por eso me corresponde tal territorio o provincia".

También aduce que alguien tendrá que liderar la lucha y que esta persona sería objeto de prisión tan pronto las autoridades de jure lo puedan atrapar y que en ese caso debe existir alguien preparado y dispuesto para asumir el lugar vacío, la dirección de la protesta; no puede ser que la lucha se interrumpa porque no haya alguien que dé un paso al frente para organizar lo que se debe hacer, siempre cuidando no ser penetrados por los elementos rompe huelgas del régimen. La protesta no se detendrá hasta que no se alcance la renuncia del régimen y ninguno de los actuales dirigentes debe fungir como miembro del grupo que se cree para regir los destinos del país.

Estúdiense las luchas cívicas y de protestas pacíficas llevadas a cabo por el indio Mahatma Gandhi y los estadounidense Martin Luther King Jr. y Malcolm X; se debe tratar por todos los medios no usar métodos violentos porque eso justificaría el uso de armas por parte de las autoridades; no dejarnos provocar es una buena estrategia, pero sin dejarnos avasallar, si usaran objetos contundentes para golpearnos como hicieron cuando el Maleconazo, debe maniobrarse para no dejaros golpear y pasar a la ofensiva. No será fácil; pero no podemos hacer una revolución como la fidelista que traería un costo en sangre y encarcelamientos indescifrables.

El autor dice que tiene que ser una lucha de todo el pueblo que está siendo oprimido, que las autoridades van a tratar de desorganizar desde adentro infiltrando elementos quinta columnistas y rompe huelgas, pero la decisión debe ser luchar los meses que sean necesarios en las calles, tal vez al principio serán pocos, pero poco a poco puede que los participantes verdaderos vayan aumentando. Es mejor enfrentar la muerte un día que estar bajo un techo que no se sabe cuándo se va a desplomar sobre nuestras cabezas.

Él reconoce que las autoridades se burlan tácitamente mientras nos llaman "nuestro pueblo" y les da lo mismo que se mueran tres niñas de entre 12 y 14 años, como si se mueren 50, ya lo demostraron con los hundimientos del remolcador 13 de Marzo y el barco XX Aniversario, sin contar otros vandálicos actos llevados a diario contra la población, pues entonces hay que tratar de coger el toro por los cuernos, teniendo en cuenta que no hay STOP, que no hay TREGUA, esto es hasta que se busque la SALIDA del desastroso sistema que vivimos.

El coronacastrismo-61 es fuerte, pero los cubanos de vergüenza, con las jóvenes que cada día nos dan lecciones de coraje en su enfrentamiento contra la dictadura, más la batalla que día a día libramos por sobrevivir durante estos 61 años, tienen que hacernos crecer y ver que el pueblo es más fuerte que el coronacastrismo-61.

Él dice que cuando se alcance el deseado cambio no puede haber la venganza, ni la revancha que exhibieron los castristas con el triunfo. No pueden haber che Guevara ensangrentando La Cabaña con aquellos juicios relámpagos en los que perdieron la vida más de 550 personas en apenas 4 meses, los que se "juzgaban" en la tarde y eran fusilados en la noche; ni la Masacre de la Loma de San Juan en Santiago de Cuba la que ocurrió en la madrugada del 12 de enero de 1959 con 71 asesinados llevada a cabo por Raúl Castro el cual se puso bravo cuando fue criticado y prometió que en próximos días habrían más muertos y cumplió su palabra llegando a cifras por encima de los 200 muertos con el mismo proceder que tenía el che; ni puede haber un Fidel Castro vanagloriándose de que ya en su toma de posición como primer ministro el 16 de feb. del 59, había más de 300 asesinados y que según él otras cabezas caerían y que además, los que no se pasaran por las armas irían a la Ciénaga de Zapata a desecarla y él auguraba que ese castigo les sería más duro que enfrentar el paredón. Esas salvajadas no se pueden repetir porque sería la de nunca acabar; pero además las nuevas personas que llegarán al poder no pueden parecerse a los asesinos que condujeron los destinos del país hasta el presente, sembrándolo de odios, violencia, resquemores y revanchismo. Se requiere una ley de punto final como se hizo en Chile cuando Pinochet dejó el poder. Hay que perdonar, sin que signifique que olvidamos las atrocidades acaecidas durante la dictadura, tenemos que llegar a ese convencimiento; es la única forma de encausar al país.

¿Dice el autor del libro algo más?

Sí, dice que esta lucha, que esta batalla no se librara en las montañas sino en las calles, con todo el que se sienta humillado, preterido, usado por el régimen y quiera revindicar los derechos que nos han sido arrebatados, burlados por la dirigencia nepotista; aspiramos a un verdadero cambio que no nos lo van a mandar de afuera, que tenemos que lograrlo desde adentro con todos los que tengan más vergüenza y estén decididos a no seguir siendo una carta de juego del la dictadura castrista. Puede existir miedo al principio pero este desaparecerá cuando se tome plena conciencia de que nunca obtendremos el cambio que necesitamos si no luchamos.

Dice que hay que apertrecharse de provisiones de todo tipo para resistir por largo tiempo en las calles, que la desobediencia a la dictadura es esencial para mantener nuestra resistencia, que nuestras armas no deben ser las malas palabras en boca de las mujeres, ni de los hombres, que no podemos comportarnos como una chusma inculta y salvaje, nuestras armas serán el silencio sepulcral en las marchas y nuestros brazos para defendernos si nos agreden. La decencia será un rasgo distintivo de los que se manifiesten. Que las palabras pene, testículos, vulva y otras de calibre pesado están excluidas del vocabulario de los manifestantes. No portar armas blancas, ni de ningún tipo durante las manifestaciones nos hará más fuertes y no le daremos motivos a la fuerza represiva a usar las suyas.

También dice que la solidaridad externa se proyectará de acuerdo a la conducta que exhibamos en cada día de lucha callejera. No puede haber rotura de tiendas, de vidrieras, no puede haber esa violencia que genera el odio a un sistema que nos ha puesto el pie encima y no nos lo quiere quitar.

Él alega que no deben haber consignas populistas como las creadas por la revolución castrista, que nuestro principio es: "que si guardamos cuarentena en casa por el coronavirus-19, entonces para luchar contra el coronacastrismo-61 tenemos que hacernos a la calle".

Lo último que ha dicho el autor es que en esta etapa de lucha pacífica, además de nuestros verdaderos héroes y mártires, donde no esta Fidel, ni compañía, se pueden tener como guías espirituales de nuestras luchas las imágenes de Mahatma Gandhi, de Martin Luther King Jr., de Nelson Mandela y de Malcolm X. Que esta no es una lucha por ser comunista, que aunque se puedan respetar a los comunista, nuestra lucha es por abandonar el comunismo, el socialismo y el nefasto castrismo; qué es preferible volver al feudalismo o a la comunidad primitiva antes de seguir en una de esas nefastas e inservibles sociedades.

INTRODUCCIÓN

Por más de 6 décadas la isla ha vivido lo que parecía sería un período de esplendor y de mejor vida para todos los cubanos. Nos equivocamos. No fue así.

Desde 1959 cerca de 3 millones de cubanos han tenido que hacer sus matules y dejar la isla, como dijera un balsero en 1994: *"aquí es imposible vivir… hay que vivir robando para poder sobrevivir."*

Después de conocer de la inteligencia impar del hombre que nos puso los grilletes y ni cuenta nos dimos hasta que empezamos a sentir la molestia, molestia que derivo en dolor, dolor que se fue haciendo cada vez más y más agudo hasta llevarnos a la locura de lanzarnos al mar a riesgo de nuestras vidas y de las vidas de los que nos acompañaban o hacer un viacrucis desde Suramérica hasta tocar la frontera del país que el régimen quería que odiáramos a toda costa.

Nos queda la satisfacción de saber y reconocer la inteligencia de otro miembro de la familia Castro-Ruz, la hermana, que a leguas de los momentos actuales fue capaz de dar una acertada definición de lo que era el comunismo y por eso rompió con él y abandonó cualquier privilegio que pudo haber tenido a cambio de vender su alma al diablo que resultó ser su hermano en el poder.

¿De cuánto no hemos sufrido los cubanos en la isla? ¿Qué nos falta por pasar, por sufrir, qué prueba nos queda pendiente, a ver si la pasamos y salimos de esta pesadilla? Hemos sufrido de mentiras fidelistas, de violación de nuestros derechos, de muerte de familiares por razones políticas o de guerras que llenarían de glorias a los seres más farsantes que han pisado la tierra cubana, de ser tratado como lo que hemos sido en estos años: verdaderos esclavos modernos a cambio de unas migajas que se dieron no porque se reconocía la necesidad que tenía la dotación, sino a cambio de un servilismo político y un agradecimiento incondicional hasta que fuéramos cadáveres.

Fulgencio Batista Zaldívar (FBZ), fue uno de los gobernantes más malos que tuvo la república antes del 59, pero las cosas con él estaban más claras, le interesaba dinero, dinero y más dinero; nunca trató de comprar el alma de la gente, ni comprometerla para su causa; como todo político decía mentiras y robaba, ¡cómo no!, pero se sabía, existía la posibilidad de salir de él algún día sin necesidad de una revolución que se considerara perpetua en el poder, entonces, ¿cuándo tendremos los cubanos un país en que de verdad podamos votar por quien queremos nos dirija?, porque las elecciones manigüeras que tenemos hoy son las hijas de aquellas desafortunadas palabras de: *"¿Elecciones, elecciones para qué?"*, todo un rotundo engaño.

Batista no nos hubiera durado estos 60 años, sin embargo llevamos todo ese tiempo de fidelismo o castrismo con un daño casi irreversible a la capacidad de pensar, de discernir, de objetar de los cubanos; mire usted si el castrismo ha sido pernicioso que nos hemos quedado postrados, inmóviles, casi somos el bochorno del mundo, todo el campo socialista y la madre que los parió desapareció y nosotros quedamos como bastión fidelista de porquería, inexpugnable, para con los norcoreanos ser la lástima del mundo, la pena de los demás; ahorita y si no nos apuramos los norcoreanos salen del enclaustramiento en que viven primero que nosotros. ¡QUÉ PENA!

La isla anda patas arribas desde que el castrismo la acogió en su seno, la amamantó con la ponzoña más letal; si antes del 59 estaba mal, después de ese año y a partir de la breve y fugaz obertura con la que encantó a su público en la primera presentación, la orquesta comenzó a desafinar y las notas que producía eran cada vez más discordes y disonantes.

Las propuestas de los dirigentes son tan irreales que no mueven a risa, sino a llanto desconsolado y esa es la forma más grotesca de burlarse de la masa esclava que durante años han mantenido en la mayor censura y ostracismo; solo es verdad lo que desde la alta cúpula se dice y a esa cúpula solo llegan los que mejor saben mentir y manipular. Su profesor emérito murió hace algún tiempo y dejó a un sustituto de bajo performance y este a su vez se buscó algo así como una marioneta.

De los que nos quiso el castrismo vender como enemigos podemos aprender que uno de sus presidentes, Abraham Lincoln (1861-65) libró la Guerra Civil o de Secesión y lejos de establecer la esclavitud, acabó con ella en los estados confederados donde esta existía, y por supuesto que ese fue un primer momento, pero desde allá hasta acá aunque ha llovido mucho, incluyendo lluvia ácida, no se puede negar que la sociedad de los enemigos de FCR es mejor que la que su clan ha venido formando y eso solo se corrobora porque cuando los esclavos huyen del castrismo todos quieren ir a parar a la tierra del enemigo, ¿y entonces?, ¿cómo se puede entender semejante proyección totalmente contraria a la cantaleta fidelista de que los yanquis son malos y por ende nuestros enemigos?, ¿cuántos yanquis han ido a refugiarse a la tierra de los Castros?; que se conozca una y porque está como fugitiva, acusada de asesinato, que a lo mejor lo del asesinato no fue verdad, pero ¿quién más quiere ir a deleitarse con aquel paraíso de los fidelistas?

El miedo vive en la población y su pánico los obliga a ver los colores feos del castrismo como no tan malos, es un miedo enfermizo que aunque ha ido disminuyendo no ha sido lo suficiente como para que los de arriba se sientan inseguro de las barbaridades que a diario cometen. Ese miedo llega hasta la familia que está en el extranjero, porque el régimen es capaz de ajusticiar fuera de sus fronteras o tomar represalias y que mueran de manera inexplicable familiares que dentro de la isla pagan por las cosas que fuera de ella se hacen y que no son del agrado de la cínico-cracia que desgobierna la isla; es un régimen de terror, de ajuste de cuentas, de eliminar con mucha sutileza a todo aquel que no lo comulga, aunque algunas chapucerías han cometido incluso para eliminar a sus propios correligionarios; si se creara una lista, de seguro se correría el riesgo de dejar fuera a muchas personas víctimas fatales del castrismo dentro y fuera de la isla. Actúan como una mafia caponiana, te puedes ir, te puedes esconder que cuando sepa dónde estás te mando tus rosas rojas, no a crédito, sino a pagar en cash en ese momento.

Los países comunistas de Asia: China, Vietnam, no hay dudas que lo son, pero esos países avanzan económicamente y la población tiene otros niveles de vida que no se pueden comparar con la miseria de los esclavos de Cuba, sus economías registran avances de año en año, mientras que la cubana no deja de desacelerarse y venirse abajo de año en año; la otra nación asiática que ostenta una dinastía peor que la cubana y que por cierto es amiga estrecha de Cuba, es Corea del Norte; allí por lo poco que se conoce, no se sabe cuando es de día o cuando es de noche, así es de grande el enclaustramiento en que se mantienen ambos países; ellos dos tienen una emulación socialista para ver quién es más represor, para ver quién lo hace peor.

Cuando algún día los esclavos cubanos sepan qué clase de calaña tenían como dirigentes, entonces algunos se querrán suicidar, otros no lo van a admitir porque no podrán creerlo. En la extinta URSS cuando se supo que Iósif Stalin mató a millones de soviéticos (se dice que 23 millones, otros que si llegó a los 50 millones) mandándolos a los campos de trabajos forzados a la Siberia y no solo por esa vía, sino los que pasó por las armas, entonces a muchos nos parece incierto que algo así haya ocurrido, incluso la forma tan poco ortodoxa en la que mandó a matar a un viejo compañero de armas, que era más inteligente que él, y después de muchos años de sucia persecución le dio caza; igual que hacía FCR.

¿Qué decir de Vladimir Ilyich Ulyanov, Lenin?, ese que nos vendieron como un dios y que ordenó la muerte de sacerdotes con métodos terroristas, que mató y asesinó a opositores políticos, que ordenó la muerte de toda la familia zarista incluyendo niños y mujeres cuando esta ya no representaba amenaza alguna, es verdad que no llegó a matar y a ser cruel en la misma escala que su sucesor porque la muerte le vino muy temprano, a los 54, pero tenía un alma de criminal indiscutible; ¡pero si fue tan bueno y tan querido!, ¿por qué los rusos se deshicieron de sus estatuas y querían remover su cuerpo embalsamado del mausoleo donde este descansa?, ¿por bueno?, ¡nooo!

¿Por qué nunca se le dijo la verdad al pueblo sobre el dirigente chino, Mao Zedong, ¿a cuántos millones no asesinó?, que si 35, que si 45, que si 60 millones, no se sabe a ciencia cierta hasta dónde llegó la mano ensangrentada de este criminal creído con todos los derechos para hacer lo que se le viniera en ganas.

Nunca se podrá determinar con cierto grado de realismo hasta dónde el ex primer ministro de Cambodia, Pol Pot, asesinó a la población de su país durante 1975-79, a cuántas personas asesinó ante los ojos de la comunidad mundial, que si 1.5 millones o que si 2 o que si 3 millones; o de los asesinatos de Mengistu Haile Mariam de la Etiopía que los cubanos fueron a defender con el Gral. Arnaldo Ochoa Sánchez, o los miles de muertos de Francisco Franco, o del exterminio provocado por Sadam Husein de Irak contra parte de las etnias que habitaban su país mientras que el fidelismo le daba total cobertura y apoyo y le mandaba a especialistas para que lo curara de las dolencias que tenía para que siguiera matando a parte de la población iraquí; o Nicolae Ceausescu de Rumania que fue ajusticiado por sus coterráneos por la serie de desmanes que cometió creyéndose por encima de todo su pueblo; con todos ellos, de una forma más estrecha o tal vez discreta como en el caso de Franco, pero con todos ellos, la dictadura cubana tenía relaciones de Amistad, y era bien evidente que estos regímenes no representaban nada bueno para sus pueblos, ¿entonces qué?, ¿cómo justificar la amistad con regímenes y dictadores de tan baja calaña, de tan pobre estirpe, que masacraron a su población, que vivían como los Castros (Fidel y Raúl y sus descendencias)?; por consiguiente ni estos, ni aquellos son buenos na'.

¡Cómo criticar a Augusto Pinochet de Chile, a Rafael Leónidas Trujillo Molina de República Dominicana, a Alfredo Stroessner de Paraguay, a Anastasio Somoza García de Nicaragua y estar de acuerdo con Husein o con Francisco Franco, o con Mengistu Haile Mariam!, ¿Dónde está la diferencia? ¿Cuál es la diferencia entre todos ellos? ¡Porque unos mataron más personas que otros!, ¿eso hace la diferencia? No se alcanza a verla, no existe, unos más que otros fueron todos asesinos.

Pregúntese sobre la diferencia entre un Iósif Stalin y un Adolf Hitler; ¿por qué un Benito Mussolini es malo y un Fidel o Raúl Castro o un Ernesto 'che' Guevara, apodado 'el carnicero de La Cabaña', van a ser buenos? ¿Cuál es la diferencia entre todos ellos? ¿Cuántos mató aquel y cuántos ha matado esta tripleta?, incluso esta ha sido tan letal que no ha perdonado ni a partisanos favorables a ellos y mucho menos los que se opusieron, ¡ah quizá sea por las ventajas sociales ofrecidas en los primeros momentos!, pero cuántos muertos acompañaron a esas llamadas ventajas y cuántos más no las acompañarían a lo largo de más de 6 décadas, ¿cuántos jóvenes no cayeron para que estos trogloditas brillaran y acumularan méritos para su carrera personal.

¿Y cómo han vivido todos estos años estos zares de la muerte y del sufrimiento de millones de cubanos que han tenido que irse de la isla por la imposibilidad de hacer una vida normal? ¿Cómo han vivido las familias de todos ellos, los de arriba, los llamados dirigentes históricos y los pocos que tuvieron el privilegio de ser elegidos para seguir hundiendo el barco cubano?

En su fatídica intervención ante el consejo de estado de Cuba, para asesinar a cuatro militares cubanos por supuestamente estar enrolados en malos manejos vinculados con la droga. En julio de 1989, FCR decía que ellos habían creado una mafia en el MININT, pero que el MINFAR estaba libre de pecados y no fue recriminatorio con ese cuerpo armado, porque estaba defendiendo a como diera lugar al hermanito que estaba embarcado, embarrado, ensuciado, enlodado, manchado, entalcado en todos aquellos acontecimientos; "¡¿misteriosamente?!" el hasta entonces ministro del interior Gral. de División José Abrahantes Fernández fue depuesto del cargo, encarcelado y supuestamente murió en prisión de un ataque al corazón, ¡qué barbaridad, qué falta de talento para mentir!, y eso que aún Fidel estaba con vida, que se supone habría buscado una forma más sensata de decir esa mentira, entonces, ¿cuál era la mafia?, los que mataron, los que injustamente pagaron con sus vidas o los que quedaron con vida para seguir en sus manejos sucios y turbios.

Incluso, los que desde fuera del país acusaban a los Castros de estar enlodados en lo del tráfico de drogas, en especial al cavaliere Raúl, esos que dieron un testimonio casi irrebatible, que cumplieron años de prisión y que no fueron ajusticiados por mostrarse cooperativos para esclarecer todo aquel entarimado y urdimbre del tráfico de drogas, que afectaba a Cuba por el supuesto soporte dado en su camino al mercado americano, esas personas salieron de prisión por perdón de la justicia y por reconocimiento a su colaboración y esa mano derecha del super capo Pablo Escobar Gaviria, ese que respondía al apodo o alias de Popeye, John Jairo Velásquez, falleció a la edad de 57 años, víctima de un cáncer de estómago; uhuhu, ¡qué raro!; una vieja tonada musical decía: "mentiras, ¿quién te lo va a creer?, mentiras"; pero si de mafia se trata ¿qué es GAESA?

GAESA es una cofradía de supuestas personas decentes que tienen en sus manos el control de las empresas más lucrativas y prósperas de la isla, bajo el mando de un ex nuero de nada menos que de Raúl Castro Ruz, sí aquel mismo, de Raulito, que fue defendido con malas palabras y todo, a cara destemplada, por el hermano que ya falleció y que se llamaba FCR, ¿quién puede admitir semejante grado de desfachatez?, se están comportando como Fulgencio Batista, a quien un hermanito le llevaba cada noche las ganancias y prebendas de lo que se recaudaba por juego y la prostitución a su finca de descanso en Kuquine, pero los revolucionarios fidelistas estaban en contra de aquel proceder y por eso mandaron a morir al Moncada y al Carlos M. de Céspedes a decenas de jóvenes para que situaciones semejantes a esas no ocurrieran, lo que no se sabe que pasó que personas como el gral. Luis Alberto Rodríguez López-Calleja, Presidente Ejecutivo del Grupo de Administración Empresarial y Jefe del V Departamento de las FAR, está al frente de una entidad que atesora grandes cantidades de riquezas y efectivos de los cuales no tiene que rendir cuentas ante los organismos del estado, es una asociación secreta, que maneja grandes sumas de dinero que no reportan al estado, lo socorre solo si el dueño del país Raúl Castro Ruz le dice que aporte a la causa de la miseria cubana.

¿Y qué es eso, no es contra este tipo de práctica contra la que se luchó en el llamado departamento MC?, ¿no fue este tipo de práctica por la que se enjuiciaron a los más altos cargos del MININT en la desgraciada causa-pugna intestina número 2 de 1989 y que le costó no solo los puestos a los más altos cargos del ministerio, sino que le costó la vida a varios de esos altos cargos, unos por suicidios y otros por infartos mendaces al estilo del fidelismo?

En los primeros meses del 2020 Cuba tenía que pagar la parte que le adeudaba al Club de París en ese momento, y no podía pagar porque no había con que; GAESA tiene dinero, tal vez el suficiente para pagar esa deuda o al menos parte de ella, ¿por qué no se usó el dinero de ese pulpo monetario para salvar la situación en la que estaba el país?; ah no, ese dinero no se toca, ¿en qué invierte el MINFAR todo ese emporio, toda esa riqueza?; ah pero para hacerle la vida imposible a los llamados cuentapropistas, para eso sí el gobierno está siempre dispuesto, subiendo los impuestos a las magras entradas de ese sector mientras que las entradas de GAESA que se mueven por arterias de grandes diámetros se mantienen intocables; el gobierno y todo ese conglomerado con despuntes mafiosos lo que busca en obstruir las venillas por donde circula la poca savia que a los cuentapropistas llega, mientras GAESA no se toca; ¿es o no una mafia castroniana lo que se mueve en la isla?

El abuso es como lo dice el clásico refrán: "de león para mono y el mono amarrado"; es lástima que muchos cubanos no hayan salido del país para que vean cómo se vive fuera de la isla castroniana; los cubanos de la isla están como el padre al que le nace un hijo chino, ese relato lo podrá encontrar el lector más adelante en el texto; de manera que si no abren los ojos les van a pasar 60 años más con ceguera total, que si al menos fuera como la ceguera de Zato Ichi, un samurái japonés capaz de matar una mosca al vuelo con su espada, entonces sí se podría admitir esa ceguera, pero por el camino que van, no se le augura nada mejor, al contrario.

Hay que preguntarse como esclavos que fuimos y que muchos continúan siendo: ¿qué hemos alcanzado en estos 60 larguísimos años, qué tenemos?, pues tenemos que ni féretros, ni lugar hay para caernos muertos porque los servicios necrológicos cada vez están peores; un cómico cubano dijo en los 60s.: "¿cuál es el colmo de un presidente?" y ante la duda de su partner, él mismo se respondió: "chico matar a un pueblo de hambre y darle el entierro gratis"; según se cuenta, el cómico tuvo que irse del país, no faltaba más. Eso fue en aquel momento ahora lo siguen matando de hambre y ni servicios necrológicos decentes hay para darle cristiana sepultura.

Sabemos respetar la distancia y la jerarquía, pero quien vio el féretro donde fue enterrado el más hala leva de los súbditos del castrismo, Armando Hart Dávalos, y los cajones que nos tocan a los que no hemos tenido el deshonor de postrarnos como perros falderos ante los pies de los dueños del país, de seguro que llorarán y llorarían no por el ser querido que falleció, sino por lo poco que se considera a un ser humano al enviar su cadáver en semejantes tugurios fúnebres.

"Ahora sí vamos a construir el socialismo", dijo el invicto comandante en jefe en 1986, para magnificar, glorificar en ese momento que ahora sí se iba en serio, pues bien con ese mismo énfasis, con esa misma fuerza revolucionaria, con esa fe en la convicción de esas palabras se puede decir que 'ahora sí los servicios necrológicos en Cuba están de hampanga', la hecatombe, al extremo que las personas no quieren morirse, y no es por estar más tiempo aquí en el mundo de los vivos, no sino por el sufrimiento que le ocasionan a las amistades y familiares de encontrar cajas, de no tener petróleo si es que desean incinerar los restos, de las cajas de bacalao que se desfonda y los difuntos caen al suelo, de que ni dando dos coronas por muerto consigues flores, de que no hay petróleo para el carro fúnebre y hay que esperar que el barco que lo trae llegue al puerto en los próximos 10 o 12 días, no, no, no, no, pa'que; por eso es que lo servicios necrológicos de Cuba están de hampanga, es poco lo que les cuente; esa es la consecuencia de hacerlos gratis.

La palabra 'nana' tiene diferentes significados, pero tal vez el más común sea el de canción que se le canta a los niños pequeños para que estos se duerman, se dice que las sirvientas, o las esclavas a cargo de los niños se las cantaban a los pequeños para lograr se durmieran, pues en estos años ha surgido una nueva na'na' que se le canta no a los niños, sino a los esclavos cubanos para que no vean cómo se depauperan sus vidas, esta na'na' empezó allá por la década de los 60s. del pasado siglo y se ha ido "perfeccionando" hasta nuestros días al agregársele muchas,

muchas estrofas que la hacen interminable; solo aclarar que na' significa nada, y el título de esta na'na' (nada de nada) tan especial es: "La na'na' de los Castros*" (*Castros comprende a Fidel y Raúl porque una persona como la hermana que abandonó la isla no puede ser incluida en tan "selecta" especie); héla aquí,

"La na'na' de los Castros"

"Duerme mi esclavo / duérmete por Dios / que hoy no has comido / pero mañana tampoco.

Estos esclavos míos / que me mortifican / pidiéndome cosas / que no son pa' ellos.

No les corresponden / ropa ni zapatos / para qué un esclavo / necesita de ello.

No se me sulfuren / no se pongan bravos / que si me molestan / los meto en prisión.

Duérmanse esclavos / ya no pidan más / que ni sanitario / ni íntimas tendrán.

Duerman y no piensen / pensar no le'stá dado / solo obedezcan / que esa es su función.

Si se me sublevan / tengo muchas armas / compradas a Rusia / para reprimirlos.

Esclavitos buenos / sean obedientes / que las langosticas / no son para ustedes.

A ustedes les toca / un vasito de leche / lo que pasa que Ubre Blanca / ya se nos murió.

Pero en su defecto / les daré jutías / cocodrilos y avestruces / cuando se cosechen.

Duérmanse y no sueñen / con carros o buses / que para ustedes / no hay ni bicicletas.

Que se habrán creído / estamos bloqueados / gracias al bloqueo / son ustedes esclavos.

No se bañen más / porque no hay jabón / ni desodorantes / ¡rayo, qué mal olor!

Qué suerte tenemos / que los yanquis existan / gracias a ellos / podemos mentir.

Aquel hombre nuevo / que se malogró / y que en su lugar / esclavos nos dio.

Duérmanse esclavitos / pero duerman ya / que Díaz-Canel / los bendecirá.

Si el dios Fidel quiere / y Raúl también / pronto junto a ellos / todos van a estar."

Cubanos, es sabido de muchos años atrás que el que quiere comer pescado tiene que mojarse los zapatos y las nalgas y los que quieran darles a sus hijos una mejor vida en Cuba, tienen que deshacerse de los Raúl, de los Alejandro Gil Fernández, de los López-Calleja, de los Díaz-Canel, de los Machado Ventura, de los Ramiro Valdés, de las Mariela Castro, de las Betsy Díaz Velázquez, de los Guillermo García Frías, de los Bruno Rodríguez Padilla, y en sí de toda esa fauna que no siente ningún compromiso con el pueblo, todo es un cuento, una mentira, un engaño cruel; lo de ellos es ganar puntuación de todo tipo para su enfermiza carrera, ¡qué lástima que tantos esclavos se sacrifiquen para tener esclavistas de tan poca valía!

Este es un libro para prepararnos, para tomar conciencia de nuestra situación, para que nos ayude a pararnos y andar sobre los que se enriquecen y para combatir a los dueños de la isla que por tanto tiempo nos han usado como conejillos de indias.

No es posible pensar que el socialismo, el comunismo, el leninismo, el marxismo, y en fin el fidelismo o castrismo, que fue lo que nos deparó el destino, sean buenos y representen un progreso para los pueblos a los que se lo imponen; si algún día, cualquiera de esos sistemas fue bueno, fue positivo, pues entonces los que lo pusieron en práctica lo desgraciaron, lo malograron, lo destrozaron, lo _odieron; los creadores tendrían que volverlo a rediseñar porque las versiones puestas en escenas son patéticas, son como para cogerles miedo, ya nadie en su sano juicio opta por ellas.

Y bueno, si eran tan, pero tan, pero tan rebuenas, ¿por qué se desintegró el llamado campo socialista que a nivel mundial era una comunidad de unas 15 naciones socialistas?, ¿por qué feneció la URSS, la líder del socialismo mundial?, ¿por qué todos esos países que abandonaron esos sistemas han mejorado ostensiblemente?, ¿serán anormales los checos, los eslovacos, los polacos, los germano-orientales, los yugoslavos, los rumanos, los ucranianos, los lituanos y otros? No quiere decir que no existan problemas en esos países, ¡claro que los hay!, pero no son las debacles que viven Cuba y Corea del Norte. Porque algo sí está bien claro, la China Comunista y Vietnam seguirán viviendo en esos sistemas de enclaustramiento donde no se le permite a sus ciudadanos conocer qué tiene lugar más allá de sus fronteras, pero JAMÁS se podrá comparar el nivel de vida de los ciudadanos de uno de esos países con el infierno que vive un cubano dentro de la isla; hasta donde se conoce a ellos no se les caen las casas como ocurre en Cuba, sus ciudades se modernizan, no se pasa la hambruna que hay en la isla, no falta el jabón, ni el detergente, los dirigentes políticos se ven bastante serios, no son bufones actuando para distorsionar, crear ilusiones o hacer a la población miope y estúpida; la tendencia en estos dos países es a mejorar dentro sus cánones el nivel de vida de la población, aunque mantengan el enclaustramiento para que no se les contaminen los ciudadanos con las ideas y estilos de vida de occidente, pero bueno, del lobo un pelo; si los cubanos pudiéramos vivir como se vive en esos dos países otro gallo cantaría.

Los chinos han emigrado siempre, por lo menos, desde el siglo XIX, tal vez buscando un mundo mejor; en cualquier país de Las Américas es posible encontrarse una mal llamada comunidad china, que es el nombre genérico con que se conocen a los emigrantes de Asia cuyos ojos son rasgados, pero los cubanos antes del 59 no eran un pueblo que tenía una emigración de consideración, incluso cuando el país estaba viviendo momentos beligerantes, de tensiones, los cubanos salían al exterior y después regresaban a su isla, esto referido a los pobres, porque es sabido que la clase media y la rica, fundamentalmente la asentada en

La Habana, salía el viernes en vuelo a Miami y ya el lunes estaban de regreso en la isla.

Después que llegó Fidel la gente se va de la isla con un sabor tan amargo que reniegan de casi todo lo que dejaron atrás. ¿Por qué? Hay alguna respuesta para que antes del 59 con capitalismo malo, pobretón, con violencia imperante en las calles gracias al estado de caos que se vivía, pero la gente no se iba definitivamente de Cuba, no al menos como lo hacen después del ¿triunfo revolucionario?, y ahora que lo tenemos "todo", educación, salud, mejores deportistas, cultura, moringa oleífera, jutías, con los decretos 370 para controlar el uso de internet a su máxima expresión y el 349 contra la cultura para ejercer el control sobre las actividades independientes de los artistas, con médicos del alma, con carne de cocodrilo, invulnerabilidades política, militar y ¡casi económica!, cultivo de avestruces que producen más carne y leche que una vaca, carros espaciales, armas que le compramos a Rusia y España para defendernos de los posibles ataques de los esclavos de la dotación, con un señor de la raza negra de presidente del consejo estado, que además es el presidente de eso que llaman "¿parlamento?", cuando tenemos un presidente de la nación dedicado por entero a la restauración de la producción de limones para la limonada que es la base de todo, presidente que no entiende por qué no hay guarapo de caña, que además se preocupa por la ortografía de la población, etc., etc., etc., etc. muchas veces; después que se tiene un primer ministro, con el que se completa la separación de poderes a la cubana, ninguna de estas funciones estaban separadas en esa forma en tiempo absoluto de los Castros, ahora que somos más potencia médica mundial, en los momentos en que los maestros no nos alcanzan cada inicio de curso escolar, pero seguimos siendo potencia mundial en educación, ahora que muchos de nuestros deportistas se van y se olvidan de los consejos del difunto, pero también seguimos siendo potencia mundial en deportes y seguiremos reclamando nuestro derecho a la celebración de una olimpiada AUSTERA como lo quería el difunto, aunque esta sea en el próximo milenio, no importa, ahora que…, etc., etc., etc., muchos etc. y con todo eso los cubanos ponen tierra o mar por medio y se van.

No, en verdad el que no la conoce dice que Cuba es una tacita de oro, aunque otros piensan que es una taza grande de retrete, pero con todas esas ventajas los cubanos se van a raudales; no pensar que fueron los únicos los de la clase rica a quienes FCR no les dejó ni donde amarrar la chiva y mucho menos la vaca, no, después de aquellos que fueron humillados hasta en el aeropuerto antes de montar el avión, se fueron, se van y se seguirán yendo los pobres, los que nunca tuvieron nada, que no fuera su fuerza de trabajo, es más se van los abortados "hombres nuevos" que se quisieron formar tomando a corte y semejanza de Ernesto Guevara de la Serna, no hubo peor engendro de asesino para pedirle a un infante que tenía que ser como el che, ¡maldita sea y maldito sea quien creó semejante imagen como paradigma! (léase otro engendro: Fidel Castro Ruz, de tal palo tal astilla, no podía ser de otra manera).

Esclavo cubano, analiza: ¿por qué si el capitalismo es tan malo, tan perverso, tan satánico?, los cubanos cuando salen se van a países capitalistas, excepcionalmente algún cubano se quedó en la URSS o en otro país socialista, pero todos los cubanos van a ver ¿qué es lo que tiene el monstruo?, y cuando llegan allí dicen pa'tras ni para coger impulso. Incluso no tiene que ser el país del sempiterno enemigo, del enemigo jurado a muerte de FCR y que él para no quedarse solito no los endosó a todos los esclavos de su reino, pero los cubanos se quedan en cualquier lugar, no importa si la violencia cabalga en un alazán incontrolable, ellos prefieren morir, correr riesgos en esos países antes de quedarse en Cuba. ¡Asombroso!

Observen los cubanos en la isla que no solo emigran los cubanos, los procesos migratorios en Las Américas son bastante frecuentes, sobre todo a países desarrollados, por excelencia los EUA; ahora lo que nunca se ha visto es una oleada de inmigrantes hacia Cuba, esa isla paradisiaca que tiene todas las cosas "buenas" anteriormente señaladas y mucho más, y, ¡qué raro!, ningún ser humano emigra hacia Cuba, a no ser que sea alguien que ha cometido delito en sus países y que el desgobierno cubano le dé cabida en su territorio, sobre todo si ese aparente delincuente proviene de los EUA, o de España, pero en sí de cualquier país con el que Cuba tiene diferencias políticas o por el contrario quiere atraerlo hacia su esfera de influencias; es totalmente contradictorio y siempre responde a situaciones políticas co-yun-tu-ra-les, porque en Cuba la política es más importante que el pan nuestro de cada día.

Con estas premisas, ¿qué desarrollo puede buscarse en un país?, por el contrario, sí mucho **subdesarrollo** a pululo, al por mayor, el **subdesarrollo** es sin miseria.

El comunismo, el leninismo, chavismo, el maoísmo, socialismo, el marxismo, y en fin el fidelismo o castrismo, serán buenos cuando las oleadas de inmigrantes se dirijan a los países donde imperan estos sistemas enajenantes, monopolizadores de las decisiones de las personas, de sus pensamientos, de sus individualidades, de su destino, de sus vidas; cuando ese curso migratorio cambie de los países capitalistas hacia los países con esos sistemas, entonces hablaremos de las ventajas de tales sociedades, mientras tanto ni hablar.

Finalmente hay que reconocer que el pueblo cubano ha pasado desde 1959 miles de vicisitudes, de eventos que incluso no se calculaban que lo hubieran impactado, es el caso de la llamada tormenta del siglo que afectó a la isla el 13 de mar. del 1993, tales como tornados de intensidad similares a los que en los EUA ocurren, uno de ellos el de ene. de 2019 en La Habana, o el impacto del meteorito en feb. del 2019 en Viñales, cosa de la que no se tenían noticias que ocurrieran antes, todo esto sin dejar de contar la visita de los huracanes a los que ya está acostumbrado y que unos más severos que otros siempre hacen sus estragos, y a todo estos eventos se ha sobrevivido más o menos maltrechamente.

A Cuba la han afectado plagas ocasionales que han hecho sus estragos y de las cuales el extinto líder cubano siempre le echaba la culpa a los perennes enemigos de él y por extensión del pueblo cubano, tales fueron el virus de la inmunodeficiencia humana, la neuritis óptica, el dengue hemorrágico, la conjuntivitis hemorrágica, la fiebre porcina africana, el moho azul del tabaco, la roya de la caña de azúcar, (estos últimos tres afectando a animales y cultivos pero no directamente a las personas) entre otras, y de todas ellas los culpables de que aparecieran en el país fueron los EUA, según Fidel Alejandro Castro Ruz, presidente de los consejos de estado y de ministro, primer secretario del partido comunista de Cuba, comandante en jefe, líder histórico de la revolución castrista, etc., etc., etc.; sin embargo parece no estaba de buen humor para culpar a los EU de la aparición en la isla de la influenza H1N1, pero por regla general todo virus, enfermedad, padecimiento que apareciera en Cuba tenía como culpable a los enemigos de FCR.

A todos estos avatares y vicisitudes, el pueblo se sobrepuso y más o menos siguió su curso dentro de la isla; sin lugar a dudas la virosis que más afectó la salud y la economía del país lo fue la pandemia que vivió el mundo en el 2020, el Covid-19 y de la cual no se culpó al imperialismo yanqui porque no surgió en su territorio y porque el principal inculpador ya no estaba en escena.

Esa afectación no se refleja puntualmente en las cifras oficiales que no son nada confiables en un país en el que se trata de dar una imagen distorsionada de las realidades para aparentar que el sistema de salud es eficiente y uno de los mejores del mundo; por esas cifras se deducen mínimas pérdidas en vidas humanas cuando las evidencias del país tenía todas las condicionantes para un mayor número de contagiados y por ende de fallecimientos como consecuencia de los tumultos y amontonamientos de personas en la búsqueda de alimentos lo que inducía a que las pérdidas fueran mayores si son comparadas con las que se tuvieron en los EUA, en Alemania, en Italia, en España, en el Reino Unido, en Francia y en la misma China, que fue donde surgió o apareció por primera vez el coranavirus-19.

No hay dudas que la epidemia que el pueblo no ha podido superar, es la que lo corroe desde hace decenas de años y que ha tenido distintas denominaciones que empezaron por la epidemia 1, le siguió la 2, la 3 acorde al número de años en que ha existido y ya se ha estabilizado con el nombre de **coronacastrismo-61**, esa epidemia sí se le ha entronizado, se le ha instalado al pueblo y lo ha vapuleado como le ha dado su voluntad, por no decir su mala gana-cubana.

HOMBRES DE NEGOCIOS DE OTROS PAISES.

En el desarrollo de la mayor potencia económica del mundo fueron varios los hombres que tuvieron un rol decisivo, algunos de ellos serán reseñados, otros que no son mencionados estarán reconocidos implícitamente. Esas personas fueron imprescindibles en el desarrollo capitalista de la que a la postre sería la nación más industrializada del mundo, algunas omisiones siempre serán dolorosas pero todos los que tuvieron que ver algo en el desarrollo incipiente de la nación están reconocidos en estos párrafos aun cuando explícitamente sus nombres no se mencionen.

Para entender cómo la nación más rica de la tierra ha llegado al lugar donde se encuentra hay que considerar varios hechos que conducen a esa tesis. El desarrollo económico de la nación no estuvo a cargo de figuras políticas, sino de hombres de negocios que por ambiciones personales en todos los casos llevaron la nación a ese lugar.

Los hombres de la política sentaron las bases de cómo hacer cumplir las leyes y las regulaciones de los poderes dentro de la nación, pero no estuvieron a cargo de las regulaciones del desarrollo de la nación, es decir, no entorpecieron en manera alguna que la economía de la nación ascendiera, más bien ayudaron a que este desarrollo se diera.

En la historia de ese desarrollo hay nombres que son imprescindibles, dentro de la amplia gama de personas que empujaron al país al lugar donde está hoy e incluso, los que en generaciones más cercanas a estos momentos siguen halando, tirando de la nación para que siga en su escalada hacia un mayor desarrollo.

Al estudiar la historia de estos pilares nos enfocaremos en la parte positiva de lo que para el país representaron, pero no se debe pasar por alto que muchos de ellos fueron crueles, impíos con los trabajadores bajo su mando a los cuales les hacían trabajar largas jornadas de hasta 12 horas y en algunos casos más y le retribuían a estos un verdadero salario de miseria para ellos aumentar a niveles siderales sus ganancias.

Las familias de los trabajadores, que fueron los verdaderos productores de las riquezas, vivían como parias y este hecho no era de interés para ninguno de los dueños de esas mega compañías conocidas como monopolios, trust, holding, cártel, sindicatos o consorcios, que eran las distintas formas de organización de la economía capitalista naciente para maximizar la ganancia a costa de la miseria y la mala vida de millones de seres humanos.

Algunos libros de economía política socialista y otras publicaciones tenían en sus preceptos "que el capitalismo nació chorreando sangre por sus poros", referido a la forma tan despiadada en que se explotaba al trabajador y el poco margen que este tenía para defenderse, ya que en un número considerable de compañías no se aprobaban los sindicatos por considerarlos entes del comunismo internacional y los obreros en sus huelgas eran severamente golpeados por el uso de fuerzas rompe-huelgas, o fuerzas paramilitares que actuaban a solicitud de los dueños de las compañías, lo que trajo en múltiples ocasiones matanzas que eran verdaderas calamidades y después no había quien fuera encausado por tales actos.

Todas las leyes de esos años más bien estaban encaminadas a proteger a propietarios y a los "honorables señores" que ordenaban esas masacres y después se lavaban las manos, como Poncio Pilato; hubo casos en los que se llevaron a juicios a los presuntos responsables y fueron tan manejadas y arrevesadas las pruebas que al final del juicio no eran sancionados, salían absueltos y con más autoridad que la tenida antes de entrar al juicio, o personas que fueron llevadas a tribunales para que explicaran cómo se hicieron ricos en un corto tiempo, cómo pudieron adquirir grandes y vastas extensiones de tierras a precios irrisorios, prácticamente arrebatándoselas a los que convivían en ellas y al terminar el juicio de varias sesiones, no solo salían absueltos sino que la forma en que debían disolver sus enormes monopolios les granjeaban mayores riquezas que con las que fueron a juicio; era como si se les estimulara por haber contribuido al desarrollo de la nación en alguna forma aunque este desarrollo haya sido a costa de la sangre de las mayorías.

Se premiaba la obra, no importa cuánta suciesa y sordidez en su edificación, ni las vidas perdidas, ni los abusos cometidos, ni las bajezas empleadas entre los competidores, ni las triquiñuelas para hacer rodar a un congénere, nada de eso era tenido en cuenta, es como el adagio que reza: "me gusta la mujer de mi vecino y tiene que ser mía".

Hubo grupos de banqueros que cuando se interesaban en el monopolio de otro le decían: "ponle precio y pasa a verme" y si no vendían le hacían tal cúmulo de trampas y traspiés que en breve tiempo en vez de tener ganancias hubieran tenido pérdidas, eran épocas de "perdedores y ganadores" y algunos pocos apostaban a no ser perdedores nunca y hacían lo que hubiera que hacer para que su axioma se cumpliera siempre, a como diera lugar.

Siempre que se estudia esa época del llamado capitalismo salvaje, bárbaro, brutal, sin reglas, ni limitaciones; muchas personas se asombran que para el nivel de violencia imperante en aquellos momentos apenas si hubo muertes por las formas tan absolutamente duras de vencer, de rendir, de obligar, de humillar, de doblegar al oponente, entendiendo como oponente a un dueño de una compañía, o un jefe de un monopolio.

Ese era el trato entre miembros de la alta sociedad cuando se quería adquirir la propiedad de uno de ellos, así se comportaba el capitalismo del siglo XIX, tal vez hasta el primer cuarto del siglo XX en que ya comienza a surgir otro tipo de empresario más humanizado, más inteligente, más pragmático con un concepto más ajustable a lo que es el desarrollo capitalista más llevadero y con alcance para las mayorías, este tipo de acción en la que no todos coinciden, tal vez estuvo liderado por el joven Henry Ford y sus concepciones de desarrollo de la industria automovilística.

Justo es valorar una de las familias que aportó también al desarrollo de esta importante industria donde los Estados Unidos fue líder absoluto durante muchos años siendo ellos los dueños de la mayor parte del mercado mundial del automóvil, esa familia es la Du Pont.

Si se quiere crecer en cualquier economía, si se desea que esta progrese, necesariamente hay que hacer inversiones monetarias y para ello se necesita una banca fuerte, bien organizada y atrevida para acometer empresas riesgosas.

Fueron los países capitalistas los que iniciaron el desarrollo industrial del mundo con Inglaterra a la cabeza, este desarrollo después se extendió al resto del mundo, a Europa, Japón y los Estados Unidos de América. Fue toda una innovación conocida como la revolución industrial cuya primera fase comenzó en el último cuarto del siglo XVIII.

Para cualquier desarrollo que se quiera llevar a cabo en cualquiera de las esferas de la vida, hacen falta recursos monetarios en la proporción de hasta donde se quiera llevar ese desarrollo en la esfera que fuere.

Ahí está el papel de la banca en general, tanto la privada como la estatal para poder apoyar, respaldar ese desarrollo; en los EUA, una de las primeras ramas que inició este desarrollo fue el transporte, primero el marítimo y después vino el terrestre por ferrocarriles, ambos liderados por Cornelius Vanderbilt, El Comodoro.

Para este ascenso en los caminos de hierro hacía falta una producción que respaldara a las construcciones y al tendido de los caminos de hierro, este acero era proveído por el Rey del Acero, Andrew Carnegie y para toda esta producción de aceros, líneas férreas y otros accesorios había que tener dinero proporcionado por el estado o por la banca privada y en este preciso instante es donde se inserta uno de los grupos más importante en las finanzas de los EUA: el Grupo Morgan.

CORNELIUS VANDERBILT (27-05-1794 al 04-01-1877, nació en Staten Island, New York, Estados Unidos), **EL COMODORO VANDERBILT**, dejó la escuela a los 11 años y a los 16 comenzó su actividad económica con la transportación de personas en transbordadores movidos por vapor haciéndose dueño absoluto de esta rama, capitalizando más de 100 barcos para esta actividad a inicios de la década de 1840; pero su más exitoso y beneficioso negocio lo fue en los ferrocarriles donde hizo una verdadera hombradía al conectar al país completo por vía férrea, con el mismo método, quebrando columnas vertebrales por aquí, rompiendo huesos más allá, siempre acompañado del águila quebrantahuesos para tener éxito, así empezó a mover sus inversiones de las compañías navieras que poseía y a hacer inversiones en los ferrocarriles. En 1863 adquiere su primer ferrocarril, New York a Harlem y así fueron cayendo uno ora, otro después, más la producción de nuevas líneas y rutas con las que fue ensamblando un tremendo imperio ferroviario que iba de la Costa Este en el Atlántico hacia la Costa Occidental en el Pacífico, más la red que se entretejía en el interior de la nación.

El traslado de las mercancías en esta época se hacía a través de las vías férreas que conectaban con los principales puertos de la nación, con las ciudades más populosas y los centros más importantes de producción mercantil, incluyendo el petróleo que en su etapa inicial se refinaba para obtener el kerosene para el alumbrado de las casas y otra parte para mover las industrias.

Al morir dejó una fortuna cercana a los $100 millones de dólares de la época, distribuidos en $95 millones a uno de sus hijos varones que seguiría corriendo los destinos de la compañía y unos $500 000 dólares a cada una de sus ocho hijas y para el otro varón, igual cantidad para la prima-esposa y algunas otras propiedades para ella.

El grupo o trust bancario de los Morgan, liderado en sus primeros momentos por Junius Spencer Morgan (14-04-1813 al 08-04-1890, nacido en Massachusetts; este dejó $10 millones de dólares como patrimonio y fue padre de JPM)

JOHN PIERPONT MORGAN (17-04-1837 al 31-03-1913, nació en Connecticut); fue un magnate, empresario, banquero, coleccionista de arte, uno de los hombres que más influyó en la ulterior organización de la banca de los EUA, hijo de JSM y padre de John 'Jack' Pierpont

Morgan Jr. (07-09-1867 al 13-03-1943 banquero y filántropo nacido en New York).

El dominio y las disponibilidades de finanzas es vital en cualquier desarrollo económico al que se aspire. En los Estados Unidos de América ese importante rol estuvo a cargo del grupo o familia financiera de los Morgan.

Tres generaciones de la familia dedicados al mismo negocio, pero fue JPM, de la segunda generación, el que más marcadas dejó sus huellas en el trust bancario, dominando el dinero de los que depositaban en su entidad bancaria y logrando grandes fusiones de compañías en dificultades o que simplemente él veía con posibilidades de adquirirlas para fusionarla con otra del mismo tipo y así eliminar competencia; era implacable, no había tolerancia o escrúpulo a la hora de incautar, de apropiarse de una compañía de cualquier persona, fuera o no conocido; así lo hizo con el Rey del Acero, Andrew Carnegie, cuando lo conminó a que vendiera la empresa que este había logrado con esfuerzo e inteligencia impares, no tuvo otra salida y se la vendió y JPM unió esa empresa con otras del mismo ramo y fundó la Corporación de Acero de Estados Unidos en 1901.

JPM era inclemente, despiadado y desleal en cuanto a la competencia, la Edison General Electric era una compañía que había sido cofundada por Thomas Alva Edison y él, Morgan, en 1880 no tuvo en cuenta que Edison era su protegido y le arrebató a este las acciones que de la Edison General Electric tenía y fundó otra compañía, la General Electric Company en 1891; y así hizo varias otras fusione con las que se eliminaba la competencia y por supuesto su trust recibía jugosísimas ganancias, doblegando, poniendo de rodillas, humillando, quebrando huesos.

Este super trust bancario ha manejado centenares de millones de dólares y da empleo a miles de personas en todo el mundo, tiene sucursales en varios países como la India, Nicaragua, Japón, Hong Kong, Singapur, Argentina, entre otros. Es la internacionalización de la banca, y es evidente que estos portentos de las finanzas son capaces de arrodillar a gobiernos y someter a gobernantes para lograr sus objetivos, lo hicieron y se dice aún lo siguen haciendo en los Estados Unidos de América, ¡qué no harían en otros países!

Parte de su gran legado a la nación lo fue el hecho de haber organizado la banca privada y hacerla sólida para enfrentar los diferentes procesos productivos que se daban en el país, pero además específicamente JPM, aplicó de manera creativa lo que su padre le había enseñado llevando a cabo la fusión de compañías que estaban en quiebra o no eran altamente productivas, él las compraba, las convertía en una y al tiempo que eliminaba la feroz competencia en el mercado, lograba altos índices de ganancia financiera a costa del despido de obreros los cuales pagaban con sus familias las consecuencias del brutal desarrollo capitalista.

Mientras los Morgan eran los dueños del dinero que entre otros consorcios monetarios manejaban los destinos del país, Andrew Carnegie era el dueño del acero para los edificios y la construcción de líneas férreas, Vanderbilt lideró las transportaciones por transbordadores y posteriormente las terrestres por tren y los Rockefeller dominaban los hidrocarburos de importancia inconmensurable desde su primer uso para la iluminación pública y después como fuente de energía del movimiento.

ANDREW CARNEGIE (25-11-1835 al 11-08-1919, Escocia, Reino Unido de la Gran Bretaña). Llegó a los Estados Unidos de América en 1848 cuando aún tenía 12 años. Familia muy pobre que emigra en busca de mejoras y se establecen en el estado de Pennsylvania. A los 13 años empieza a trabajar en una fábrica de algodón como embobinador en Pittsburgh; en ese tiempo cambió a distintos trabajos y sus ahorros se fueron incrementando. Tuvo una educación autodidacta, sin que mediara en época alguna su paso por la escuela.

Al tiempo se ganaba la vida en oficios duros e iba ahorrando para adquirir participación en pequeños negocios de su ciudad. Entre 1865-70 había logrado una primera fortuna negociando con bonos de compañías ferroviarias y de puentes de los Estados Unidos así como productos siderúrgicos en viajes que hacía a través de Inglaterra; este periplo le hizo ver que el acero era el futuro y que reemplazaría al hierro en la fabricación de raíles, formas estructurales, puentes, tuberías y alambre. En 1865, cuando tenía 30 años decidió establecer su propia empresa de negocio y organizó la Carnegie Steel Company, que lanzó la industria de acero en Pittsburgh como la mayor de la siderurgia de Pennsylvania, y que en poco tiempo devino la mayor compañía de todos los Estados Unidos de aquella época.

Adquirió minas de hierro, navieras y ferrocarriles, adaptándose así a las nuevas tendencias monopolistas que se impusieron en la economía de finales del siglo XIX; a pesar de la gran depresión de 1873, invirtió en la industria hasta dominar el sector hacia 1880. Fue apodado el Rey del Acero por sus éxitos en el desarrollo de la industria.

Es de señalar su amor a la lectura desde muy joven y como en la época no había bibliotecas públicas, él usaba la biblioteca que le facilitaba el rico Coronel James Anderson.

Durante toda su vida Carnegie demostró un interés especial por el establecimiento de las bibliotecas públicas gratuitas para hacer disponible los recursos por los cuales se lograría la auto educación. Había solamente algunas bibliotecas públicas en el mundo en 1881 y Carnegie comenzó a promover su idea de crear bibliotecas públicas.

Pierde en su batalla competitiva contra el poderoso grupo de Morgan y se vio obligado a vender su compañía en 1901 por el valor de $480 millones en aquella época y entonces se dedica por completo a sus actividades filantrópicas, iniciadas años atrás: equipó bibliotecas públicas e instituciones educativas, financió expediciones arqueológicas, creó museos, salas de conciertos y centros de investigación, así como una organización para luchar por la desaparición de las guerras; hizo grandes donaciones a grupos de pacifistas y sus instituciones.

Durante el curso de su vida, Carnegie donó sobre $350 millones (equivalente a 67 000 millones de hoy día). Sus primeras grandes donaciones fueron hechas a su ciudad natal. Más adelante creó siete organizaciones filantrópicas y educativas en los Estados Unidos, incluyendo la Carnegie Corporation of New York, y varias más en Europa.

Él y su corporación invirtieron posteriormente sobre $56 millones para construir 2811 bibliotecas a través del mundo de habla inglesa, la mayor parte de ellas en 49 estados de los Estados Unidos, donó $1.5 millones para construir el Palacio de la Paz en Netherlands (Holanda).

Decenas de colegios, hospitales, librerías e instituciones de otro tipo fueron honradas con su nombre después de su muerte por ser un verdadero filántropo.

Muchas personas acaudaladas han contribuido con donaciones caritativas, pero Carnegie fue quizás el primero en declarar públicamente que los ricos tienen una obligación moral de compartir sus riquezas con los menos afortunados algo que puso en práctica y demostró con su ejemplo personal. ¡Cuánto tienen que agradecerle las generaciones posteriores a su muerte a más un siglo de la misma! ¡Eso sí es un legado y grande de verdad!

En 1889 Carnegie escribió el Evangelio de la Abundancia, en el cual afirmó que toda la abundancia personal más allá de la requerida para proveer las necesidades de su familia se debe mirar como fondo fiduciario, beneficiario, que se administrará para la ventaja de la comunidad. De su fortuna se beneficiaron universidades, fundaciones de paz en contra de la guerra, colegios, instituciones de las ciencias, museos, entre muchas otras. Carnegie representa el prototipo del hombre hecho a sí mismo, ideal humano típicamente norteamericano que sólo era posible en aquel contexto histórico de mercado libre, prácticamente sin impuestos ni regulaciones; no fue obligado a compartir su riqueza que fue acumulada como resultado de su esfuerzo, dedicación, inteligencia y su verdadero amor al prójimo; no le impusieron nada, todo nació de él.

Otro de los grupos o familias que dominaron la economía de la centuria XIX, fueron los Rockefeller en un área particularmente importante, la de los energéticos; este monopolio fue encabezado por **JOHN DAVISON ROCKEFELLER** (08-07-1839 al 23-05-1937, New York, fue un empresario, inversionista, industrial y filántropo) que fue seguido por otro de los miembros de la familia John Davison Rockefeller, Jr. (29-01-1874 al 11-05-1960, Ohio, Cleveland, fue un empresario que asumió la dirección de la cía. en 1911, continuando al cuidado de la riqueza de la familia); John Davidson Rockefeller III (21-03-1906 al 10-06-1978, fue un gran filántropo y tercero de la generación); John Davison "Jay" Rockefeller IV (nació en New York el 18-06-1937 al presente, es un político estadounidense). Puede decirse que estas cuatro generaciones son quienes han liderado a la familia Rockefeller en las distintas etapas de su existencia.

JDR, de la primera generación, fundó la Standard Oil Company que dominaba la extracción, la refinación, el transporte y la distribución de más del 90% del petróleo que se movía en los Estados Unidos. Hizo de todo lo habido y lo que estaba por crear para defender sus intereses, desde pagar bajísimos salarios y al mismo tiempo aumentar la jornada de trabajo, pasando por comprar plantas de compañías que eran sus vecinas y después las cerraba para que los precios subieran, hasta la compra de candidatos que les convenía para presidente del país con el fin de que sus intereses se mantuvieran intactos, de todo hizo este artífice de la prestidigitación de los negocios.

Cuando vio amenazados los infinitos confines de su riqueza por el surgimiento de la industria eléctrica emprendió una soez campaña contra la corriente eléctrica en sentido general, lo mismo la creada por Edison como la que creó Tesla, para él las dos eran malas porque afectaban el bienestar y la salud de sus enormes riquezas, inventó incendios, electrocuciones para aterrar a los usuarios en cuanto al uso de la misma, mostrándose implacable con el desarrollo de una nueva fuente de energía, pues su querosene además de alimentar hasta ese momento la electricidad de los hogares también era combustible para las industrias que se erigían y las que ya estaban establecidas.

Estos artífices que lideraron la economía de la nación americana, forman una familia que fue cambiando con el tiempo a los protagonistas de acuerdo a los años; veamos al principal actor, el más cruel, el que ponía a los obreros de rodillas y pagaba bajísimos salarios, el que compró grandes extensiones de tierra a precios en extremo ventajosos, humillando, exacerbando el odio y la impotencia ante tanto abuso, eran y fueron nacidos para ser capitalistas inescrupulosos, fueron los dueños del combustible, los dueños de los yacimientos petrolíferos descubiertos en territorios de la nación para iluminar los hogares norteamericanos en una primera etapa y después devino en la fuerza que movía la naciente industria en todas sus ramas.

Hizo importantísimas donaciones a fundaciones, creando dos universidades, creó la fundación Rockefeller, donó importantes fondos a la ciencia, a la salud y a la educación, se consideró por el volumen de su fortuna el hombre más rico del mundo, justo premio a lo implacable e impío proceder, su fortuna se calculó por encima de los 660 000 millones y esta se respaldó cuando después que se le juzgó en los tribunales para que expusiera cómo había creado el inmenso monopolio de la Standard Oil Company la compañía no se dividió, si no que se multiplicó en más de 30 pequeñas compañías, resultando que él sería el accionista mayoritario de cada una de ellas, por eso su fortuna ascendió a las cifras antes señaladas; es decir lo castigaron a ser más rico de lo que era cuando fue a un proceso judicial.

Dentro de las nuevas compañías en las que se subdividiría la Standard Oil Company estaban la Exxon-Mobil, la Marathon, la Chevron, la Conoco-Phillip, la Amoco-Sohio, la Atlantic-Richfield, entre otras. ¿Qué le parece?

GEORGE WESTINGHOUSE (06-10-1846 al 12-03-1914, New York, EUA) fue un empresario e ingeniero que aportó bastante al desarrollo tecnológico de su país y de la humanidad. Su nombre gozó de amplia popularidad durante varias décadas de la pasada centuria, sobre todo en la primera mitad de la misma, porque sus equipos electrodomésticos eran una de las mejores marcas que se expendían en las tiendas de esos años; logró hacerse del contrato para equipar la hidroeléctrica del Niágara pese a las bestiales presiones hechas por John Pierpont Morgan para que abandonara el proyecto de construir la central hidroeléctrica en las Cataratas del Niágara, se las arregló para instalar en ella los generadores de corriente alterna de Tesla, derrotando así el proyecto patrocinado desde el inicio por Edison y Morgan; se alzaba así la AC (corriente alterna) pese a la campaña desprestigiadora de Rockefeller y

Edison contra la AC de Nikola Tesla; las aguas tenían que tomar su nivel y darle al César lo que a este corresponde, a pesar de todos los golpes bajos y sucios que proporcionaron a Tesla para manchar la reputación y prestigio de este adelantado de la inteligencia y la invención.

Otro de los aportes Westinghouse lo es el sistema de frenado neumático para los trenes, lo que constituyó en su momento un gran avance a un procedimiento que se hacía manual y vagón a vagón, fue el fundador en 1886 de la Westinghouse Electric & Manufacturing Company que transmitía corriente alterna a una parte de los EUA, además de la producción de enseres electrodomésticos de gran prestigio mundial como televisores, refrigeradores, radios y otros; hay más de 400 innovaciones patentadas por el talento de este hombre. Con un capital no muy grande para las grandes demandas de aquellos tiempos y con el peligro de, por ser tan pequeña esa cantidad, ser absorbido, tragado por las fauces de JP Morgan, uno de los implacables de aquellos tiempos junto a JD Rockefeller; Westinghouse daba empleo a más de 50 000 empleados, en sus 30 fábricas con unos activos que estaban alrededor de los 200 millones de USD.

THOMAS ALVA EDISON (11-02-1847 al 18-10-1931 en Ohio, EUA). Uno de los hombres más brillantes de la nación, alguien que con su inteligencia le aportó mucho al desarrollo, no solo de la nación, sino de la humanidad con sus descubrimientos; téngase en cuenta que este hombre patentó 1093 inventos en su país, en Francia, en Alemania y en el Reino Unido.

Fue un inventor y empresario, en alguna medida el mago de descubrimientos eléctricos que marcarían al mundo. ¿Qué hizo?, pues bien: perfeccionó la bombilla eléctrica, la corriente continua, la cámara de cine, por envidia y desidia no quiso reconocer la corriente alterna mucho más útil para el alumbrado público y que había sido creada por Tesla; también con el deliberado interés de afectar a su antiguo ayudante, Tesla, inventó la silla eléctrica con AC, mejoró el telégrafo, inventó el fonógrafo, así como el dictáfono, funda en asociación con J. P. Morgan la Edison General Electric y un tiempo después es defenestrado por el inclemente e inescrupuloso J. P. Morgan para crear General Electric Company; todo los inventos que creó ayudaron en muchos casos a mejorar el nivel de vida de las personas que accedieron a los mismos, por sus grandes habilidades creativas fue apodado el Mago de Menlo Park lugar en que se había establecido en 1876 en New Jersey, donde estableció una "fábrica de inventos" creada con la ayuda de otros colaboradores, de manera que al mudarse de esta localidad en 1887, ya había creado cerca de 400 inventos más, en solo 11 años.

NIKOLA TESLA (10-07-1856 al 07-01-1943) físico serbio-croata nacionalizado estadounidense, creador de la corriente alterna (AC) y de múltiples inventos que hoy hasta nuestros días no habían sido aplicados por no convenirle al gran capital, pero que gracias a la inteligencia y entereza de otros, así como la aplicación práctica y útil de esos inventos, estos se están poniendo al servicio de la humanidad.

Fue otro émulo de la creación, de inteligencia impar, adelantado a su época y que fue objeto de los golpes bajos lanzados por Edison con el propósito de desacreditar sus inventos. Se asoció con George Westinghouse para dar curso a la aplicación de su invento más revolucionario que pudo llevar a vías de hecho en aquellos tiempos, la AC. Su amor a la ciencia era tan grande que incluso para facilitarle la obtención de un contrato a George Westinghouse para construir la central hidroeléctrica de las Cataratas del Niágara, él, Tesla, deshizo su contrato con George Westinghouse para que este dispusiera de más fondos y que pudiera obtener el contrato para la construcción de dicha hidroeléctrica, a pesar de la brutal y descomunal presión de John P. Morgan.

Tesla creó los generadores eléctricos, las bobinas, transformadores eléctricos, creó el primer motor de inducción eléctrica, fundó su propia compañía Tesla Electric and Manufacture Company, el motor de corriente alterna, la transmisión inalámbrica que es la base de las trasmisiones radiales y aunque se lo han querido escamotear se considera el inventor de la radio, inventó la transmisión de energía inalámbrica a grandes distancias con su bobina transformadora Tesla, el microscopio electrónico, la aviación de despegue y descenso vertical, el radar, los circuitos resonantes de condensador más inductancia, el submarino eléctrico, se dice que es el precursor de todas las transmisiones inalámbricas (internet, telefonía móvil, radares); se calculan en cerca de 800 los inventos que logró patentar, varios de ellos aún no llevados a la práctica; murió solo y en una pobreza horripilante a los 86 años en un hotel de New York.

Sus inventos están más allá de banalidades personales y muchas personas ante tanto talento lucharon por perjudicarlo para degradar su imagen como científico, tal fue el caso de la silla eléctrica creada por orientación de Thomas A. Edison para mostrar que la corriente descubierta por Tesla era peligrosa y podía ser mortal para los humanos, todo con el deliberado propósito de degradar su talento y prestigio de hombre de bien.

Por la fuerza de sus inventos tal vez si debió acreditársele un lugar mucho más relevante en la historia científica universal pero no convenía ni conviene a los intereses del gran capital porque Tesla era del criterio que en materia de energía esta debía ser gratis porque su obtención a partir de sus tesis y concepciones era libre de costo y esa tesis no produciría ganancias, entonces todos esos inventos y descubrimientos se engavetaron y manipularon para que no subieran a la luz.

Cada vez que hagamos clic en un interruptor, o escuchemos la radio, o veamos la tele, o seamos objeto de un examen en un equipo de resonancia magnética, o nos conectemos a internet, o muchas otras acciones de las que somos partícipe en cualquiera de los actos que hoy tienen lugar en nuestras vidas debemos pensar en el sabio visionario que trabajó no para hacer fortuna sino para beneficio de la humanidad, ese hombre que murió bien enjuto, con todos los huesos de la cara bien contables, ese que ni familia dejó por dedicarse como un sacerdote a trabajar en bien de la humanidad, ese ejemplo de sacrificio llamado Nikola Tesla.

No hay dudas de que por la relevancia de sus descubrimientos, por el sacerdocio y devoción a la investigación y lo notorio de sus aportes a la humanidad, la Fundación de los Nobel se ha perdido la oportunidad de dar póstumamente ese reconocimiento a alguien que aunque desaparecido físicamente aún tiene mucho que ofrecer con los aportes que aún están enclaustrados porque no conviene su puesta en práctica.

Es la vida de este hombre humilde un buen ejemplo de lo que es el capitalismo salvaje, esto visto a lo largo de su vida hasta su muerte, primero por la negativa a darle crédito para que llevara a cabo sus investigaciones, por el mismo hecho en que tuvo que vender algunos de sus inventos para poder seguir haciendo investigaciones hasta donde le fue posible, así ocurrió con uno de sus más destacados inventos, la AC, en la que se vio obligado a ceder todos los derechos de su innovación para que G. Westinghouse que lo había respaldado pudiera asumir el costo de la inversión al no contar con suficientes recursos monetarios para acometer el proyecto de la hidroeléctrica del Niágara.

Otra muestra de que el capitalismo salvaje es cruelmente extorsionador, avasallador lo es que muchos de los mejores proyectos de esta luminaria de la segunda mitad del siglo XIX y la primera del XX, no se han llevado a cabo y están retenidos, guardados o no reciben respaldo alguno porque de ponerlos en práctica significaría afectar ganancias sustanciales que reciben los principales accionistas e inversores que no les interesan que las grandes masas reciban una energía limpia y libre de pago, sino que sus intereses están en mantener a toda costa los estilos tradicionales de producir la misma para ellos poder seguir percibiendo sus descomunales ganancias, estos capitalistas son como las serpientes constrictoras, las no venenosas, que se desorbitan cuando ven una presa con la que pueden estar sin comer tres o cuatro meses, son en extremo glotonas, esta es una buena imagen para muchos capitalistas de fauces amplísimas y de mentes estrechísimas.

Retrasar, posponer o impedir la aplicación de un avance científico-técnico, un descubrimiento o una innovación porque podría causar pérdidas a la fortuna personal de una super glotona anaconda, más que una afectación y una acción de egoísmo sin límites, debe ser considerado un crimen de lesa humanidad, aunque a algunos les parezca exagerado tal planteamiento. En la actualidad uno de los inventos energéticos de Tesla es aplicado a la fabricación de carros que usan como energía la electricidad y no el combustible fósil hasta ahora conocido. Al fin comienzan a salir a la luz algunos de sus descubrimientos más trascendentales.

HENRY FORD (30-07-1863 al 07-04-1947) fue un prominente ingeniero y empresario proveniente de una familia pobre de origen rural, había nacido en Dearborn, Michigan, EU.

El desarrollo impetuoso de los Estados Unidos producía otro tipo de empresario, más humanizado, más realista, más inteligente, más capitalista, con perspectivas de mayores posibilidades de ampliar el capitalismo al mismo tiempo que se ampliaba la ganancia y mejoras de vida para los trabajadores, este empresario dejó un legado mucho más positivo en la historia de la nación que varios de sus antecesores, puede decirse que fue uno de los pioneros de la industria automovilística que surgía hacia finales del siglo XIX, fue un excelente inventor que fue capaz de patentar más de 160 innovaciones, fundó en 1903 la Ford Motor Company, creó la cadena de producción en serie, que fue utilizada por otras compañías de producción en serie como la de chocolate, la de goma de mascar, la de maquillaje para damas.

Este capitalista bien inteligente y más creativo en lo referente a cómo extraerle más al obrero en el proceso productivo, fue capaz de especializar a grupos de obreros en la cadena de producción de vehículos con lo que lograba mayor seguridad en lo que se hacía, alta calidad, tal vez no más humanismo por lo repetitivo de las acciones en la cadena de producción lo que aumentaba la producción de vehículos, pero además el costo de estos era relativamente bajo y esto permitía que muchos de sus obreros y de otros sectores accedieran a la compra de vehículos sin que dejaran de atender otros menesteres familiares; pero más aún, el pago dado por Ford a sus trabajadores era muy por encima al que recibían otros trabajadores de distintos sectores; este capitalista de mucho más realismo, le permitía a sus trabajadores acceder a lo que hasta hacía unos años era algo exclusivo de clase alta y media: la compra de un vehículo, así que la venta de vehículos aumentó, hubo más personas que accedieron a este bien que con el tiempo distinguiría en parte el modo de vida norteamericano. Obsérvese como no bloquea la adquisición de este medio que le da independencia y más posibilidades al que lo adquiere, de seguro que en un estado fidelista los precios de esos medios serían situados en la capa más alta de la atmósfera como para que nadie los adquiera.

Los testimonios de trabajadores de las fábricas de Ford en esa época referían que las jornadas laborales eran altamente extenuantes y que al regresar a sus casas estaban realmente destruidos, casi sin poder moverse por el esfuerzo realizado durante el proceso productivo; ciertamente esos salarios más altos se obtenían con un tremendo sacrificio.

Dentro de los aportes que legó este gigante del arte de crear negocios de nuevo tipo, colaboró en la creación de las legendarias y mundialmente conocidas motocicletas Harley-Davison.

Ford también dejó su impronta en la aviación cuyos aparatos participaron en la Primera Guerra Mundial, años después en 1925 adquirió la Stout Metal Aeroplano Company y en el 26 pudo volar su primer avión civil para 12 personas, un trimotor. Fundó varias compañías en su búsqueda por un modelo que resultara viable, en 1889 funda con otros inversores la Detroit Automobile Company, la cual sucumbió.

En 1908 tuvo éxitos con el Ford T vendido a un precio de $825 dólares y en 1914 se habían vendido 250 000 carros, ayudado por lo asequible de los precios que cada año descendían haciendo más accesible la compra de estos vehículos, ya en 1916 el precio era de $360 dólares y en ese año se llegó a un acumulado de 472 000; construyó el tractor Fordson para la agricultura, compró en 1922 la Lincoln Motor Company que fue dirigida por su hijo con el propósito de fabricar un modelo de carro de lujo.

Se puede ver como con este nuevo estilo posibilitado por los bajos costos de producción permitía que cada vez más personas estuvieran en capacidad de comprar un vehículo; el modelo Ford T se estuvo produciendo hasta 1927 y el total producido fue de más de 15 millones de unidades. Una nueva mentalidad en cómo conducir los negocios era establecida y daba buenas ganancias y posibilidades para ambas partes: vendedor y comprador. Ford no cierra, no bloquea la adquisición de los vehículos, abarata los precios y la mercancía fluye, sin que la compañía tenga pérdidas y dejando satisfechos a los clientes.

En 1927 apareció el Ford A y se produjo hasta 1931 y en ese tiempo se lanzaron al mercado 4 millones de autos, pero los tiempos de la gran depresión (1929-1933) y las presiones ejercidas por otros competidores como la Chrysler, la General Motors, lo hicieron responder con el Ford V-8, un vehículo de 8 cilindros más potente que los anteriores producidos por él.

La Ford fue una de las compañías de autos más reconocidas en el mundo y tuvo fábricas en Canadá, México, Argentina, en Europa, en Asia, es una de las más universales.

Cierto que Ford como capitalista que era se opuso a la formación de sindicatos obreros en sus fábricas, pero sus obreros tenían los salarios más altos de toda la nación en aquellos años cuando $5.00 diarios representaban más del doble de lo que recibían los demás trabajadores de la nación, fue capaz de dar empleo a las personas de la raza negra en aquella época, en un país con una base racista muy grande, sobre todo en esos años, pero además ganando el mismo salario que los demás trabajadores, algo digno de elogio y un acto de coraje; en sus fábricas la jornada de trabajo era 8 horas diarias y 40 horas por semana, esas condiciones no las tenía nadie en esos años en todos los Estados Unidos, había quedado rezagada la semana de 48 horas durante 6 días. Sus trabajadores mejoraban paulatinamente sus niveles de vida y en alguna medida chequeaba que estos no fueran adictos a las bebidas lo que era estimulado con algunas mejoras; eso no lo tenía nadie en esa época.

A pesar de los señalamientos negativos que Wall Street u otra cualquier persona le pudiera hacer, no puede negarse que lo de Henry Ford era novedoso y distinto al comportamiento de todos los otros magnates; él encarnó lo que fue poco tiempo después el estilo de vida norteamericano, en el que se perseguía la mejoría de vida para los trabajadores más simples y sobra decir que este empresario no tenía algo que ver con el comunismo o corrientes similares, se puede afirmar que lejos de ser comunista, era más capitalista que todos los demás porque su inteligencia para los negocios lo hacían ver allí donde los demás no veían mucho o casi nada, y ni que decir con lo que se ha visto en estos tiempos donde hay países en que con lo que se compra un carro de segunda mano o de uso, el cliente se puede comprar entre 10 y 12 carros de mayor calidad en el mercado capitalista de los EUA. Averigüen, esa está bien cerca de las costas del imperialismo yanqui.

Fue un hombre de paz, se opuso a la Primera Guerra Mundial e hizo un viaje a Europa con esos fines y se ganó la crítica de los coterráneos de Wiston Churchil, que era y es una vaca sagrada para los ingleses, al decir que el hundimiento del barco de pasajeros Lusitania, por un torpedero alemán, había sido un acto deliberado de Churchil, para hacer que los Estados Unidos de América participaran en esa guerra y esa verdad de Perogrullo, los ingleses de forma general no la admitían porque nada que afectara o rozara a Churchil era visto como verdad.

Construyó 8 mil aviones de guerra así como submarinos para la Segunda Guerra Mundial (1-09-1939 al 15-08-1945).

WALT ELIAS DISNEY (5-11-1901 al 15-12-66, Chicago, Illinois, EUA). Este director, dibujante, animador, productor cinematográfico; tal vez el nombre sea para muchos el símbolo de comics o dibujos animados y no vean detrás del nombre a la figura del mayor creador de dibujos animados que ha pasado por la faz de la tierra para muchos entendidos.

Fue el cuarto de 5 hermanos de una familia muy pobre por lo que los apuros económicos no estuvieron ausentes.

Participó en la Primera Guerra Mundial para la que se cambió la edad para poder acceder al menos como chofer de ambulancia de la Cruz Roja y después de un tiempo de haber terminado la misma regresó a casa.

Con un talento insólito que se recreó en dejarnos a los que ya pasan de los 80 o los 90, un mundo mágico, de entretenimiento, de divertimento, de belleza, amén los rasgos ideológicos que pudieran estar presente en algunos de ellos, pero disfrutar de un animado facturado por Walt Disney hace las delicias de los que pasan las 7 u 8 décadas de vida. Compartió época con el otro inmenso dibujante Ubbe Iwerks, ambos fundaron en 1920 la empresa Iwerks-Disney Comercial Artists que fracasó, en 1922, Disney fundó la compañía Laugh-O-Gram Films con la que tuvo varios éxitos, pero el desbalance económico lo llevó a sucumbir y decidió irse a Hollywood en 1923, con solo **$40.00** dólares en el bolsillo; en ese mismo año creó con su hermano mayor Roy, la Disney Brothers Studio.

Creador de fama mundial, fueron varios los personajes que con su equipo creó y que han trascendido el tiempo, sin dudas el más famoso tal vez sea Mickey Mouse, pero hubo otras creaciones como Osvaldo el Conejo, Pato Donald, Pinocho, Dumbo, Bambi, Blanca Nieves y los Siete Enanitos, Popeye, Plutón, Peter Pan, Los Tres Cerditos y muchos otros personajes que hacían las delicias de los niños de la época. En la filmación de estas películas de animados fue poniendo de manifiesto nuevas técnicas que daban unas apariencias tridimensionales distantes de los animados de las primeras etapas.

Pero su afán por el entretenimiento de la plana menor conjuntamente con los mayores empezó a tomar cuerpo cuando en una ocasión lleva a sus niñas a un parque con el que él no quedó satisfecho y empezó a darle forma a la idea de los llamados parques temáticos en que tanto los niños como los mayores disfrutaran de la estancia, surgió Disneylandia en 1955, California, le siguió Disney World en Orlando, Florida, el cual no alcanzó a ver y que fue inaugurado en 1971; en 1983 abrió sus puertas el Tokio Disneylandia, Euro Disney cerca de Paris en 1992 y otros que están en proyectos en Japón y otros países.

Durante su extensa y exitosa carrera en el cine de animación fue premiado con 26 premios Óscar de un total de 59 nominaciones, y recibió otros cuatro premios honoríficos, lo que lo convierte en la persona que más premios de la Academia ha ganado. También fue galardonado con siete premios Emmy.

The Walt Disney Company gestiona dieciocho parques de atracciones, treinta y nueve hoteles, ocho estudios cinematográficos, once canales de televisión por cable y uno terrestre. Fue apodado el

Mago de Burbank, por la forma en que se diseñaron los 20 grandes edificios de los estudios de su compañía, con las calles llevando el nombre de sus personajes.

El pequeño estudio de animación que en 1923 fundaron Walt y Roy Disney se ha convertido en una de las mayores empresas en el ámbito del entretenimiento, con ingresos anuales superior a los 36 000 millones de dólares.

Walt Disney murió el 15 de diciembre de 1966 a causa de un cáncer de pulmón, pero aún sigue brindando satisfacción, felicidad y placer al disfrutar de las riquezas culturales que nos dejó.

HOWARD D. SCHULTZ (19-07-1953 al presente, Brooklyn, New York), es el presidente y director ejecutivo de la compañía más grande del mundo dedicada a la venta de café: la **Starbucks**. Estudió en la Universidad del Norte de Michigan y se graduó en 1975 como bachiller en comunicaciones; fue el primero de su familia de procedencia pobre en graduarse de un colegio. Su niñez y juventud se desarrolló en un vecindario bien pobre en casas para familias de bajos ingresos; fue duro para sus padres luchar por la educación de sus tres hijos. A los 12 años tuvo su primer trabajo como vendedor de periódicos.

Después de su graduación comienza su vida laboral como manager de ventas en la compañía Xerox por 3 años, desde 1975-78. Hubo varios años en que intentó empezar a trabajar en una tienda Starbucks hasta que lo logra en 1982. La tienda vendía café en grano y daba instrucciones a los clientes sobre los distintos tipos de café y su elaboración.

En 1983 se va de vacaciones a Milán, Italia y observa cómo en las cafeterías además se servían otras bebidas y comestibles; esa idea se la expresa a los dueños de la Starbucks en aquel momento los cuales rechazaron la propuesta por no gustarle. Una persona de origen pobre, no millonario ni algo parecido, se va de vacaciones al cumplir sus 20 años, ¿cuántos latinos pueden hacer algo semejante?, no ya a Italia, sino dentro de su propio país.

En el '85 se va de Starbucks y comienza su propio negocio, después de solicitar algunos préstamos para llevarlo a cabo, en abr. de 1986,

Schultz abrió una tienda de venta de café en Seattle, para la cual usó un nombre italiano "Il Giornale" (El Diario) yéndole muy bien en el mismo, con una alta frecuencia de visitantes diariamente.

En el '87 Schultz decide comprarle a los dueños originarios la compañía Starbucks y usa ese nombre en su compañía, el progreso lo acompaña. La compañía creció rápidamente y es ahora la más grande que se dedica a la vente de café en el mundo.

En la actualidad tiene más de 24 000 tiendas Starbucks en 70 países, dando empleo a cerca de 196 000 empleados en todo el mundo con ingresos superiores a los 16 447 millones de dólares al año (2014). Está representada en América del Norte y del Sur, Europa, Asia, África y Oceanía.

La cadena garantiza todos los beneficios a sus trabajadores, incluyendo seguro de salud, tanto a los trabajadores a tiempo completo como a los trabajadores que solo laboran parte del tiempo, esto es así porque él recuerda de su juventud a su padre que era un chofer de entregas a clientes y tuvo un accidente en el que se le partió una pierna y no tenía seguro de salud, ni otros beneficios y al final perdió el empleo; la familia pasó por tiempos bien duros. El sr. Howard Schultz, ha dicho: *"Yo quería crear el tipo de compañía en la que mi padre nunca tuvo la oportunidad de trabajar".*

En el 2008 la revista Fortuna nombró Starbucks como el séptimo mejor lugar para trabajar en los Estados Unidos.

Su fortuna personal se considera en alrededor de los 3200 millones de $USD.

STEVE PAUL JOBS (24-2-1955 al 5-10-2011, nació California, EUA), fue un destacadísimo empresario y magnate de los negocios del sector informático y de la industria del entretenimiento estadounidense.

Fue cofundador y presidente ejecutivo de Apple Inc. y máximo accionista individual de la Walt Disney Company. Fundó Apple en 1976. A los 26 años ya era millonario gracias a su extraordinario talento. Renunció a Apple, empresa que había fundado y regresó a ella en 1997. Revolucionó la industria de animación.

Durante los 90 unió Pixar y Disney convirtiéndose en el mayor accionista del gigante del entretenimiento.

Lanzó el iPod en 2001, inauguró la tienda de venta en línea iTunes en 2003 acaparando hacia el 2009 el 25% de la venta de música en el mercado estadounidense.

Fundó la empresa NeXT Computer Inc. En diciembre de 2009 Steve Jobs fue elegido director ejecutivo del año por la revista Harvard Business Review por incrementar en 150 000 millones el valor en bolsa de Apple en los últimos 12 años.

Steve Jobs, que también había abandonado la universidad antes de finalizarla, agregaría un ratón (mouse) para pinchar y mover las cosas con más agilidad en sus ordenadores Apple. Fruto de su colaboración con Gates nacieron los programas Microsoft Word y Excell, dos productos sin los que hoy no se podría vivir en el mundo de la informática.

Su fortuna personal era calculada al morir en $31 600 millones de dólares, como resultado de su trabajo, de su inteligente y fructífera labor.

Su legado al mundo fue incalculable en las comunicaciones, en la industria del entretenimiento, en sentido general en la esfera cognoscitiva, en el intelecto, en el desarrollo del ser humano; el mundo le estará infinitamente agradecido por todos los aportes que nos dejó que hacen nuestras vidas infinitamente más cómodas. Es verdad que en África y muchos países subdesarrollados que no tienen estos avances al alcance de la mano, pero existe la posibilidad de que en algún momento les puedan llegar, porque la tendencia del mundo es al desarrollo, a la mejora de la calidad de vida de los seres y no al enclaustramiento, ni al ostracismo, ni a la esclavitud.

Este hombre fue en su tiempo como una bala trazadora en la noche, ella lleva la luz, las otras la siguen, eso fue Steve Jobs para el mundo de la computación, de los software, de los hardware; él fue un creador original, de extraordinario talento y sus innovaciones no son comparables a las de un Bill Gates, porque este más bien siguió los caminos que abría el fundador de Apple, en ocasiones los transformó, los modificó pero a partir de una idea matriz dada por este zar de la inteligencia.

Sin sobre ponderaciones, pero no se ha hallado la fórmula de agradecimiento en que se pueda expresar la gratitud que el mundo le debe a este gigante.

WILLIAM HENRY 'Bill' GATES III (28-10-1955-Presente, Seattle, estado de Washington), es un informático, empresario, filántropo, fundador de Microsoft.

Proviene de una familia adinerada. No llegó a terminar los estudios superiores. En abril de 1975, siendo aún estudiante en la Universidad de Harvard crea la empresa de software Microsoft, que devino en la más grande compañía de software del mundo.

En 1976 abandonó la universidad y se trasladó a Albuquerque, en New México. A los 31 años era multimillonario. Su talento le permitió crear el sistema operativo MS-DOS en 1981 y lo trabajó hasta convertirlo en el famoso Windows 3.2 en 1992. Fruto de su colaboración con Jobs nacieron los programas Microsoft Word y Excell, de singular importancia en el mundo informático presente y futuro.

En 1987 fue incluido en la prestigiosa lista Forbes como el hombre más rico del mundo y desde ese año hasta nuestros días ha alternado entre el 1er. y 2do. lugares. Su fortuna pasó de $40 000 millones en el 2009 a $82 000 millones en 2014. Actualmente (2018) se calcula una fortuna de $77 300 millones.

Ha sido señalado como un empresario que aplica prácticas no muy ortodoxas en los negocios. Se ha destacado también por hacer grandes donaciones de dinero a organizaciones benéficas de salud, de las investigaciones científicas, en la creación de nuevas vacunas para salvar vidas de niños, en la agricultura, en la educación, a través de la Fundación que con su esposa codirige, esta fue creada en el 2000 para mediante ella irse deshaciendo del inmenso caudal acumulado en bien de la humanidad; parecería ser una versión más moderna de Andrew Carnegie; al momento han dado en donaciones para las ramas y sectores mencionados cerca de $30 000 millones de dólares.

Este talento de los negocios, deja, aparte de los rejuegos entre empresas, y de las posibles trampas que pudieron ser o no, pero sí deja un importante legado al mundo de nuestros días en la creación de los llamados sistemas operativos hasta llegar a las versiones de Windows 8.2, así como una serie de planes y proyectos para el desarrollo de la vida de aquellas personas más desvalidas, incluyendo países que han recibido su ayuda. Todo debido a su sagacidad y visión para los negocios en un mundo tan cambiante y competitivo como en el que él ha vivido.

MARK ELLIOT ZUCKERBERG, (14-05-1984-Presente, New York, EUA). Es un joven programador, filántropo y empresario estadounidense conocido por ser el creador de Facebook, que tampoco terminó sus estudios iniciados en 2003 en la prestigiosa universidad de Harvard, los cuales abandonó en 2004. En 2002, con 18 años, lanzó con su amigo Adam D'Angelo, Synapse Media Player, que tuvo un éxito relevante al extremo que compañías como Apples y Microsoft quisieron obtener los derechos pero nunca se concretó transacción alguna al respecto; con esta aplicación era muy fácil reproducir canciones teniendo en cuenta el gusto de los usuarios.

En 2004 Zuckerberg creó Facebook siendo aún estudiante de Harvard pero disfrutaba de un año de licencia en aquel momento; su lanzamiento constituyó un verdadero impacto siendo una de las redes sociales más visitadas por las facilidades que dispone para los usuarios.

Mark Zuckerberg también fue elegido como Personalidad del año en 2010 por la revista TIME.

En Octubre del 2012, el director ejecutivo de la red dio a conocer que Facebook había llegado a mil millones de usuarios que al menos una vez al mes se valían de la red.

Este joven de apenas 35 años, sin haber terminado estudios universitarios, pero pletórico de inteligencia y motivaciones ha llegado a amasar la friolera de 63 300 millones de dólares (2018), una fortuna que lo ubica como el cuarto ser humano más rico del planeta y el joven más rico. Lo único que ha hecho este humano para registrar esos records es dejar que su inteligencia y espíritu emprendedor salgan a flote y ha tenido, por añadidura, la suerte de vivir en un país libre, en el que el ser humano puede cumplir, realizar sus sueños y aspiraciones; nadie lo reprime, nada lo limita, no recibe traspiés y trampas de los políticos que estando en el poder quieren administrar la vida de sus ciudadanos para ellos vivir mejor; tampoco es objeto de confiscación de su patrimonio usando para ello leyes espurias como ha ocurrido en otros países cuyos gobernantes han resultados ser unos ladrones.

El hombre más rico del mundo, **JEFFREY PRESTON BEZOS**, mejor conocido como Jeff Bezos (12-01-1964-Presente, Albuquerque, Nuevo México, EUA) es un reconocido empresario estadounidense, dueño de la asombrosa y super próspera compañía Amazon; casi un cuarto de siglo atrás, en 1994, él decidió iniciar su propio negocio y con la ayuda monetaria de sus padres invirtieron en lo que tal vez fue el embrión de lo que hoy es Amazon. Lo demás es altamente conocido, un empresario con un capital en constante crecimiento a unos lapsos de tiempo poco común, algo que es obra de su talento en el mundo de los negocios.

Esta compañía de corte netamente capitalista 100% no se ha destacado por las características de las que le antecedieron hasta mediados del siglo pasado y tal vez hasta dos o tres décadas posteriores a la mitad de los 1900s., aquellas en su desmesurado crecimiento se engolfaban, devoraban, se comían a las pequeñas empresas haciéndolas desaparecer en sus fauces, Amazon no reviste esas características, al menos en lo que se observa hasta la segunda década de los 2000s., al contrario, Amazon ha sido vehículo para que las pequeñas empresas puedan comercializar sus productos a través de este gigante financiando su desarrollo, no solo empresas y compañías pequeñas dentro de los EU, sino también de otros países. Hasta este momento (2019) ese ha sido un rasgo que la distingue, de manera que ella, Amazon, vive y obtiene grandiosas ganancias pero las más pequeñas también sobreviven.

Amazon ha hecho grandes inversiones en distintas esferas de la vida económica de los EU, en investigaciones, en los medios de comunicación, baste mencionar sus inversiones en la Google y la adquisición del emblemático diario americano The Washington Post, en la Uber y en otros proyectos que aún están en desarrollo.

Su principal figura, Jeff Bezos, como muchas de estas personas multimillonarias, ha hecho donaciones importantes para la educación de personas pobres; se dice que en el 2018 donó alrededor de 2000 millones para este propósito.

Para millones de personas en el mundo el rasgo distintivo de la mega-compañía es la venta en línea (on line), que fue la razón de su surgimiento, lo que significa que el usuario, el cliente no tiene que personarse en las tiendas donde se supone adquiera los artículos de vestir, calzar, o de uso en el hogar o cualquier otro interés, no, sino que en este nuevo estilo el cliente haciendo uso de los medios de cómputo entra virtualmente a las tiendas (almacenes) y con el uso de catálogos donde se reseña color, talla, variedad, se puede acceder a la amplia gama de esos artículos, sean libros, electrodomésticos, ropa, calzado, lo que sea, y desde la sala de su casa o desde su cama el cliente selecciona y solicita el artículo de su preferencia, el cual le es llevado a su casa en un plazo no mayor a 36 o 48 horas.

El pago se hace mediante tarjetas de crédito o débito. De manera que si el cliente no desea personarse en las tiendas como tradicionalmente se hace para adquirir un artículo, se puede valer de los servicios de Amazon.

Si el cliente recibe un producto que no le gustó, o que no le ajusta, o en le peor de los casos el producto fue dejado en la puerta de su casa y algún pelafustán o ladronzuelo lo birló, el cliente no pierde su dinero, puede optar porque le envíen de nuevo el producto o se le retribuye su dinero íntegramente. Para este tipo de transacción se requiere de clientes con alto grado de honestidad, de decencia, de valores cívicos, dado a que la compañía enarbola el emblema de que el cliente siempre tiene la razón, por lo que se necesita de la pulcritud ciudadana.

Todo por la satisfacción del cliente que verdaderamente es respetado. ¡Qué clase de empresa capitalista más mala! Aquí sí se observa un verdadero respeto al cliente y no como en esos países donde usted compra, por ejemplo, un refrigerador, una lavadora, o cualquier otro electrodoméstico, se lo prueban y aparentemente funciona bien, pero si cuando se llega a la casa le sale el defecto entonces no tiene derecho ni a que le devuelvan el dinero y le proponen llevarlo a un mecánico y si funciona, bien, si no usted está condenado a quedarse con el equipo, pero no hay devolución, ni reintegro, ni vergüenza. ¡Qué clase de empresa socialista-fidelista más descarada!

Aunque el plato fuerte de Amazon, al menos en sus inicios, ha sido la venta en línea (on line), léase comprar desde la casa, sin tener que personarse en las tiendas, aún el estilo de ventas en que las personas van "de compras, de shopping" físicamente es muy extendido y se calcula que alrededor del 90% de las ventas se hace con este estilo tradicional, pues bien, la inquieta Amazon ha creado un supermercado en que el cliente va y adquiere sus productos seleccionándolos directamente de los estantes y anaqueles como es acostumbre y cuando termina que se dispone a retirarse no se encontrará a ninguna persona para pagarle por lo comprado, sino que solamente pasa su teléfono donde se supone existe alguna tarjeta de pago y cuando recibe un bip que indica que la mercancía fue pagada, este puede continuar su camino, en una operación que se hace sobre la marcha, sin detenerse, lo que le lleva al usuario alrededor de 25 o 30 segundos a lo sumo.

Según cifras referidas de la mega-compañía, esta da empleo a más de 650 000 trabajadores, y tiene ramificaciones en la mayoría de los países industrializados y en muchos países en desarrollo sirviéndoles de soporte a estos para la comercialización de sus productos, lo que hace alrededor de 70 países con vínculos a Amazon.

Amazon amasa una fortuna de más de $114 000 millones de dólares, lo que la hace una de las empresas comercializadoras más grande de todo el mundo, si no la más.

Ironías de la vida, el padrastro de Jeff es de origen cubano, Miguel Bezos, él había abandonado su tierra natal en julio del 62, durante la operación Peter Pan porque bien temprano sus padres se dieron cuenta que en su país de origen, Cuba, no habrían ningunas oportunidades de desarrollo para sus hijos.

Ahora aquel hombre que a los 16 años se vio obligado a abandonar su país, ve como su hijo, gracias a su talento y a las oportunidades que se dan en el sistema capitalista no salvaje, ha devenido en el hombre más rico del planeta, cosa que nunca hubiera sido posible en una Cuba fidelista o castroniana.

ELON MUSK (28-6-1971-Presente, nació en Pretoria, Sudáfrica). Estudió en la Universidad de Pennsylvania, EUA, graduándose de Física y Administración de Empresas; desde pequeño fue un gran visionario, tiene vista de águila para descubrir los negocios; ya a la edad de 12 años hace su primer negocio al vender un juego a una revista inglesa.

Emprendedor nato, con inteligencia impar para la creatividad y una voluntad a toda prueba; varias son las compañías que llevaron y llevan su impronta, entre ellas las más famosas PayPal (empresa de pagos on line), Space X (compañía de vuelos espaciales), en 2003 realizó una de las inversiones más atrevidas y que tal vez más impacto social tenga: la fábrica de vehículos eléctricos llamada Tesla, todo un reto a una de las industrias más dinámicas a nivel mundial como lo es la industria del automóvil, ha hecho inversiones en medios de transporte terrestre con miras al futuro, estos entre otros tantos proyectos son en los que anda o ha andado enrolado este coloso de la inventiva y la creatividad para hacer la vida más llevadera a los seres humanos.

De todos esos proyectos mencionados y los que no se han reseñado, es sin dudas el de mayor trascendencia social el de la fabricación de autos Tesla, que a la vez que resulta de mucha importancia para el futuro de la humanidad, es también el reconocimiento a ese sabio, talentoso y sacrificado científico, quien trabajó por el bien de la humanidad y fue capaz de sacrificar su vida en pos de sus ideas renovadoras. El uso de una energía tan limpia como la eléctrica en los vehículos ayudaría enormemente en la disminución de gases nocivos en la atmósfera, problema que ha estado discutiéndose año tras año sin que haya una vía concluyente para hacer decrecer ese efecto dañino a la natura de donde todos recibimos no solo el aire que respiramos, sino todo.

A un lado lo pragmático de la producción de carros eléctricos y reconózcase también el hecho de haber roto el enclaustramiento al que estuvieron sometidos las investigaciones y descubrimientos de Tesla, los cuales no se llevaban a vía de hecho porque a los magnates de los combustibles no les convenía que esas investigaciones vieran la luz porque les afectaban sus ganancias provenientes de los hidrocarburos.

Ya al finalizar la segunda década del siglo XXI, la producción de los autos Tesla iba por lo que sería la cuarta generación: Tesla Rosell, el Modelo S, el X y el Modelo 3, que aunque han bajado sus precios, debe ser política de abaratarlo tanto como sea posible para hacerlos asequible a las capas de menos recursos, tal y como hizo Henry Ford con el Ford T, aunque hay que reconocer que los avances tecnológicos de la época actual sin dudas provocarían un encarecimiento en el producto final.

La puesta en práctica de esta innovación del sabio admirable es como si se le reconociera con todos los más altos galardones, su talento y su devoción a la ciencia y al bienestar del ser humano, contrario a los políticos que solo viven de la política y engañando y distorsionando para lograr objetivos y propósitos espurios que le granjeen una mejor vida y mucho dinero en el bolsillo sin que ellos hayan aportado algo útil. Léase bien entre líneas y búsquese los ejemplos encerrados en ella sin que sea necesario mencionar a uno por uno de estas desagradables personas que son todo lo opuesto a lo que Nikola Tesla preconizaba y quería para la humanidad.

Con una fortuna de 21 000 millones de dólares, Elon Musk está ubicado entre uno de los lugares cimeros en acumulación de capitales.

PEARLIE MAE SMITH, (afroamericana, nació en 1945, presente). Madre de siete hijos, todos adultos. Se gana la famosa lotería del Powerball en la primera decena de mayo del 2016 con una suma de 429.6 millones de dólares de los que recibió $284 millones como suma total que la madre repartió entre sus hijos, dio una parte o el llamado diezmo a la iglesia e hizo algunas inversiones en la comunidad donde viven, todo sin que le fuera impuesto por autoridad alguna, sino como iniciativa de la familia, pero además muchos de los hijos tienen sueños y aspiraciones que se proponen llevar a cabo ahora con ese dinero recibido inesperadamente, todas estas personas eran pobres, vivían de lo que trabajaban y quizá si algunos tenían escasos recursos ahorrados para llevar y conducir las vidas de sus familias con un poquito más de holgura; se augura que si administran bien esos recursos monetarios todos podrán encaminar a sus familias y morir como millonarios, eso si son capaces de administrar bien las sumas recibidas, y de hecho lo primero que hicieron cuando se vieron con tanto dinero fue buscar la ayuda, el asesoramiento con abogados para manejar con tino el futuro de las familias individuales de cada uno y la familia general. ¡Qué suerte!, aquí se aplica la sentencia de que "se acostaron pobres y se levantaron millonarios", por lo que podrán emprender una vida con muchas mejores condiciones; lastimosamente contrario a lo que pasó en Cuba en 1961 cuando el canje en que el gobierno revolucionario estafó a todo el que tenía alguna pecunia, acción que ha venido realizando cada vez que ha tenido la posibilidad y de hecho fue lo que hizo durante la segunda mitad de los 80s. de la centuria anterior cuando convocó a todas las personas que aún en aquel momento tenían algo de valor, como oro, plata, pinturas, objetos de valor, orfebrería, todo lo que a esa altura pudiera quedar en la población y que no había sido requisado por los buitres del gobierno-partido, por los revolucionarios, para que fueran a cambiarlas por las cuales recibían baratijas, fue un robo, un vulgar atraco, uno más con el cual se daba un paso más para arrastrar a la población a una miseria, a una pobreza, a una indigencia, de la que no ha podido salir, ni parece saldrá en largos años. Ahí está la obra del fidelismo.

MARIE HOLMES, (se calcula su año de nacimiento en 1989, americana). Madre soltera de 4 hijos, desocupada y que también fue premiada por la lotería al ganar la Powerball en feb. del 2015, con $127 millones de los cuales recibe en efectivo $88 millones; ella empleó $9 millones en hacer que su pareja saliera de la cárcel en libertad condicional, porque le habían sido ocupadas 8000 bolsitas de cocaína, una pistola calibre 45 sin autorización para portarla y otras anormalidades que se daban en la casa donde hay niños menores, los hijos de esta desafortunada mujer; pero obsérvese que nadie le ha quitado su fortuna, ella la ha ido dilapidando y es difícil pensar que esa cantidad enorme de dinero para personas que eran pobres y que tienen la posibilidad de invertir en bines raíces para la familia, o en el futuro de los hijos, sin embargo gastan su dinero en sacar bajo fianza a personas que al parecer fueron los primeros en nacer con la recién descubierta enfermedad del **zika** cuando esta aún no se había declarado.

Ambos, la desafortunada en recibir esa suma y su emprendedor concubino, harán la vida de los cuatro infantes un martirio.

JORGE M. PEREZ (17-10-1949 al presente). Empresario nacido en Argentina, de padres cubanos que se encontraban en el país austral porque su papá era gerente de una farmacéutica y él nació estando ambos padres en ese país, no obstante la familia se asentó en Colombia hasta que viajaron a finales de los 60s. a los EUA.

Estudió en dos universidades y es graduado de la Universidad de Long Island C. W. y la Universidad de Michigan.

El multimillonario y promotor inmobiliario Jorge Pérez hace por cambiar la imagen de la ciudad que además también es un centro de arte internacional y famosa por ser el principal centro de asentamiento de los cubanos que abandonaron Cuba después del triunfo de la revolución. Este promotor y amante del arte donó 40 millones de dólares, la mitad de su colección privada de arte, al Museo de Arte de Miami Pérez, conocido como PAMM (Pérez Art Museum Miami).

Jorge Pérez es denominado el "Rey del Condominio Sur de la Florida", se inició como un planificador urbano. Cofundó una firma de desarrollo de bienes raíces, la Related Group of Florida, trabajando en la construcción de apartamentos de lujo, de alto costo para el usuario en la década de 1980.

En 2005, la revista Time lo nombró uno de los 25 hispanos más influyentes en Estados Unidos. Ha figurado en la lista de Forbes de los 400 estadounidenses más ricos en varias ocasiones, siendo el único inmigrante latino en obtener ese distingo.

A sus 20 años de edad, empezó a coleccionar pinturas de Wifredo Lam, Roberto Matta, Diego Rivera y Joaquín Torres-García. Ahora, 110 obras seleccionadas por el museo de la colección privada de Pérez están disponibles para todo el mundo en el museo de tres plantas y 200

000 metros cuadrados, el edificio valorado 220 millones de dólares está rodeado por las ventanas de cristales más grandes y resistentes del mundo se dice que incluso son a prueba de huracanes.

Jorge Pérez es el presidente y director ejecutivo de The Related Group creado por él en 1979 y empieza a dejar su huella en la ciudad creando hermosos edificios que pasarán a la historia como verdaderas obras arquitectónicas de singular belleza.

Pierde una buena parte de su fortuna durante la crisis económica de 2008 y recupera su compañía con sus recursos monetarios personales.

Se convierte en uno de los hombres que más admiran los latinos en Estados Unidos por sus éxitos y por el aporte que ha dejado a la ciudad de Miami.

Ha ocupado lugares destacados en la lista de los billonarios de Forbes, con una riqueza estimada en más de 2600 millones de dólares, gracias a sus buenos oficios en los bienes inmuebles.

En 2005, uno de sus mejores años, tuvo ingresos por 3200 millones de dólares, al vender 4570 inmuebles. Un año después, sus ventas se desplomaron a 1500 millones de dólares, por 1250 habitaciones vendidas, pero en 2007 subieron a 2000 millones de dólares, por 2500 condominios entregados.

En mayo 2015 su patrimonio era de $3400 millones, pero su legado no está en la cantidad de millones que tiene, tal vez él será más recordado por los cientos de edificios que han sido diseñados y construidos por su grupo y por las obras de caridad que ha legado en beneficio de las mayorías.

Si bien sus obras no están hechas para personas de la clase baja o de bajos recursos, no es menos cierto que la belleza de las mismas son un canto al buen gusto, aun cuando no sean apartamentos para alojar a personas de bajos recursos.

Este señor es el ejemplo más vivo y fehaciente del espíritu de los cubanos, no importa que por casualidad haya nacido en Argentina, él, educado bajo la égida de cubanos supo encausar esas enseñanzas y tenacidad y convertirse en el hombre que ha demostrado ser; él es el encarne del espíritu emprendedor del pueblo cubano y que ha sido truncado por las aves de rapiña que desde 1959 detentan el poder y engañan a todos dentro y fuera del país haciéndose pasar por un régimen de bien. ¡Cuánto cinismo hay en el castrismo!

No son los cubanos de mala fe, los que fueron obligados a salir del país en 1980, cuando la llamada crisis de los Marielitos, aquellos que fueron sacados de las cárceles, o de centros de enfermos mentales, o los que sin estar recluidos en lugar alguno hacían gala de una conducta pésima y que Fidel Castro Ruz, todo un general en eso de hacer trampas, se los quitó de encima para que crearan situaciones a los lugares a que fueran enviados; esos no son los mejores ejemplares de la estirpe cubana.

Es este señor que tuvo el honor de ser invitado por el Sr. Presidente Barack Obama en el viaje que este hiciera a Cuba, un símbolo de lo que es el tesón, la constancia, trabajar por un objetivo y no desmayar hasta conseguirlo, por algo bien planificado, bien atinado y ese fue el espíritu de la inmensa mayoría de cubanos que se vieron obligados a dejar a su país después de ene. del 59, un espíritu de personas emprendedoras, por eso la Ciudad de Miami le agradece tanto a esa casta de cubanos verdaderamente creadores, admirables cubanos que hicieron en esa ciudad y en el país lo que el nefasto régimen les prohibió intentar en el suyo. Sin chovinismo, no hay que decir que el que escribe es cubano, y cubano de bien, no cubano de delincuencia y de cosas mal habidas.

Estas personas anteriormente señaladas hicieron y han hecho grandes aportes al desarrollo del país norteño; unos más que otros de acuerdo a sus posibilidades económicas, de acuerdo a su inteligencia, de acuerdo a sus intereses y ambiciones personales, pero no se puede negar el aporte que le han hecho al país, sin que ninguna casta o grupo político le pusiera trabas o los limitara en los propósitos que cada cual tenía y es que el país es de todos, no solo de los políticos como ocurre en otros lugares donde los descubrimientos, innovaciones, invenciones tienen que ser discutidas por los políticos y si estos las aprueban entonces se ejecutan, de lo contrario todas esas ideas renovadoras y creativas pasan a dormir el sueño de la eternidad añejándose en gaveteros de los que nunca saldrían.

El control sobre el potencial creativo de Cuba se estuvo guardando y controlando durante mucho tiempo en ese emporio de la creación, de la inventiva llamado ANIR, todo un engendro fidelista para quitar posibilidades a la iniciativa del individuo a la vez que se menguaba el desarrollo del país; nunca olvidar que Cuba y sus dirigentes encabezados por el invicto, FCR, es una nación artrópoda que camina hacia atrás, como el cangrejo, por eso está donde está en la escala del **subdesarrollo**.

Y es que en la mayoría de los países, con liderazgo en los desarrollados, cada idea que surge, que es válida para ayudar al desarrollo de la nación, o simplemente si alguien tiene una inventiva y carece de recursos financieros para llevarla a cabo, si el estado no puede ayudarlo, existe la posibilidad de que alguna entidad privada o alguien a título personal asuma los gastos y pueda hacerse efectiva su puesta en práctica; después se paga la inversión con lo que la innovación produce. Esto ocurre en muchos países desarrollados o en vías de desarrollo o países pobres que no le ponen retranca al desarrollo y a la iniciativa privada.

Esta práctica solo no es posible en aquellos países en que los gobernantes se creen los dueños del mismo y son esos gobernantes los que lo controlan todo, son países regidos por dictaduras con sus dictadorcitos disponiendo de todo, hasta de las vidas de los ciudadanos, son esos países donde la democracia fue reemplazada por algo que se escribe más o menos igual pero que no es lo mismo, y por supuesto esas naciones no ascienden en la escala de desarrollo, por el contrario descienden, se **subdesarrollan**, porque impiden la posibilidad de que todos los ciudadanos de adentro y fuera del país tomen parte en levantar, en enhestar, en hacer a la nación pródiga para que la mayoría de sus hijos puedan vivir en ella y contribuir con sus inteligencias, con sus recursos, con sus voluntades a hacer a la nación grande y próspera para casi todos sus hijos.

¿Conocerá alguien de alguna nación, isla o país que tenga esas características, es decir, que sus gobernantes en vez de luchar por el bienestar de sus ciudadanos mejorando los estándares de vida de estos, hagan todo lo contrario, le pongan freno a la participación de todos los que quieren mejorarla, hacerla crecer y que por el contrario sus gobernantes estén ayudando a **subdesarrollar** al país, a la nación, a la isla?

¿Sabe alguien de la existencia de un lugar con esos aberrantes gobernantes? Se sabe por lo menos de un lugar en queeee …, pero de seguro hay más de uno.

Pero véase cómo el desarrollo o el intento de desarrollar a un país no es patrimonio exclusivo de los EUA, sino que muchas otras naciones tienen entre sus ciudadanos a personas, que siendo simples ciudadanos hacen a su terruño digno de loas.

El desarrollo económico de un país no es patrimonio solo de los EUA, ni de Europa, ni de los países que en otros lares han tenido un cierto nivel de desarrollo a pesar de las limitaciones con las que se enfrentan las naciones pobres en cuanto a recursos naturales o financieros o de cualquier otro tipo, pero existe la voluntad política de los que dirigen al país.

Algunos gobernantes, sobre todo de los países en vías de desarrollo, tienen manejos fraudulentos de los fondos del estado, otros se apropian solapada o descaradamente de los recursos monetarios, otros se saben dueños de la nación y llevan una vida fastuosa, lujosa, de dilapidación de los fondos de la nación sin que a ellos les cueste un céntimo. ¿Es eso corrupción?

Otros gobiernos tienen un aparato político-administrativo tan grande, que se cuentan por decenas, por miles los funcionarios desde el gobierno central y otras organizaciones políticas y de masas que se ramifican, se enraízan y multiplican el número de sus funcionarios, pasando por las distintas instancias intermedias de provincias, municipios y hasta el nivel de centros de trabajo que resulten algo grande donde se profesionalizan a personas para que atiendan funciones políticas, sindicales o de cualquier otro tipo; estas personas suelen ser llamadas en algunos países como "cuadros" y por supuesto no tienen nada que ver con los cuadros de pintores, ni clínicos o médicos o con cualquier otro tipo de cuadro; recuérdese el campo socialista donde esta terminología tenía cabida.

Para que se vea que la aseveración de que el país es de todos y no solo de políticos, analícense dos casos de ingleses que sin ser productores de bienes materiales han dado al mundo momentos memorables de satisfacción y de enseñanza-aprendizaje.

CHARLES SPENSER CHAPLIN (16-04-1889 al 25-12-77, Londres, Reino Unido). Charlot como se le conoce en muchos lugares del mundo anglo parlante; fue un actor, escritor, guionista y director cinematográfico, humorista, compositor, productor.

Chaplin era el arte hecho persona, atesoraba, todas las cualidades para las artes escénicas, cinematográficas; podría decirse que Charlot era el Octavo Arte. ¡Cuánto amor, cuánto talento, cuánta inteligencia juntas a la vez! Es poco lo que se diga sobre esta figura inmensa, capaz de arrancar los más disímiles sentimientos ante su obra, su música. ¡Qué profundidad en su obra! Se dice que su talento para el arte era tan descomunalmente grande que debutó a los 5 años sustituyendo a su madre en una obra, es lo que se dice un niño prodigio.

A los 23 años ya había recorrido varios países como parte de una compañía. En 1914 debuta con el personaje que le robó su real nombre y en ese año filma 35 cortos. En 1919 funda en unión de otras personalidades de las artes la United Artists.

A lo largo de su vida, Chaplin recibió múltiples reconocimientos y nominaciones. Recibió el premio Óscar Honorífico en 1928 y 1972, fue candidato al premio Nobel de la Paz en 1948, fue nombrado caballero comendador de la Orden del Imperio Británico en 1975; tiene una estrella en el Paseo de la Fama de Hollywood desde 1970. En 1962, fue nombrado Doctor Honoris Causa de la Universidad de Oxford, en Inglaterra. En 1952 se exilió en Suiza, donde pasó el resto de su vida. Sus últimos filmes fueron Un rey en Nueva York y La condesa de Hong Kong.

La vida en sus primeros años fue algo inestable porque sus padres eran actores de un music-hall, el padre era alcohólico y murió en 1901, la madre tenía que ser internada con frecuencia al sufrir de problemas mentales, de manera que su niñez no fue todo lo normal que debió ser, pero el talento estaba ahí y no moría, sino que crecía.

De niño se desempeñó como soplador de vidrio, mandadero y vendedor callejero. En 1909 ya había actuado en los principales teatros de París. Su primera gira a los EUA se produjo entre 1910-12 y a finales del 1912 estuvo en Canadá.

Al terminar la Primera Guerra Mundial era un actor más que famoso por su personaje de Charlot. Sus filmes lo han trascendido, tales son: El circo, Luces de la ciudad, Tiempos modernos, El gran dictador, La condesa de Hong Kong, La Gran Depresión, El inmigrante, El chico, La quimera de oro y cerca del centenar de filmaciones entre largos y cortos metrajes.

Su música para sus filmes de una belleza legendaria fue interpretada por cantantes como Nat King Cole, Roberto Carlos y otros, dos de ellas son: Smile y Candilejas, fueron tal vez las más universales, así como otros temas para distintas películas.

Es considerado una de las figuras del espectáculo más representativas del cine mudo, así como un ícono del humorismo.

Sin cifras no muy precisas se puede decir que su fortuna al morir estaba por encima de los £10 millones.

Su mayor legado fue lo que le dejó a las generaciones que lo acompañaron en vida y a las que lo sobrevivieron las cuales podrán disfrutar del infinito valor recreativo, cultural, educativo y de profundo pensamiento humanista. Su inmensa obra era diametralmente opuesta al pequeño tamaño que acusaba su cuerpo.

JOANNE KATHLEEN ROWLING (31-07-1965 al presente; escritora; Yate, Gloucestershire, Inglaterra). Hija de padres ingleses, de extracción social pobre. Su talento no rebasó los exámenes de ingreso de la prestigiosa Universidad de Oxford en 1982, pero no le hizo falta, así que se matriculó en la Universidad de Exeter para titularse en filología francesa y clásica en 1987. Trabajó como secretaria y profesora de inglés.

En 1991 se trasladó a Oporto en Portugal para enseñar inglés, pero en 1995 se regresa a Edimburgo, Escocia en Inglaterra con una hijita de un matrimonio que se disolvió.

En junio de 1990, en un viaje en tren entre Mánchester y Londres tiene la primera idea de la obra que le trascendería, era una idea sobre una escuela de magos y nace en su mente Harry Potter que empezó a ver la luz en 1995 desde una mesita del café Nicholson de Edimburgo a donde iba a escribir en una vieja máquina ese primer libro, iba con su niña que rondaba los dos años. En esta época vivía en un pequeño apartamento, sin dinero y sin trabajo.

Así fue como comenzó la historia como escritora de esta mujer que le trajo al mundo enorme felicidad y satisfacción con sus libros llenos de magia, fantasía e imaginaciones, cual si ella fuera una versión renovada de Walt o de Charlot o de cualquier otra luminaria pero vestida con su ropaje propio, sin copiar nada de nadie, solo haciendo crecer el talento y la imaginación.

En 1995, Rowling finalizó el manuscrito de **Harry Potter y la piedra filosofal**. El libro fue enviado a doce editoriales y todas lo rechazaron. Un año más tarde recibió la aprobación en una subasta para la publicación del mismo recibiendo $105 000 dólares más £1500 que había recibido como adelanto, a este le siguieron 6 libros más por la demanda de los lectores y la posibilidad intelectual de la escritora de crear historias que recreaban a jóvenes y mayores; se sabe que el editor que le admitió su primera obra le dijo que el libro no le aportaría mucho dinero porque era solo para niños y que los adultos no lo leerían, al parecer se equivocó completamente.

El éxito comenzaba a crecer y al primero le siguió el segundo **Harry Potter y la cámara secreta**, que fue publicado en julio de 1998; en diciembre de 1999 llegó la tercera novela, **Harry Potter y el prisionero de Azkaban**, que ganó el Premio al Mejor Libro Infantil, convirtiendo a Rowling en la primera persona en ganar en tres ocasiones ese premio; con este mismo título ganó el Premio Whitbread del Libro Infantil del Año en el 2000 y batió los récords de ventas de diciembre de 1999; aún más, su cuarto libro, **Harry Potter y el cáliz de fuego**, que fue lanzado a la venta al mismo tiempo en el Reino Unido y en los Estados Unidos el 8 de julio de 2000, batió récords de venta en ambos países. Cerca de 372 775 copias del libro fueron vendidas en su **primer día** en Gran Bretaña, casi igualando el número de copias que se habían vendido de **El prisionero de Azkaban** durante su primer año a la venta, esto da una idea de la fama, autoridad y prestigio como autora que había cosechado esta mujer que no había podido acceder a la Oxford; más lauros aún, en la meca del desarrollo mundial ese mismo libro vendió en los Estados Unidos, **tres millones de copias en sus primeras 48 horas**, sacudiendo todos los récords de ventas de libros.

La escritora no podía parar porque sus lectores cada vez demandaban más de ella y era evidente que sus facultades respondían con brillantez inusitada, era algo delirante sobre todo en los países del mundo desarrollado y anglo parlante, pero aún no para la euforia de esta y andando el tiempo llegó la quinta novela de Harry Potter, **Harry Potter y la Orden del Fénix** que vio la luz en jun del 2003, el sexto libro **Harry Potter y el misterio del príncipe**, fue lanzado a la venta el 16 de julio de 2005, también destrozó los récords de ventas, vendiendo nueve millones de copias en sus primeras 24 horas en el mercado en el 2006, **El misterio del príncipe** recibió el premio de Mejor Libro del Año en la entrega de los Premios a los Mejores Libros Británicos. El título del séptimo y último libro de Harry Potter fue revelado el 21 de diciembre de 2006: **Harry Potter y las Reliquias de la Muerte**, fue lanzado a la venta el 21 de julio de 2007 y batió el récord de su predecesor, convirtiéndose en el **libro agotado más rápidamente de todos los tiempos.** Vendió 11 millones de copias en el primer día de lanzamiento solo en el Reino Unido y los Estados Unidos.

Su vasta obra literaria no solo ha sido deleitada por lectores si no que todos sus libros han sido llevados a la cinematografía donde el éxito también ha florecido.

La escritora también incursionó en el género de novela para adultos sin que estas hayan tenido el mismo éxito que las aventuras de Harry Potter.

En octubre de 2010, Rowling fue nombrada la "mujer más influyente en Gran Bretaña" por la revista Time.

Logró incluir su obra infantil en la lista de las más vendidas de The New York Times, algo sin parangón en la historia de toda la literatura, (para niños, jóvenes o adultos) sin precedentes.

Ha hecho donaciones benéficas importantes para la salud, específicamente de la arteriosclerosis; en política donó más de un millón de libras esterlinas al partido laborista en 2008; ha escrito obras cuyo resultado de ventas han sido utilizado en obras benéficas contra la pobreza.

Forbes ha nombrado a Rowling como la primera persona en ganar 1000 millones de dólares estadounidenses por escribir libros, la segunda artista mujer más rica y la persona número 1062 con más dinero del mundo.

Como se puede ver esta mujer y su talento han hecho las delicias de juventudes de todo el mundo, es una figura universal que ha ayudado a muchas generaciones a ver las cosas bellas en un mundo que a veces se antoja rudo y hostil, ella nos lo ha embellecido.

Es universal porque sus libros de Harry Potter han sido vendidos en más de 450 millones de ejemplares en cerca de 200 países y han sido traducidos a 73 lenguas; su fortuna es calculada por encima de los 1200 millones de dólares.

Ha recibido numerosos galardones, entre ellos la distinción de miembro de la Orden del Imperio Británico por su dedicación a la literatura infantil, el Premio Príncipe de Asturias de la Concordia, la Legión de Honor de Francia y el Premio danés Hans Christian Andersen.

Estos dos ingleses o británicos, aparte de haber tenido algún vínculo con la política, no eran políticos propiamente dicho, sino que su labor consistía y aún consiste en hacerle la vida más placentera, entretenida, alegre y confortable a millones de personas en todo el mundo, no solo en su país; las personas de diferentes generaciones los recuerdan con mucha gratitud por lo que ellos les han ofrecido, hemos podido disfrutar de su arte, de su talento, de sus enseñanzas. De ambos, de ellos dos, esas generaciones que los vivieron sienten un profundo agradecimiento por lo que nos dieron.

En ambos casos, no se conoce que la Corona o el gobierno inglés les haya puesto cortapisas a sus obras, incluso cuando en el caso de Chaplin, este fue acusado en los Estados Unidos de comunista por los mensajes que enviaba en sus películas, pero no por eso se le confiscó la fortuna que había ganado producto de su talento, trabajo y dedicación, esas confiscaciones injustificadas generalmente ocurren en países incivilizados donde sus gobernantes no menos incivilizados y egocéntricos se creen el ombligo del mundo y que a ellos les corresponde todo lo que pertenecía a otras personas.

No es práctica de los gobiernos democráticos apropiarse de lo que tiene dueño, esa es práctica de algunas dictaduras y en específico de la castrense de Cuba con FCR al frente.

Si se siguen viendo ejemplos de otros países, al azar, se podría seleccionar a México y en él, al hombre que ha sido nominado varias veces como el más rico o uno de los más ricos del mundo.

Cierto es que México tiene una situación especial en comparación con los otros dos países mencionados (USA y el RUGB), la primera situación es referida al narco-tráfico→violencia y la otra el desempleo; que a decir verdad, en los EUA la violencia que se genera por la proliferación de armas por doquier es a veces tan seria como la misma violencia que tiene lugar en México.

CARLOS SLIM HELÚ (28-01-1940 al presente, Ciudad de México). Es un empresario e ingeniero mexicano de origen libanés, con una fortuna que lo ubica entre los cinco hombres más rico del mundo, ya que posee bienes que ascienden a más de 64 400 millones de dólares (en 2019).

A principios de los años ochenta y en medio de una crisis que paralizó a México y que afectó a todos los países de América Latina, Slim y su grupo realizaron grandes inversiones en el país y adquirieron varias empresas que se hundían económicamente, mientras que la fuga de capitales de México hacia el exterior era indetenible.

Desde los años 80 ya era un empresario muy exitoso y uno de los más importantes de México; 1982 fue un año crítico en la historia del país por la crisis económica que vivía América Latina y en particular su país, donde se nacionaliza la banca lo que trae una contracción en los recursos financieros de la nación, él y su Grupo Carso se propusieron invertir a riesgo y adquirir a bajos precios las empresas y entidades que en ese momento no podían ser respaldadas por el gobierno, en este período adquieren Cigatam fabricante de los cigarros Marlboro, siguieron invirtiendo en aquellas compañías y empresas que se iban a la bancarrota, tales como Hoteles Calinda, Seguros de México y Fianzas La Guardiana, Empresas Nacobre, Hulera Centenario, Reynolds Aluminio, Bimex, la compañía Minera FRISCO, las empresas de neumáticos General Tire y Euzkadi, la Casa de Bolsa Inversora Bursátil, Artes Gráficas Unidas y Peña Pobre Fábricas de Papel Loreto, entre otras propiedades que en aquella época eran incapaces de sostenerse económicamente por ellas mismas.

En 1990 compró la empresa telefónica de México, Telmex; en 1997 adquirió acciones de Apple Inc., también en ese año 1997 adquirió Prodigy, un proveedor estadounidense de Internet y logró hacer de esta empresa un poderoso servidor de diversos servicios de Internet hasta lograr una alianza con MSN, lanzando un portal en español de la mano con Microsoft.

En sep. del 2008 compró un 6.4 % del periódico estadounidense The New York Times, que representaba 9.1 millones de acciones, por valor de $123 millones de dólares, convirtiéndose en el tercer accionista de esa compañía.

La coyuntura de los '80s. le facilitó a este emprendedor apropiarse de un grupo de empresas a precio menor al que hubieran sido vendidas de no existir la crisis de esos años, en que un grupo de países en desarrollo propugnaban el no pago de la deuda externa de esas naciones a los acreedores reunidos en el Club de París y en el Banco Mundial.

Al frente de este movimiento para no pagar la deuda externa de estos países en vías de desarrollo se encontraba el tristemente célebre líder de Cuba, FCR, que quería quebrara el sistema financiero mundial; esto lo llevó a organizar una reunión en La Habana, para llegar a un acuerdo con los países deudores de no pagar la deuda externa, actuando como un bloque, todos insubordinados y dirigidos por él; el lema era: "la deuda externa es impagable"; pero no recibió el apoyo que buscaba y se quedó solito, en definitiva Cuba no le pagó al Club de París lo que en aquella época le adeudaba.

Todas esas compañías adquiridas por el Grupo Carso han tenido un mejor desempeño que si se les hubieran dejado bajo la dirección que tenían, pero además salvaron a miles de trabajadores de entrar en una situación de precariedad para sus familias si ellos llegaban a perder sus trabajos.

No hay que dudar que este empresario, habilidosamente asumió las ventajas que en un momento de crisis le brindaba el mercado, pero de ese paso se beneficiaron también miles de familias de no caer en un período de mayor catástrofe.

Obvia señalar que si este empresario hubiera estado en un país como la Cuba de los Castros, todo se hubiera ido a la porra, hubiera sucumbido, porque esas ilegalidades de comprar empresas en bancarrota y sacarla de una muerte segura, no podían, ni pueden ser hechas en esa isla, donde como cosa anacrónica los cubanos que viven fuera de la isla pueden invertir en la economía de la nación, esa es parte de la llamada ley de la inversión extranjera, pero los cubanos de la isla ni pensarlo, así se hunda la isla. Veremos qué hace el régimen cubano con la crisis que se le agudizó en los primeros meses del 2020 cuando se declaró imposibilitado de pagar al Club de París los adeudos correspondientes a ese momento; tuvieron que pedir una prórroga hasta mayo de ese año; historias ya vistas desde hace mucho tiempo atrás; sin embargo hay dinero para comprar armas por valor de 50 millones a Rusia, también se han tenido noticias de un desembolso de más de 2 millones de euros en armas compradas a España en el bienio 2018-19; claro si esas armas no se llegaran a utilizar en misiones internacionalistas o contra el enemigo imperialista yanqui que nos tiene mucha envidia porque ellos nunca podrán alcanzar las categorías de potencia médica, ni en educación, ni en deportes, ni ninguno de los avances en el área de comestibles y bebidas que nosotros tenemos en la isla; pero si no la llegáramos usar en nuestra defensa contra ellos de seguro que el régimen las va a usar como parte de la dieta nuestra, es decir el gobierno pretende que las armas adquiridas pasen a formar parte de la dieta del cubano pobre, del de abajo, conjuntamente con el avestruz, la jutía y el cocodrilo. ¡Qué bien!

Otro ejemplo de lo que es mostrar talento, decisión y ambición personal lo es el del joven sudafricano **LERE MGAYIYA,** (nació en 1975, en South África, limpiador de zapatos, director ejecutivo). Este joven que conoció la pobreza y el hambre. Comenzó su carrera profesional repartiendo tarjetas de embarque para South África Airways. Tras cinco años con la aerolínea y un ascenso a supervisor, fue despedido y se vio en la calle. Participó de un negocio familiar en que se transportaba ganado vacuno, permaneció en el mismo por un tiempo y un familiar lo despidió ante una solicitud de préstamo que Mgayiya le hizo; de nuevo fue a la calle; devino en vendedor de huevos en el 2002 que no era un negocio muy lucrativo pues solo podía tener una ganancia de $USD6.00 por cada caja que vendía y se vio en aprietos para pagar la mercancía que solicitaba y se volvió a quedar en la calle. Entró en un concurso de marketing para promocionar Red Bull y lo ganó obteniendo por esa vía $USD3100.

Todo el dinero que ganó en el concurso lo invirtió en una compañía de reforestación para la que había comenzado a trabajar. Pero seis meses después las cosas se torcieron de nuevo y se quedó sin un euro. Esto le motivó a meterse en el oficio de limpiador de zapatos en el aeropuerto de Ciudad del Cabo (Cape Town) para lo cual buscó algunos contacto de la época en que repartía tarjetas de embarque; con mucho trabajo y carencia de dinero, por lo que tuvo que pedir prestado una vez más, logró comenzar con un socio en turnos que iban desde las 5:00 am hasta las 9:00 pm, el negocio empezó a mejorar y en unos meses amplía la plantilla a 5 socios, busca y convence al administrador de los aeropuertos de Sudáfrica y extiende la compañía a cinco aeropuertos de la nación con 60 trabajadores.

Su gestión la encamina en los más importantes aeropuertos de Sudáfrica: Cape Town, Johannesburgo y Durban, pero además hace gestiones para extenderse a otros continentes al mismo tiempo que se extiende en África.

Lere invirtió en el confort y calidad del servicio que se proponía brindar, en los lustradores que se usaban para dar brillo a los calzados, pero además los sillones en los que se sientan los clientes son de cuero, relucientes y muy cómodos, todo esto ha hecho que el valor de la empresa haya subido.

Su empresa *Lere's Shoe Shine Experience* tiene ingresos anuales de 2.5 millones de Rands (moneda sudafricana), que equivaldrían a $USD 228 000 y la empresa está valorada en medio millón de USD (año 2019); pero además él sigue trabajando como lustrador aunque no en jornadas tan arduas como las que hacía en sus inicios.

Sudáfrica no es un país desarrollado, está incluida en el grupo BRICS (Brasil, Rusia, India, China y Sudáfrica), tiene importantes recursos minerales y naturales que la hacen ser un país rico, riqueza y bienestar que no abarcan a todos en cuanto a oportunidades, pero este joven sin ir a ninguna de las mejores universidades del mundo, solo usando su talento, su olfato para los negocios, ha logrado con esfuerzo e inteligencia sacar fuego donde solo había agua. Se cayó varias veces y nunca se quedó tendido en el suelo; a golpe de sacrificio se incorporó y alcanzó algo que a muchos nos puede parecer imposible por lo atípico de la empresa, pero ahí está su mérito, en convertir lo inverosímil en creíble, en tangible. ¿Se podría hacer algo ligeramente así en la Cuba castroniana? Saque ud. sus propias y dolorosas conclusiones.

El jamaicano **GEORGE STIEBEL** nació de vientre esclavo como resultado de la relación entre una sirvienta esclava y su amo, que era un judío de origen alemán y que se había asentado en Jamaica. Stiebel nació en el año 1821 y falleció a la edad de 75 años. La condición de mestizo no favoreció en nada la niñez y adolescencia de Stiebel quien tuvo que abandonar la escuela a los 14 años y se dedicó al aprendizaje de la carpintería, profesión en la que exhibió un talento único, de manera que al cumplir los 19 su participación en la reconstrucción del famoso Ferry Inn fue asombrosa; esta embarcación era de particular importancia para el movimiento de pasajeros entre dos importantes pueblos-ciudades de Jamaica: Kingston, la capital, y Spanish Town.

Este jamaicano que no solo demostró tener un particular talento para la carpintería sino también para los negocios, recibió de su padre un capital inicial con el que Stiebel se compró una embarcación que utilizó en el transporte de mercancías entre Norte y Sur de América, esto ocurría en la primera mitad de la década de 1840; las ganancias obtenidas las reinvirtió en la compra de dos embarcaciones más, con las que se permitía no solo ir del Norte al Sur de las Américas sino tocar puertos del Caribe insular como los de Cuba a donde llevó armas para la lucha que los insurrectos llevaban a cabo contra los españoles.

Quizá cuando en mejor momento estaba su compañía, una terrible tormenta caribeña destruyó sus embarcaciones frente a las costas de Venezuela, por suerte, él, que estaba en una de ellas, maniobró y pudo salvar su vida y gran cantidad del dinero en una faja de cueros que llevaba consigo ceñida a su cuerpo.

Con ese dinero que salvó y algún otro que consiguió como vendedor ambulante, él invirtió en la industria del oro en Venezuela y de ella obtuvo enormes, grandiosas, jugosísimas ganancias que fueron detenidas, paralizadas por la pérdida de su hijo en Jamaica y por ese motivo tiene que regresar a su país.

A su regreso a su país, este talento de la inversión, compró, invirtió su dinero en 99 propiedades que era el máximo autorizado por las leyes en esos tiempos, es decir, no se permitía la tenencia de 100 propiedades o más; entre los bienes adquiridos se hallaban dos centrales azucareros, ganado vacuno, tierras y otros; construyó en 1881 una hermosa y lujosa casa de madera en Kingston, la capital de Jamaica, que ha llegado hasta nuestros días, la Devon House, una casa amplia, confortable, la cual ha tenido diferentes roles después que la última miembro de la familia, Theresa Stiebel-Jackson, la hija, que la había heredado, muere en 1922.

Hoy la casa es un excelente museo visitado por cientos de turistas que se admiran de su belleza e historia y pueden apreciar como a lo largo de los años se ha conservado esta joya de la arquitectura.

La historia de este otro incansable luchador, muestra de talento y perseverancia, capaz de vencer múltiples dificultades y no darse por vencido nunca, esa historia es un monumento al trabajo creador y al respeto que toda persona que cultiva un bien, que posee una propiedad, merece. Precisamente eso no fue lo que hizo la revolución fidelista del 1959, todo lo contrario.

¿Cómo podrían entender Joanne K. Rowling, George Stiebel, Jorge M. Pérez, Lere Mgayiya, Carlos Slim, Chaplin, y muchos otros, que todo lo que ellos lograron con su talento, con su esfuerzo, sea confiscado de la noche a la mañana por un advenedizo deseoso de poder, fama y autoridad birlándole a otros lo que él no sería capaz de construir? ¿Existe alguna respuesta plausible que pueda dar una explicación que los convenza?

No, pero además, y quizá lo más doloroso y pérfido sea ver que todo ese patrimonio material y cultural ha sido destruido y no representa ninguna utilidad; ese es el socialismo, el fidelismo; con cuánta desazón, amargura, descontento y sinsabor no viven los norcoreanos al ver a su hermana Sudcorea próspera, rutilante, desarrollada, competitiva, esta frente a la otra, ¿quién le puede decir a los norcoreanos que el capitalismo es más malo que la obsoleta dinastía en la que ellos viven?; por eso cuando encuentran una brecha se van y los que no lo pueden hacer es porque son rehenes de un terror que cala los huesos y los deja yertos.

¿Por qué los germanos orientales tuvieron que ser estabulados, encerrados por un muro de unos 150 km de largo?, y eso que la RDA recibía una ayuda sustancial de la amiguita, la URSS, pero así y todo los germanos orientales protagonizaron las más espectaculares fugas por medio de túneles, incluso hasta usando globos aerostáticos, ¿eran locos, eran tarados mentales?; ellos querían ir a "pasar trabajos en la RFA" antes de permanecer en el paraíso que el socialismo-comunismo les ofrecía.

El ejemplo de Cuba y hasta el de la misma Corea del Norte son muestras de lo que son los regímenes que lo monopolizan todo, que le cortan las alas a la inspiración, sobre todo en Cuba, matan, enclaustran la inteligencia y se apropian hasta de la respiración de las personas, en situaciones de asfixia, en que no es posible respirar ni un cm³ de aire, viviéndose una falta de realismo que no sería posible llevarla al celuloide; ¿ud. sabe lo que es pedirle a una población que vive en la miseria, en la hambruna, en la extrema pobreza, en la penuria y la inopia, sin comida, sin leche para los niños y ni qué decir los adultos, viviendo de colaaaassss, para coger unos muslitos de pollos pagados en la moneda que el país no usa para pagar a sus trabajadores, sin medicamentos para las personas que periódicamente los necesitan por tener tratamientos, sin vergüenza de sus dirigentes, con las casas cayéndose, sin orgullo de ser personas porque son tratados como lo que son: como esclavos y encima de todas estas vicisitudes y MUCHAS OTRAS que no se mencionan para poder llegar al final del texto, encima de todas estas desgracias, las autoridades cubanas Raúl, Díaz-Canel, Manuel Marrero le solicitan a la población la aportación de dinero para la producción de alimentos; ¡hay que ser descarados!, ¡hay que no tener vergüenza!, ¡hay que ser un conjunto de seres despreciables para después que te mato de hambre decirte dame dinero para comprarte comida!, ¿cuál es el colmo de un dirigente cubano?: no tener vergüenza, ni dignidad, quererse enriquecer chupándole la sangre a los esclavos y aparentar que están preocupados por ellos, inducir en la masa esclava que le pida más remesa a los familiares que están en el extranjero para cuando este dinero llegue ellos cogerlo para sus malos, sucios y espurios manejos.

Ahora hace falta que salga la ninfa de metamorfosis regresiva y retorcida y diga: *me duele el pueblo cubano, sus principales monstruos están abusando de él cuando más los necesitan*"; partía de hipócritas, ralea de aves de rapiña, séquito de bandidos, no les bastaron los canjes de 1961, no le han bastado los robos y espolios que llevaron a cabo durante la fiebre de las llamadas casas del oro y la plata, no le han bastado la forma deshonesta con que nos mandan a cumplir misiones, "honrosas misiones de colaboración" y ustedes se quedan el 60, el 70 y hasta con el 75% del salario de los colaboradores según el tipo de misión y el momento en que este haya sido llevada a cabo.

Si se quiere tener una idea exacta del **ge-no-ci-dio** que está llevando a cabo el castrismo en Cuba hágase la idea que en el portal de cualquier instalación (no turística, ahí no se puede dar la imagen de que nuestros mendigos piden dinero) dígase el portal de una tienda, o sencillamente una acera, nos encontramos un señor(a) ancianito(a), con sus ropas raídas, muy mal vestido(a), famélico(a) con todos los huesos de la cara bien contables, bien visibles, solo cubiertos por la piel y esa persona con su mano extendida solicita que el transeúnte le deje unas monedas para comprar la magra cuota que pueda encontrar; en esa mano extendida la persona de referencia sostiene dos o tres monedas y de repente aparece un satán, un desalmado, un ser perverso y le lleva las monedas que la persona anciana sostenía en la mano, persona que ni valerse por sus medios puede pues está por encima de los 61 años, por supuesto que no le puede caer detrás al despiadado. Ahora fuera de ese escenario hipotético, que puede ocurrir y que de seguro ha pasado, cuando vemos la realidad de lo que ocurre en Cuba se tiene que los esclavos (el mal llamado "nuestro pueblo") asume el rol del ancianito(a) de más de 61 años y el desalmado, el perverso, el delincuente, el pelafustán, lo representan los dirigentes cubanos, la cúpula gobernante, esos ministros, esos miembros de la cúpula del partido comunista, esos que se dicen parlamentarios, esa que le duele el pueblo estadounidense pero nada que ver con el pueblo del país en que ella nació. Estos son los genocidas. Se quejan del mal llamado bloqueo yanqui, y ellos le compran comida, algunos medicamentos y otras mercancías y no son capaces de levantar las barreras que le tienen a los campesinos y al sector privado para que todos ellos produzcan para los esclavos; ¿es o no es un **ge-no-ci-dio**?

Cuando se quiera tener una idea de una dirigencia, de un conglomerado para delinquir, para robar, para malversar inescrupulosamente, una universidad de la birla descarada, sin pena, sin vergüenza, sin miedo; cuando se quieran alcanzar altos, los más altos estándares en el desvío de las pecunias de la población esclava, que trabaja y nunca ve el fruto de su sudor, porque ellos, los esclavos, no son los dueños del tambor, cuando se quieran alcanzar las más excelsas habilidades en ese arte, hay que decir sin temor a equívocos que Cuba, sus dirigentes, Raulito, Machadito,

Ramirito y toda esa amplia cofradía que se les ha ido adicionando, liderados por el extinto, por el que nunca muere, por el invencible Fidel Castro Ruz, que propuso en un acto único renunciar si se le probaba que él tenía una cuenta en el extranjero de un millón, de 10 millones, de 900 millones, de 100 mil, de 500 mil, de un dólar, que si eso se le probaba, él, FCR, renunciaba a las funciones y al cargo que estaba desempeñando; de manera que quien quiera devenir en un verdadero delincuente de cuello y corbata tiene que ir a la universidad cubana, esa carrera tiene a sus más altos exponentes allí, en la Cuba de los Castro; después se molestan cuando se les hace a ellos tan alto reconocimiento. Ellos son la meca, ellos son el top, son lo supremo, nadie se iguala a ellos, cada vez salen más y más acémilas que desde su posición de periodistas, o funcionarios gubernamentales defienden las posiciones de las autoridades cubanas y le dan la espalda a los esclavos.

Realmente a la Forbes le faltó echar la pelea ante los descargos de FCR, porque la fuente que había sido consultada por ellos y que en aquellos momentos era inédita, era desconocida, expresó en una entrevista televisiva cómo él le había creado a FCR, las diferentes cuentas en distintos lugares del mundo y este señor era más convincente, más confiable que lo que resultó ser Fidel que nos llenó de mentiras y engaños desde los primeros momentos de asunción al poder, a este hombre que se separó de los designios del fidelismo se le podía creer mil millones de veces más que lo que se le podía creer al mentiroso consuetudinario en que se convirtió Fidel; la mentira en Fidel era algo patológico, pero la decía con un nivel de convicción tal que el escucha se decía: "¡no que bah este hombre no puede estar mintiendo!" y realmente era cuando más fuerte estaba la mentira, era un mentiroso histriónico, nadie como él para decirlas; y toda esta descendencia aprendió de él.

A toda la amplia gama de títulos auto dados, auto atribuidos por ellos mismos, esos de potencia de decenas de fastuosidades y ni medicinas tienen en el país, de invulnerabilidades y se la pasan reprimiendo las incipientes manifestaciones de los que ya se han decidido a sacar a esa turba de trúhanes del poder, de alimentación no se diga una palabra, los cubanos están tan desamparados que ellos no saben lo que significa la palabra escasez, para ellos la palabra que funciona, que tiene algún significado es no-hay, no existe, no conocemos que son las langostas, la leche, los camarones, los limones, ¿qué son esos artículos, esas cosas, esos entes?, nosotros no los conocemos.

EL RESURGIR DE LA PROPIEDAD PRIVADA EN CUBA.

Los casos hasta aquí vistos tienen como común denominador que en todos los países en los que estas personas se han desempeñado, ha existido el respeto a la iniciativa privada y se ha tenido la premisa de que el país, la nación es construida por todos, que ese hecho no es patrimonio de partido político alguno, sino de todos los habitantes que la habitan, pero además, y tal vez lo más importante es que todo el que quiera y esté en condiciones de aportar de acuerdo a sus posibilidades, lo puede hacer, no hay razón política o de otro tipo que sea impuesta por el estado que se lo limite; en otras palabras quien tenga recursos, inteligencia, disposición para aportar al desarrollo de su nación lo puede hacer y para ello no se impone la absurda y estúpida condición de que para invertir en el país tienen que estar viviendo fuera de sus fronteras porque si no, no hay inversión que valga.

No en todos los países esto es posible, hay naciones en las que aunque los ciudadanos quieran y tengan recursos o puedan agenciárselos, aun teniendo una inteligencia admirable, una disposición aguda para obtener buenos resultados, a estos ciudadanos no les es permitido iniciar un negocio para bien personal y de la sociedad en la que viven.

Véanse otros ejemplos de personas que quieren ayudar a la construcción de su nación desde sus posiciones de trabajo haciendo lo que mejor y más ellos saben hacer o simplemente porque aunque son noveles en la profesión que eligieron desean abrirse paso, pero ese acto no les es permitido por las autoridades políticas de sus países.

En estos ejemplos de a continuación no daremos mucha información personal de los casos, solo en el primero daremos sus generales, pero en los que le sigan se omitirán estos datos para que el lector participe en la determinación del país, si es que este le es familiar, de suerte tal que las personas más ilustradas e informadas lo descubran.

Yoni Castelló Sales es un joven nacido en 1975, es agricultor y desarrolla su actividad pecuaria en tierras que heredó de su familia, es casado con dos hijos.

Este empresario es productor de carne de cerdo y leche de vaca para la provincia donde reside, pero no es cualquier productor de carne de cerdo, sino que es el mayor productor de ese renglón en su provincia y el resultado del trabajo que bajo su dirección se realiza va a parar a las empresas estatales de donde él vive, es decir, Castelló Sales no comercializa su producción con personas o entidades que no sean las estatales como establecen las super rigurosas leyes de su país; Yony es un productor disciplinado y obediente de lo que las absurdas leyes de su terruño exigen.

Sus trabajadores y vecinos lo admiran por su capacidad de trabajo, por lo bien que se desempeña como jefe, por lo justo en el pago que reciben sus trabajadores, por lo humano que es, por muchas cualidades que tiene como persona y que las muestra en el día a día con sus trabajadores y vecinos; es muy querido y admirado por todas estas virtudes, tanto que siendo un productor privado, cosa muy rara y extraña en su nación, Yoni es parte, es miembro del ÚNICO partido político de su país y forma parte de la asamblea unicameral de su municipio la que pretende erigirse o que la consideren como el gobierno del territorio. Estos son méritos muy importantes que hablan muy bien de la conducta social de este productor.

Este ejemplar cumplidor de las normas y reglas establecidas, es un trabajador incansable y esto le ha llevado a acumular algún dinero importante que es usado para el desarrollo de su negocio y además le ha permitido comprarse un carro legalmente en una entidad estatal, o sea, no se lo compró a un particular, algo que no es bien visto en el país donde él vive, sino que lo adquirió del estado; el precio parece accesible para él, pero no para muchos, el costo de $80 000 CUC, una de las dos monedas que circulan en el país, no es posible devengarlo si no es en varios, en muchísimos años de trabajo a partir de un hipotético salario anual de $480 CUC, en el supuesto caso de que ganara $40 CUC por mes.

Con todo este aval de buen ciudadano, de producir para venderle al estado y no comercializar con cualquier otro ente como sí puede ocurrir en otros países, con el respaldo que se supone dé ser miembro de la única fuerza política que existe en el país, con todos esos atributos a su favor, Yoni Castelló Sales cayó en desgracia porque cometió **el pecado capital**, **el descomunal error** de regalarle una **pierna de cerdo de 22 libras al jefe de la fábrica de piensos**, por lo que fue acusado de cohecho.

El fiscal a cargo del caso tuvo que desestimar el cargo de tráfico de influencia que se le quería adosar a la causa de cohecho por la dádiva de la piernita de puerco; pero ese no era el motivo para poner al joven preso, él iría a la cárcel de todos modos siendo militante del desprestigiado partido y miembro pleno del impopular parlamento municipal; si Yony hubiera regalado un frasco de perfume FIDEL CASTRO®, también lo hubieran puesto preso porque el problema no era el regalo, el problema era buscar una causa para encartarlo y destruirle el emporio productivo que estaba levantando sin la participación del estado controlador hegemónico de su país .

Más aún, este joven se había hecho millonario delante de los ojos de las envidiosas autoridades con las que él convivía, compartía y alternaba en reuniones de trabajo, ellas nunca podrían llegar ni a la mitad de lo que él había hecho con tanto trabajo, eso era demasiado, ellas no podían soportar semejante insulto, tamaña ofensa y por eso lo cogieron preso.

Yony fue soberbio porque el carro que se compró costó $80 000 CUC con el dinero de su trabajo, con el sudor de su frente, sin robar como es la usanza en su país, sin pedirle permiso a los dueños del país, sin que estos se lo tuvieran que dar para comprometerlo con el sistema de marras, con su inteligencia y olfato para progresar, y eso no es posible en una sociedad como en la que él vive; más todavía, sus trabajadores lo adoraban, lo admiraban, lo veían como un verdadero líder local y eso no se puede admitir en un tipo de sociedad donde los jóvenes que despuntan con ciertas cualidades de liderazgo son enviados al olvido, son sacados de la luz pública porque con su ejemplo ayudan en alguna medida al desarrollo de la nación, algo que no se concibe en un país que lucha por el **subdesarrollo** y no por el desarrollo, en un país donde la envidia viste sus mejores galas, donde la inteligencia es sepultada para dar paso a la mediocridad, porque las primeras figuras, Raúl, Machado Ventura y comparsa no tienen nada que ver con el desarrollo del intelecto y por eso sacan del juego a quienes lo pueden opacar por ser más capaces e inteligentes.

Craso error ese de Yoni, tal vez debió haber esperado a las calendas griegas para si algún día nunca le daban un carro; contrario a lo que ocurrió con 23 deportistas que fueron premiados a finales de dic. del 2017 con carros nuevos procedentes de Rusia, por esos vehículos los dueños no pagaron un centavo, eran un regalo a quienes son fieles al partido, al difunto y sus principales dirigentes. Esta acción de regalar carros a los mejores deportistas se ha seguido repitiendo y ha sido objeto de una publicidad tremenda, enviando una señal de apoyo a los que son revolucionarios, para esos sí hay carros nuevos regalados, ¡pero tienen que ser revolucionarios!, si no nada.

Otro problema que se adosaba a la complicación, al enredo, que le fue creado a este ciudadano está dado en los salarios que le pagaba a sus trabajadores los cuales se sentían respetados, considerados y reconocidos con los salarios que recibían y esto implicaba que esos trabajadores no quisieran trabajar con el estado por los salarios-mierda-de-miseria que el estado paga a los trabajadores a los que se vincula. Esto es un mal ejemplo intolerable e inadmisible.

El odio, la insidia, la mala intención, la persecución, la envidia a aquellos que progresan y que intentan en alguna medida ayudar con su trabajo al desarrollo de la nación, hicieron que el día en que fueron a detener a este productor se desplegara un operativo digno de la búsqueda y captura de un mafioso prófugo de la justicia, tal como Al Capone, o un "Chapo", o un Pablo Escobar, o un Bin Laden, o cualquier mafioso de alto vuelo y no la captura de un hombre que ni escolta tenía y que dormía en su casa todos los días con su familia; baste decir que en el operativo trajeron personas de la capital de la república y hasta el uso de un dron fue puesto en escena; con esto más que todo amedrentaban a la población donde vivía él; era más que todo un acto de prepotencia fidelista.

Téngase en cuenta que Yoni no era un delincuente, ni común ni de ningún tipo, era un miembro del desprestigiado partido único comunista de su país y además parte del "gobierno municipal", pero sus graves faltas de ser millonario, tener un carro, trabajar en pos del desarrollo de la nación en vez de hacerlo por el **subdesarrollo**, más la secuencia ascendente de éxitos productivos hicieron que las autoridades le hayan tendido una triquiñuela que diera al traste con las toneladas de carne de cerdo que periódicamente entregaba a ese estado-gobierno así como los 80 litros de leche diarios para ver si algún día los cubanos llegaban a tomarse el vasito de leche que mentirosamente quería el mandamás de su país; Yoni estaba completamente equivocado, él trabajaba por el desarrollo en un país que solo admite se trabaje para el **SUBDESARROLLO**.

Yoni estuvo cumpliendo prisión preventiva en una cárcel sin que hubiera un juicio desde el 18 de abr. del 2018 y salió después de un año tras pagar una fianza de 10 mil CUP, sin que se haya concretado en todo ese tiempo la causa para celebrar un juicio pues la fiscalía ha pedido prórrogas y prórrogas y no ha podido encontrar la causa para inculparlo, pero sí lo ha mantenido en cárcel por un año, violando la magra ley de su país en cuanto al procedimiento penal. ¡Qué lindo el fiscal y el sistema al que representa!

Todo se derrumbó, se vino abajo por 22 mohosas libras de carne regalada a un funcionario, tal vez carnada, para que las toneladas de carne que se mandaban a la población más la leche, así como algunas otras producciones dejaran de existir, ¡se acabó, caminemos para el **subdesarrollo** de la población que es el propósito del comunismo y más que del comunismo, del fidelismo o castrismo que es la última de las cartas de la baraja. Bye bye Yoni, lo sentimos. ¡Qué experiencia y enseñanza tan dolorosa, triste y realista!

Los Estados Unidos de América es el país ensueño para muchas personas de todo el mundo, de todos los continentes, de países subdesarrollados, en vías de desarrollo y desarrollados, todo el mundo quiere ir a libar de la miel que allí se prepara. Es los EUA sin lugar a dudas el país que más nacionalidades tiene dentro de sus fronteras, baste un ejemplo de una escuela que se dedica a enseñar el idioma inglés para inmigrantes que con una matrícula de 964 estudiantes había 81 nacionalidades y personas de todos los continentes exceptuando a la isla-continente de Australia.

Muchos de estos inmigrantes llegan al país norteño con el ánimo de establecerse hasta la muerte, no olvidarse que estas son tierras de inmigrantes, pero algunos otros son del criterio de estar unos años y después regresarse a su terruño de origen para terminar sus días en sus países de origen; esta tendencia es mayormente observada en personas de lo que se ha llamado el Nuevo Mundo, Las Américas.

Hay una pareja, que se identificará como MF (ella) – HV (él); ellos son originarios de un país latino y tomaron la decisión de regresarse a su país después de vivir unos años en los EUA; en su país intentaron seguir sus vidas abriéndose paso en un nuevo negocio y abrieron un restaurante en la casa donde vivirían para lo que invirtieron los ahorros que tenían, más un préstamo solicitado a un familiar que seguía viviendo en los EU y como todo eso no fue suficiente para la reparación de la casa y terminar el restaurante como parte de la casa, tuvieron que solicitar un préstamo al banco de su país.

Cuando ya casi tenían terminada la obra conjunta de la casa y el restaurante, ya cuando lo que faltaba era la legalización ante las autoridades, entonces empezaron a aparecer los problemas: que si la casa había servido para tráfico humano y de uso para la prostitución, cosas de las que nunca pudieron tener una prueba fehaciente, pero aparecieron testigos femeninas que supuestamente habían ejercido esa profesión en esa casa, esas fueron presentadas por la policía, sin embargo los testigos que presentó la defensa fueron desestimados, toda una componenda mal montada, con un libreto muy endeble y que se hace mucho más sospechosa su puesta en escena cuando se declara la casa como confiscada y por lo tanto los dueños tienen que abandonarla y dejársela a otras personas que serían los nuevos inquilinos y dueños.

Los originales dueños serían trasladados a vivir en otra casa, un apartamento de un edificio, mientras que la "casa decomisada" sería dada a otras personas que de alguna manera tienen un vínculo con el gobierno.

Dentro de las tantas anormalidades que se pueden destacar de este desafuero, de este desalojo, está el hecho de no existir la posibilidad de una multa u otra medida asumiendo que el entuerto fuere verdad, no eso no existe, la medida que se toma es bien drástica: la casa-restaurante o nada, pero además ¿por qué dejaron que la casa-restaurante estuviera casi terminada para empezar entonces el proceso de desalojar a los auténticos dueños? ¿Qué cree ud. lector?

Toda una bajeza, propia de las personas que le quitan las propiedades a sus verdaderos dueños, ellos se las apropian y después se las dan a los que ellos llaman desvalidos, y es evidente que con actos como estos se compromete a los nuevos receptores de ofertas tan espurias, en sí ya estaban comprometidos porque son afines al gobierno. Es quitarle al que tiene algo, que lo logró con su esfuerzo, con su sacrificio y entonces se le regala o se le da en arrendamiento a otras personas; tal vez películas como estas han sido ya filmadas a lo largo de 5 o 6 décadas en otros lugares y se quieren seguir repitiendo para hacerlas endémicas, perniciosas.

A este matrimonio que quería establecerse en su país de origen, no se les debe criticar por querer llevar a cabo ese retorno, lo que ocurre es que ellos aspiraban a la mejoría familiar al acercarse a la parte de la familia que habían dejado y de paso brindar un servicio codiciado y muy útil en cualquier país, en cualquier lugar en que se pretenda la mejoría de los seres humanos, pero eso en cierto sentido coadyuva al desarrollo de su terruño de origen y eso es un sacrilegio en países que ven en el desarrollo una amenaza para su grupo-clase dominante en el poder político y por lo tanto eso no se puede permitir; en estos lugares solo se admite trabajar por el **SUBDESARROLLO** y no por el avance, no por el progreso de la nación de que se trate. Si el lector conoce algún país con características similares, no se asuste es pura coincidencia.

En estas naciones donde se le hacen odas al **subdesarrollo** pueden descubrirse casos de personas que equivocadamente luchando por un mundo mejor para ellos y sus congéneres han ido a parar a la cárcel. Inconcebible. Veamos otro ejemplo de personas que se equivocan porque tratan de halar la cuerda hacia delante, cuando lo que demanda el grupo-clase políticamente dominante es tirar en sentido opuesto, hacia atrás.

La Constitución de cierta nación expone en uno de sus artículos lo siguiente: "*La concentración de la propiedad en personas naturales o jurídicas no estatales es regulada por el Estado, el que garantiza además, una cada vez más justa redistribución de la riqueza, con el fin de preservar los límites compatibles con los valores socialistas de equidad y justicia social.*"

La inteligencia más mediocre que exista se percatará súbitamente que este artículo solo puede darse en un estado controlador de las actividades que para su mejoría puedan llevar a cabo sus ciudadanos por cuenta propia, pero además, yo que lo conozco bien me atrevería a decir que no 'garantiza una cada vez más justa redistribución de la riqueza' entre sus pobladores, eso es una flagrante mentira, es un engaño que ha cebado durante varias (5 o 6) décadas. Lo que sí ha garantizado este estado ha sido la miseria, el desamparo, la desidia, el desinterés a las actividades que no sean justamente de carácter político. Puede que se dé un evento meteorológico donde se pierdan vidas de personas, se destruyan casas, donde ocurra una debacle, pero si hay que llevar a cabo un acto político, los damnificados quedan desamparados y se va al acto político; eso sí está garantizado. La política primero y los seres humanos con sus necesidades después.

Por otra parte, cuáles son esos límites hasta los cuales se puede acumular riquezas, siempre que esta proceda del trabajo y no de negocios turbios, eso no se sabe, ese límite depende de la voluntad de los señores del grupo-clase política en el poder.

En este país, otro joven dedicado también a la producción de carne de cerdo para venderla al estado, sí al estado, porque estos productores particulares no pueden vender el resultado de su trabajo a cualquier persona ajena a la nomenclatura estadual, solo se puede vender al estado. Su negocio marchaba muy bien y por las ventas de sus producciones al estado había acumulado importante suma de dinero, algo que siempre ha inquietado al grupo-clase político, que nunca ha visto con buenos ojos que las personas tengan suficiente dinero para llevar una vida independiente sin la ayuda onerosa y comprometedora del estado oportunista en que se vive, es por eso que este estado no garantiza la redistribución de la riqueza, sino que garantiza la distribución de la miseria, de la pobreza, de la escasez.

Este otro joven había acuñado el título de ser el mayor productor de carne de cerdo en su territorio, por lo que sus ganancias y tenencia de fuertes sumas tenían desveladas a las autoridades del lugar, ¿y qué pasó?; pues nada más y nada menos que las autoridades le detuvieron y después de un período de tiempo retenido, el cual rebasaba los límites permisibles para el tratamiento de personas retenidas en espera de juicios, se desarrolló el juicio amañado en que lo condenaron a 10 añitos de privación de libertad para que él sepa lo que es producir carne de cerdo para mitigar la escasez que reina en ese país. Este otro joven no había robado, ni asesinado, ni atentado contra los dirigentes de su país, ni ninguna de esas u otras atrocidades, su único delito era producir carne de cerdo en cantidades suficientes para mitigar el hambre de su territorio, pero nadie lo alertó de que eso era un pecado y tuvo que ir a la cárcel para que aprenda.

Ni que decir que todos los medios que tenía para llevar a cabo la producción del renglón, le fueron decomisados, las cuentas en los bancos corrieron la misma suerte. ¡Eh! ¿y a dónde fue a parar el dinero en esas cuentas?, sabrá Dios, sabrá Dios.

Aparte de producir carne de cerdo en cantidades que se podía comercializar y que esta comercialización se hacía con el gobierno, aparte de ese supuesto "delito" a este joven no se le reconocía otro cargo; debe tenerse en cuenta que para inculparlo legalmente la constitución donde él reside tiene un artículo (arriba descrito) en que deja claro que el enriquecimiento, sea cual fuera su origen, es controlado por el estado; posiblemente sea la única constitución de todos los países del mundo que recoja semejante acápite.

¿Y cuál es el límite máximo permisible por este estado de mierda para considerar que la riqueza obtenida por medio del trabajo es ilegal? Con exactitud es difícil dar una respuesta certera, pero extraoficialmente unos dicen que $5000 en la moneda del país, otros que hasta $10 000; téngase en cuenta que después del supuesto y cacareado aumento salarial del 2019, no hay muchos ciudadanos de ese país que devenguen $1000 al mes, que vendrían siendo unos $40 USD al mes; excepcionalmente algunos especialistas en medicina logran unos $70 USD al mes, pero son contados los que tocan ese techo.

En un país donde la miseria, los hambrientos y los menesterosos aumentan cada día se hace prácticamente imposible guardar dinero, solo aquellos que tienen habilidades para llevar a cabo sus negocios pueden alcanzar esas cifras y cuando la logran por el resultado de su trabajo entonces el estado-gobierno los pone en manos de una justicia amañada, manipulada, no menos corrupta que el mismo estado que la engendró porque esa justicia no responde a los cánones del derecho internacionalmente conocido y establecido, sino que responde a los intereses del partido único en el poder; el que no cumpla con esa forma de administrar justicia está fuera del juego.

A este joven en particular y a todos los que intentan levantarse en países como este, les ocurren lo mismo que le pasó al acorazado alemán Bismark en la Segunda Guerra Mundial, lo hundieron, pues eso es lo que le hacen, no solo a jóvenes, sino a cualquier persona con independencia de la edad que tenga, el sistema, el aparato político, los hunde; no les conviene su ejemplo.

Y como los anteriores tres casos, hay decenas de personas con similar situación.

Compárese el proceder de los gobiernos de algunos países donde se le brinda TOTAL apoyo a las personas que individualmente emprenden un proyecto, países donde sus ciudadanos reciben todo el apoyo posible para que lleven a cabo sus proyectos individuales contra aquellas naciones o países sembradores de miseria, mentiras, atrasos, limitaciones, que proscriben todo tipo de actividad económica individual o privada, que frenan la iniciativa de los que deciden emprender un negocio.

Los gobiernos de estos últimos países trabajan en pos del **subdesarrollo** y velan porque la clase-grupo política en el poder no vea amenazada sus ventajas económicas, las formas en que viven, mientras las inmensas mayorías viven en casas destruidas con constante amenaza de derrumbe y con peligro para sus vidas.

En los países donde existen gobiernos con estas prerrogativas de querer gobernarlo todo, los ciudadanos son tratados como esclavos modernos porque aparentemente el estado les da salud gratis y les hace creer que es la mejor del mundo (engaño cruel), ese estado les da educación gratuita y les hace creer que es la mejor del mundo (engaño cruel), no les provee una alimentación adecuada para ninguno de los ciudadanos de ninguna edad y les hace creer que es por culpa del enemigo (engaño cruel), limita la entrada de los jóvenes a la educación superior y los obliga a pensar a favor de la causa política que representa, trae jóvenes de otras latitudes a estudiar gratis y esos no tienen que profesar la ideología del partido (realidad cruel), ese estado envía jóvenes a morir en guerras de otros países que son tan corruptos como este y después dice que esos jóvenes fueron voluntariamente a morir por defender el socialismo y el comunismo (engaño cruel), ese estado promete un bienestar a la población que nunca lo alcanzó, ni lo alcanzará, lo que sí ha alcanzado es un nivel de pobreza, miseria, hambruna, que amenaza con quitarle el último lugar de "honor" al país más pobre del hemisferio (realidad cruel).

Con una comparación como la anterior se pueden entender las direcciones diametralmente opuesta en que marchan los países de las personas descritas más arriba desde el Comodoro Vanderbilt hasta la vida del jamaicano Stiebel contra la dirección que lleva la vida en los países de las tres últimas personas; unos, todos los primeros, deben ir hacia el desarrollo de acuerdo a los intereses de la clase que domine y el otro grupo, los últimos tres, irremisiblemente van al **subdesarrollo**.

Un viejo proverbio reza que no hay capitalista bueno ni malo, que simplemente hay capitalistas y que cada uno de ellos en su momento jugó el roll que la historia le planteó en el momento en que le tocó vivir; pero sí hay capitalistas más inteligentes y más humanos que otros que solo viven por la ganancia neta a costa del sacrificio impío de los que producen y de las familias de estos, mientras ellos revientan sus arcas repletas de riquezas, haciendo incluso trampas, usando métodos espurios, pisoteándose entre ellos y entonces ni qué pensar que harían con los obreros bajo su mando.

En esta categoría incluiría a los Rockefeller, a los Morgan, a Edison que fue más que un científico brillante con presunciones de capitalista, un capitalista puro, o al mismísimo Walt Disney que no perdonaba a quien le reclamara un salario más alto porque el que devengaba era de los llamados salarios de miseria mientras a él se le salía de la billetera, de las cuentas bancarias; es verdad que llegó a Hollywood bien pobre pero...; no pasaría por alto a Cornelius Vanderbuilt, no olvidaría a Henry Clay Frick quien fuera el presidente de la de Carnegie Steel Company, o al mismísimo Ford opuesto a los sindicatos en sus fábricas y que hacía a los obreros trabajar agotadoras jornadas con una estera o línea de producción en movimiento que agotaba hasta el desmayo; sin lugar a dudas todos buscaban enormes ganancias para sus compañías a costa de la sangre, del abuso, de la muerte, del suplicio en vida de los familiares de los que producían y de estos mismos; a los capitalistas solo les interesaba que los resultados de la labor que se llevaba a cabo fueran superiores, era ganancia contra supervivencia de los seres humanos que dependían de sus funestas decisiones.

Por otro lado en esos siglos XIX y primera mitad del XX, los obreros estaban completamente a merced de estos bárbaros de las ganancias netas, no había sindicatos, era difícil dejarlos crecer en las instalaciones donde se producía, no había leyes estatales que los defendieran, es más si se hacía una huelga por lo insoportable de las condiciones de trabajo o por las jornadas de 12 y hasta 16 horas a las que eran sometidos con salarios de miseria, en esa huelga podía ocurrir que un grupo paramilitar disparara contra ellos y matara a un número indeterminado de obreros y después en juicio contra el dueño de la compañía que había autorizado tal barbarie, no aparecía nadie como culpable: era el capitalismo salvaje solo a favor de los multimillonarios y totalmente incapaz de defender a un trabajador, ni en caso de que estos fueran masacrados.

El estado capitalista era incapaz de velar por lo más simple, por lo más elemental, que era la vida de los ciudadanos que trabajaban en la producción de bienes. Tampoco era de su interés si vivían como personas, si tenían condiciones de vida adecuadas para sus familias, nada de eso era de interés del estado capitalista, que no legislaba nada en beneficio de los pobres solo a favor de los multimillonarios y los millonarios, era así, créalo o no lo crea. Era el estado de la oligarquía y para la oligarquía.

Pero también con el inicio del siglo XX, empezaron a cambiar las cosas para dar otra apariencia; cambios muy paulatinos, nada de correr para cambiar la apariencia del salvajismo que se vivía; no, poco a poco, bien poco a poco, despacito como para que no se viera nada, para que no se incomodara mucho la clase pudiente.

Sirvan todos estos ejemplos de los que han sido ricos y han administrado sus fortunas exitosamente o los infelices e incautos que la han tenido y la han dejado perder por negligencia, por malos manejos, por excentricidades, por impericia o por cualquier otra razón exceptuando los casos en los que por condiciones de mercado, por condiciones ajenas al tenedor esta se ha ido. Pero es de recalcarse que en ningún caso ha sido por la intervención del estado, por confiscación, por trampas hechas respaldadas por leyes ladronas.

Todos estos millonarios, a pesar de las brutalidades que cometieron, algunos de ellos por lo deshumanizado que en ocasiones fueron con sus trabajadores, de las violaciones en que incurrieron, de las leyes que quebraron para llevar a cabo sus propósitos de enriquecimiento y lucro, dejaron al país un gran legado, y es el nivel de desarrollo alcanzado por las fuerzas productivas que hicieron una nación inmensamente rica; ellos no se pararon ante nada, lo de ellos era la ganancia a toda costa, con escasas excepciones que vieron que mejorando las condiciones de vida de los trabajadores estos podían participar de las riquezas que al mismo tiempo producían, pero igual no exentos de represión a los trabajadores cuando hizo falta según sus puntos de vista.

No todos los empresarios relacionados corrieron la misma suerte en cuanto al maltrato de trabajadores y la quiebra de leyes; en este caso se cuentan los que en su actividad no les era necesario el empleo de mano de obra no calificada, sino que requerían de personas con especiales condiciones, con habilidades, con inteligencia para poder llevar a cabo la empresa que se proponían; es el caso de los creadores de los medios de cómputo, de los iPod, los creadores de programas, de lenguajes informáticos, de sistemas operativos que permiten la conexión para envió de datos, de fotos, conversaciones, mensajes; es toda una revolución tecnológica en las comunicaciones, en la mejora de servicios, que no se había visto antes del surgimiento de la internet.

Estos empresarios no requirieron en la etapa inicial de descubrimiento, del empleo de grandes cantidades de personas, fueron ellos los artífices, los creadores, si acaso con algún que otro colega con posibilidades en la creatividad de estos medios; una vez establecidos, las personas que se empleaban en la producción no podían correr la misma suerte que un obrero de la Standard Oil, o de la Ford, o de la Chrysler, o de la Chevrolet, o de los Ferrocarriles de Vanderbilt, o de las acerías de Carnegie.

El espíritu filantrópico de muchos de estos magnates de la rama de la producción de que se trate, es discutible, bien discutible, y no parece ser que John Rockefeller IV, el político congresista, tenga un gran peso en su planteamiento cuando dice que sea como sea su bisabuelo tuvo un fuerte pensamiento filantrópico y donó más de $530 millones para obras de caridad, entre ellas para dos universidades, investigaciones científicas, para la fundación de la familia, y otras obras, pero precisamente fue el horcón Mayor de los Rockefeller quien ocasionó centenares de muertes de sus obreros y sus familias por los miserables salarios que les pagaba, fue quien ordenó disparar contra sus obreros porque estos se fueron a la huelga por mejores salarios, fue este Rockefeller I quien maniobró con suciedad inaudita para apropiarse de territorios ricos en yacimientos de petróleo, pagando a las familias que en ellos vivían famélicas cantidades, fue él quien para obtener mayores ganancias y poner de rodillas a otros empresarios ordenó la construcción de un oleoducto de más de 6500 km de longitud con turnos de 12 y 16 horas para tender cada día 2.5 km de tuberías trabajando las 24 horas del día, ¿cuánto pagaba?, ¿cuántos fallecieron?, ¿cuántos no resistieron aquellas abusivas jornadas de trabajo solo para que él se ahorrara millones para su beneficio personal y la ruina de otros? Así llegó a convertirse en el hombre más rico de todos los tiempos en los Estados Unidos de América, amén de otras atrocidades que cometió que solo narrarlas le hielan el alma a los seres de buenos sentimientos, cosas que él no conocía, ni alma y mucho menos sentimientos; para que entonces ahora vengan a santificarlo como un gran filántropo por todas las donaciones que hizo, y no tuvo piedad de los centenares de personas que murieron por su ambición, ¡ah entonces ahora es bueno! porque dona lo que no hubiera tenido forma de ganar en manera alguna, si no hubiera sido por el sacrificio despiadado a que sometió a miles de trabajadores que muchos de ellos pagaron con sus vidas; su alma, esa que nunca tuvo no puede ser perdonada ni por todos los millones dados a su iglesia también ávida de dinero; ¡ah piadoso ahora, qué bonito eh!, ¿y qué hay de los muertos que provocó y los abusos que cometió y las trampas que hizo?, está bien que se le reconozca el avance que representó para el país pero sus manos y conciencia inhumana lo hacen culpable de miles de atrocidades, de manera que este emporio de la riqueza, que destrozó sueños y realidades ahora va a los cielos porque dona lo que le sobra y que le había sido arrebatado a los que puso a pasar hambre y calamidades innecesariamente y con este ejemplar se conectan ejemplares como los Morgan, Vanderbuilt y otros no mencionados para que el papel se mantenga y pueda resistir el enorme peso hasta aquí vertido sobre él.

Ellos, los que hicieron grandes donaciones como Carnegie que fue uno de los pioneros en este tipo de amor al prójimo, no son menos culpables, ni las donaciones los exoneran de sus grandes faltas porque ellos donaran parte de lo que quitaron a otros a los que no le permitieron vivir como humanos, incluso simplemente vivir la vida de perro callejero y sin dueño que les deparó su condición de personas pobres, condición que se reforzaba por la relación de trabajo con estos zares de las donaciones después de acabar con miles de vida por sobrecarga de trabajo y malas pagas.

Algo a destacar del sistema capitalista es que todos estos apoderados de inmensas fortunas, así hayan cometido los abusos más atroces, ellos no iban a la cárcel, (no se sabe de un caso en la historia); ellos no eran delincuentes, ellos eran grandes personalidades de los negocios, las finanzas, que quitaban o pagaban por tener un presidente o un congresista en el senado o la cámara de representantes que fueran dúctiles con sus intereses, que verdaderamente los representara y defendiera.

Ellos, al igual que esta otra fauna que a continuación se relaciona, se creían ser merecedores de los más elevados servicios de la sociedad, se creían estar por encima de todo y todos, estos con la diferencia que a la menor dificultad entre ellos, la violencia con el uso de las armas de fuego no se hacía esperar, estos de a continuación sí eran delincuentes para la opinión pública, tales como fueron Al Capone, Meyer Lansky, Joe Adonis, Albert Anastasia, Frank Costello, Joseph Bonanno, Vito Genoveses, Moe Dalitz, Santos Trafficante, Carlos Marcello, Stefano Magaddino, Pablo Escobar, Joaquín 'El Chapo' Guzmán, para estos mencionados sí habían cárceles, pero para aquellos no, aquellos eran grandes personalidades que con su dinero, sus cuellos blancos y sombreros de bombín, quitaban y ponían presidentes, entonces no podían ir a la cárcel; pero estos otros con su dinero también, con sus cuellos blancos también, incluso con sus sombreros de bombín también y con sus armas y hechos de sangre sí iban a la cárcel.

Lo cierto es que en ninguno de los países industrializados, de economía capitalista, se ha sabido que estas personalidades de los negocios, hayan sido requisadas, o sus fortunas incautadas, tal vez hayan tenido que pagar en algunos casos multas por alguna infracción cometida, por algún deber incumplido, pero cosas de poca monta; lo insólito es que en casos como el de Rockefeller Davison I, se vaya a juicio a explicar lo inexplicable y no se le confisque ni un centavo.

Estados Unidos es el país que más millonarios tiene con 1830 según informes del 2018; le sigue China con 490, la Alemania 430, Japón 390, Hong Kong 320, Canadá 270, Suiza 250, Francia 230, Rusia y Reino Unido 220 cada uno; véase el auge económico de esos países; la observación es válida, solo para decirle a los ilusos políticos neófitos, llenos de ilusiones pelegrinas que creen que el progreso, que el adelanto de una nación por incipiente que este sea, no se hace con trabajos voluntarios, y muchísimo menos descapitalizando el país, y mucho menos con consignas revolucionarias, ni dando los magros recursos que tiene la nación a otros países mientras esta se debate en la miseria y la precariedad, ni llenando ilusoriamente bahías de leche, ni imaginando 8 millones de vacas y novillas que nunca se vieron, como tampoco se vieron las 300 000 puercas de crianzas que después aportarían al país grasa de los partos que se les hicieran, ni tampoco creando planes citrícolas más grandes del mundo que no producen porque son inexistentes, ni exportando carne de res y huevos de aves que la población no tiene para su consumo, ni exportando el gas acompañante que se deriva de la extracción del pesado petróleo que tiene el país cuando la población cocina con luz brillante o keroseno, ni teniendo los pies hacia arriba y la cabeza rozando por donde se camina, ni ensalzando al pueblo con mentiras que nunca se darían, como el litro de leche a menos de 1¢ de dólar que nunca ser viviente llegó a encontrar en la ínsula, y mucho menos creyéndose una potencia militar de porte mundial, en una isla pequeña, tan pequeña que si en un extremo de ella cae una bomba convencional, se mueren primero los habitantes del extremo opuesto que los que fueron afectados directamente; todas estas son ilusiones con las que gobernantes como Fidel Castro Ruz, embarcan el desarrollo de la isla y la lleva a los niveles de pobreza no visto incluso con los gobiernos entreguista de la primera mitad del siglo XX.

Si algo claro tenían los hombres de negocios de la mayor potencia económica y militar de la faz terrestre es que ellos querían hacerse millonarios, dominar grandes compañías industriales, financieras y para lograrlo los pies debían estar sobre la faz de la tierra y la cabeza alta, tan alta como se pueda y mirando hacia el futuro, soñando pero con realismo, cosas que le faltan a varios políticos de nuestros países en vías de progreso, con excepción de aquellos que están en vías de retroceso y **subdesarrollo** como los de Cuba, que acusan un estado de idiotez sorprendente y que lleva a pensar que es mal intencionado porque ellos están viviendo mejor, mucho mejor que como Dios manda, por eso no quieren salir del poder, para seguir engordando, echando panza mientras los millones de esclavos no hayan cómo quitarse de encima el peso de la anaconda-pitón que los asfixia.

Y ahí está la muestra, golpeando en el rostro de los que pensaron que eliminando las relaciones monetario-mercantiles, eliminando el uso del dinero tanto como fuera posible y que, aun así, llevarían al desarrollo la isla; ahí pueden ver lo que ha pasado después de 60 largos, menesterosos, engañosos, sufridos, maltrechos años. ¿Qué ha pasado después de todo ese largo período de tiempo?, pues nada, muy fácil, en vez de evolucionar, hicimos lo contrario: se involucionó, así de sencillo, ¡ya!

No, y si como quería el extinto, se hubiera eliminado el papel moneda en 1968, es decir no circulación monetaria entre las personas, sino dar inicio a las formas socialistas de acuerdo a lo planteado por los clásicos del socialismo-comunismo, entonces sí es verdad que por lo menos dos partes importantes del cuerpo de los seres humanos hubieran cerrado sus funciones al cubrirse de telas de arañas y se les hubiera colgado un letrero de "cerrado por inanición"; lo que en otras palabras significa: no entrada, no salida.

Los esclavos cubanos nos salvamos en una tablita de que esa **hidea** loca de FCR, que incluso no había sido aplicada en los países que llevaban años transitando por el socialismo-comunismo, como lo era la URSS y los llamados países del campo socialista, no tuviera su aplicación en Cuba bajo la nefasta influencia de la Ofensiva Revolucionaria; en esos países la circulación monetaria estaba en activo y nada hacía ver que eso cambiaría en breve, lo que pasa es que FCR quería adelantarse, ser el primero en aplicar esa medida lo que hubiera llevado el nivel de dependencia de la masa esclava cubana a un nivel sideral.

Muchas personas que vivieron la Cuba de los 40s., de los 50s. vieron el desarrollo que llevaba la isla, aun con los desmanes de las dictaduras y los malos gobiernos de turno, pero era innegable el desarrollo industrial, en medios de transporte, en comunicaciones, en emisoras de radio, en canales de televisión, en construcciones civiles y carreteras, todo lo cual se iba logrando hasta el momento en que llegó la revolución fidelista, y estas personas no se explican qué pasó en la isla; y no es difícil de entender.

Ahora imagínese el lector de mente fértil que en una isla cualquiera, Caricuba, por caso, existen 28 o 30 figuras como las que se describieron más arriba, y que con sus más y sus menos esas personas han llevado el desarrollo de la isla al punto donde lo llevaron los Morgan, los Vanderbilt, Edison, Westinghouse, Ford, los Du Pont, los Rockefeller, Nikola Tesla, o un Carnegie o un Bill Gates, o un Jorge Pérez, o un Stevens Jobs o un Bezos u otras tantas figuras y grupos que en un primer momento llevan el desarrollo de la ínsula a algo semejante a donde ellos llevaron a los Estados Unidos, eso en un primer momento; pero que después otras figuras del espectáculo, del entretenimiento, de los servicios, como Charles Chaplin, o Joanne Kathleen Rowling, o Walt Disney, o Carlos Slim, o Mgayinga o Pearlie Mae Smith o algunos otros quieren invertir en el desarrollo de su isla de acuerdo a su poder económico e intereses; ¡qué bien!, ¡qué bueno!, las personas de la isla ayudando al desarrollo de su nación en la forma y manera que ellos lo entienden y de acuerdo a sus intereses.

¿Qué pasaría si resurge de sus cenizas un FCR, lleno de envidia, pletórico de autosuficiencia, exhalando prepotencia hasta por los poros, queriendo robarse el show, queriendo ocupar el lugar protagónico en un film para el que él no tiene libreto, ni aprobó el casting? ¿Y saben lo que pasó? Toda la brujería del brujito Fidel Castro puso fuera de juego a todas estas figuras y desde entonces la isla es lo que se ve hoy día.

Siga imaginándose el lector a las personalidades anteriormente descritas, ahora en tiempo presente, en una isla pequeña, ellas con sus fortunas; piénsese por un momento que todas y cada una de esas fortunas con sus dueños pueden ayudar a cambiar los destinos de la nación, en la medida que cada cual estime conveniente y que de repente ocurra algo para lo que ellos no estaban preparados. ¡Qué se rompa el encanto, que un maremoto-terremoto-huracán arrasase con todo, se lo lleve todo! y que ese maremoto-terremoto-huracán se nombre FIDEL, ese organismo desestabilizador solo puede tener un nombre y es FIDEL. Ruptura.

No hay que decir que muchas de estas personas morirían de infarto fulminante desde el mismo momento en que el intruso se haga dueño de la escena, eso fue lo que le ocurrió a buena parte de los dueños de propiedades en Cuba cuando de la noche a la mañana lo perdieron todo, se fueron de su tierra maldiciendo, es de suponer, la hora en la que a sus vidas llegó el ladrón que los puso de patitas en la calle.

Algo semejante a esta fábula fue lo que hizo, pero de verdad, en Cuba el sr. FCR, recogió todas las propiedades que había en la isla, las destruyó y mandó esta al siglo XIX, en cuanto a desarrollo se refiere; y desde entonces los cubanos que sufrieron ese despojo fidelista lo andan buscando por su mala maña de apropiarse de lo ajeno e irse sin pagar ni un céntimo de indemnización; eso mismo le haría a los personajes de nuestra fábula.

Aquellos que sufrieron el ultraje en carne propia, de verdad, no de fábula, sino real y estos que son los protagonistas de este segundo momento cubano para salir del **subdesarrollo**, ambos harían lo mismo; buscarlo para echarle un chin de agua fría y otro tin de electricidad; por su mala maña de coger, coger y coger y después no pagar, que es como burlarse de los que expropió y también de los que él nombró como los nuevos dueños de lo que había arrebatado; solo una cosa puede medir la efectividad de la medida tomada: ¿aquellas expropiaciones en tiempo de paz, fueron para bien o para guatepeor?, ¿mejoró el acervo productivo de la nación o nos fuimos de la onda celestial en la que estábamos y nos hundió en la oscuridad de sus locas **hideas**?, ¿sabemos dónde estamos, cuán lejos de la realidad que viven los demás países está la isla?; no al parecer no lo saben muchos, cientos de miles de cubanos que tal vez ya no saben que la brújula les da la ubicación de los puntos cardinales, y que por ella pueden saber hacia dónde encaminar sus pasos; creo que está clara la idea; si se quiere seguir el camino trazado por Su Majestad FCR=LHR=PCEM=MLR=CJ ya sabemos a donde continuaremos yendo, cayendo; si aceptamos la mendaz, distorsionada y malintencionada invitación que le hizo a los cubanos en su tembloroso-lacrimoso discurso de clausura del congreso núm. siete de seguro que traspasaremos las profundidades de la Fosa de las Marianas de 11 034 m y sentaremos un nuevo record perforando el lecho marino; es tiempo de ir hacia arriba, hay que desmontar ese funesto sistema en que todo se debe a una persona, que lo es todo, cultura, deporte, política, juez, educación, truncador de esperanzas, de sueños, legislador, todas, todas las esferas de la vida están copadas por esa figura que enalteció en un momento, pero después a cambio nos sepultó en un **subdesarrollo** que según este inveterado y pertinaz convocador a sacrificios infructuosos nos darán resultados de los cuales nos podríamos sentir… desgraciados, frustrados, obstinados, decepcionados, desesperados, desengañados.

Y no es que ahora un país de estos en vías de desarrollo unos, otros en vías de **subdesarrollo**, intenten hacer lo que hicieron los Estados Unidos, o lo que hizo la pionera de la Revolución Industrial, el Reino Unido de la Gran Bretaña, no, nada de eso, los tiempos han cambiado y hay que saberlos interpretar a cada momento de acuerdo a la señal que te emiten los nuevos tiempos, y si ud. no los sabe interpretar, entonces espere sus 120 años tranquilamente meciendo el sillón y deje que personas mejor ilustradas vayan en pos de esa tarea imposible para los voluntariosos y ofertadores de dádivas.

Téngase en cuenta que en el desarrollo de estos países que marcan la pauta del progreso, los que lo llevaron a cabo no fueron políticos por regla general, al menos no fue lo que más abundó en la mayoría de los países desarrollados, sino que fueron los hombres de negocios, los innovadores con sus descubrimientos, los adelantados a su época y si acaso los políticos lo que hicieron en algunos casos fue facilitar que esos avances se dieran, ellos no jugaron el papel que han jugados los Castros en Cuba, un papel de limitar y servir de retranca.

La prosperidad de una nación, no se puede alcanzar en la actualidad como lo hicieron aquellos titanes del siglo XIX y la primera mitad del

XX, que fueron los que sentaron las bases del crecimiento de los Estados Unidos, de Inglaterra, de otros países europeos, lo hicieron obviando todo tipo de regulación e irrespetando los derechos de los que llevaban a cabo la producción, eso ya desde hace algunas décadas no es posible hacerlo en la forma en que ellos lo hicieron porque la calidad y los tipos de trabajos de aquellos tiempos no son ni remotamente comparables a los que en estos decenios tienen lugar; en el siglo XIX se podía ver a miles de obreros haciéndole una zanja de 6500 kilómetros a Rockefeller para enterrar una tubería que transportara petróleo, o un grupo de 1500 obreros con picos y palas cavando un túnel en las Cataratas del Niágara para la instalación de una central hidroeléctrica, en ambos casos un trabajo agotador y muy mal remunerado, en que algunos de los trabajadores no sobrevivían a las largas jornadas de 12 y hasta 16 horas, o ver a miles y miles de obreros haciendo caminos para tender los rieles de una vía ferroviaria con las que El Comodoro comunicó los centros comerciales, de producción, de consumo de ese país, o a los que frente a los hornos de altas temperaturas de las acerías de Carnegie, casi se disecaban por el calor que se despedía de aquellos infiernos e igualmente con una paga que si apenas daba para las necesidades más urgentes de las familias de los trabajadores, o los trabajadores de la Ford en la cadena de ensamblaje que no podían ni hablarse entre sí durante la sesión de trabajo porque lo tenían prohibido, es verdad que los trabajadores de Ford tenían los mejores salarios que se pagaban en la nación, pero con un trabajo casi esclavo, agotador, que cuando se aceleraba un poquitico la cadena no había tiempo ni para ir al baño y los pobres ni derecho a huelga tenían, esto era con Henry Ford, ni que decir de muchos otros; lo mismo en las plantas de Carnegie, o en los estudios de Walt Disney, o en las fusiones que hacía el trust bancario de los Morgan que dejaban cesante a miles de obreros y a ellos, los dueños, ¡qué les importaba eso!, ellos nunca perdían sus ganancias, más bien las incrementaban en cada operación a base de algo bochornoso para cualquier tiempo, a base de una explotación despiadada con el fin de lograr algo que los capitalistas no quieren reconocer, y que Marx describió muy bien en sus obras, pero también otros economistas de más cercana fecha lo describieron magistralmente y es lo que se conoce como PLUSVALÍA, pésele a quien le pese y duélale a quien le duela, esta es real, existe, es tangible, golpeaba antes con dureza y en estos tiempos también pero de forma más solapada.

Lo que pasa es que la plusvalía no es patrimonio único del capitalismo que la obtiene a raja tablas, inmisericordemente, sin vergüenza, sin ambages, a como dé lugar, ella es parte también de las llamadas sociedades de la Europa Socialista ulterior a la Segunda Guerra Mundial pero ya desde algunos años atrás se aplicaba en la URSS de Lenin y de Stalin, así como se aplicó en la China de Mao Tse-Dung y se aplicó también en Mongolia desde la década de los 20s. del pasado siglo hasta finales del mismo y se aplicó en la Cuba Fidelista (sí porque esa isla no es ni socialista, ni comunista, aunque ellos, sus dirigentes pregonen esa falacia a los cuatro vientos, eso que se vive en la isla es fidelismo, que es algo bien distinto a lo proclamado por las ciencias sociales como socialismo y el comunismo fase superior; tal y como los ideólogos de esa formación socio-económica dicen que el imperialismo es la fase superior del capitalismo).

Estas sociedades socialistas, comunistas y fidelistas son más moderadas, más sutiles en la obtención de las ganancias de plusvalía, ellas la obtienen a partir del trabajo que se hace (tal como los capitalistas) y no se retribuye a quienes lo hacen, es decir en la creación de bienes y servicios por los que no se paga a los que lo crean; en Cuba esos son los llamados trabajos voluntarios, también conocidos como productivos; la diferencia es que los ideólogos de estas formaciones económico sociales dicen que estos trabajos son la expresión de una avanzada conciencia política, de una avanzada ideología en bien de la sociedad para que esta progrese y todo eso es una descarada y burda mentira para enmascarar las insuficiencias productivas de esos sistemas y expresar que ese trabajo voluntario es parte de la conciencia revolucionaria, comunista, socialista, bla, bla, bla, de la masas trabajadoras, etc. pero el tiempo trabajado no se paga.

Baste decir que en Cuba hubo un año en que a través de la CTC y sus sindicatos el partido comunista pidió trabajar 120 horas de trabajo voluntario como mínimo a cada sindicalizado, si estas no se podían hacer en la esfera de los servicios por no existir las condiciones, entonces esas 120 horitas se harían en la agricultura o en las construcciones, ¿y de pago?, nada; eran horitas voluntarias como expresión de la conciencia más que comunista, fidelista. ¿Qué les parece?; ¡ah que no se acuerda!, bueno pues averigüe para que se ilustre y eso no solo fue en un año, esa petición de gratuidad se repitió con distintos números de horas una y otra vez.

Una incipiente definición de plusvalía reconocía que esta era el valor en salario, en dinero no retribuido al obrero por un trabajo realizado y eso es lo que hacían los capitalistas clásicos, los más feroces, aumentaban exageradamente la jornada laboral en varias horas más o intensificaban las unidades a producir en un determinado tiempo y en ambos casos, o no pagaban, o pagaban menos de lo que debían; la ganancia generada se llamaba plusvalía y se la apropiaba el dueño, pues eso es lo que hacen los comunista, socialista y fidelistas, convocan a sesiones extras de trabajo o alargan la jornada laboral y no pagan por lo que ellos consideran que ha sido un aporte del movimiento obrero a la causa de la clase obrera que es satisfacer las crecientes "necesidades de las masas", pero sin pagar lo que en tiempo extra se ha hecho, todo lo cual se justifica como una profundización del pensamiento político de la clase obrera.

Todos los ejemplos de personas relacionadas con fortunas adquiridas por distintas vías, algunas de ellas, varias, por su talento, por su inteligencia, por persistencia, otras personas por el azar, en todos los casos el talento jugó un papel a considerar, la perseverancia, la voluntad y en unos casos más o en otros menos pero han tenido una incidencia en el posterior desenvolvimiento de la nación, por supuesto no todos por igual, pero no se puede negar lo que han significado en términos de bienestar social estas personalidades; por los bienes que crearon o los servicios que brindaron a su nación.

¡Qué ley suprema podría entender un limpiador de zapatos como Lere Mgayiya que con varios esfuerzos, fracasos superados, perseverancia mostrada, logró ir subiendo hasta hacerse de una fortuna no muy, muy amplia, pero que lo distingue y que es el reconocimiento a su talento y representa el bienestar de su familia!, y que en ese estado de disfrute después de tantos avatares oiga el grito de espanto: ¡Y en eso llegó Fidel y se acabó, se acabó!

¡Cómo hacer ver a un John D. Rockefeller I que todos esos millones que hizo, pisoteando, poniendo de rodillas a sus contrincantes, desplegando inteligencia, cerrando plantas de extracción para hacer que los precios se disparasen por la demanda que sube, cómo causó la ruina de los que a él se enfrentaban, cómo adquirió a fuerza de voluntad terrenos que eran ricos en petróleo a precios pagados que daban risa a los que desde las gradas veían semejante abuso! Y este recio gladiador capaz de cualquier hazaña inimaginable oiga el grito de estupor: ¡Y en eso llegó Fidel y se acabó, se acabó! ¿Resistiría su fuerte corazón semejante embate de una naturaleza tan hirsuta e irreverente?

Podría entender la Sra. Pearlie Mae Smith que el dinero que obtuvo con un billete de lotería y con el que pensaba mejorar el nivel de vida de sus siete hijos y sus familias, hacer algunas donaciones a la iglesia que durante años la ha acogido y que forma parte de su vida, de llevar a cabo planes para mejorar el vecindario donde reside, una mujer que trabajó toda su vida por salir con su prole adelante, teniendo en cuenta la condición de negra en un país con cierto grado de racismo y que alguno de sus hijos o amistades le digan que ya ella no podría planear nada de esos propósitos previstos porque: ¡Y en eso llegó Fidel y se acabó, se acabó!

Ya no se diga Stevens Jobs o 'Bill' Gates o Mark Elliot Zuckerberg o al mismo Walt Disney, o Henry Ford o Carlos Slim, todos ellos multimillonarios en sus respectivas ocupaciones por el talento, voluntad, sabiduría que durante sus vidas lo acompañaron y que por estas mismas razones tal vez a todas estas personas les sea más fácil obtener las sumas que FCR les confisque, para ellos la llegada de Fidel 'el confiscador' no significa mucho, así que si ¡en eso llegó Fidel!, para ellos y otros como John Pierpont Morgan o para el mismo Jorge Pérez que ya sufrió los embates de la 'fiera' en ataque que recibieron sus padres de origen cubano, o para Cornelius Vanderbilt, para Andrew Carnegie para ellos perderlo todo no significa que ¡se acabó, se acabó!; porque ellos podrían en otros lugares hacer nuevas vidas con cierto éxito y revertir en algún tiempo esa embestida.

¿Quién le dice a la joven madre, Marie Holmes, con cuatro hijos pequeños al menos dos en edad escolar que ella no va a tener dinero en cantidades millonarias para sacar a su novio de la cárcel en libertad condicional para la cual debía poner una fianza millonaria de 9 millones de USD? ¿Cómo privarla de una relación que le gusta andar en el negocio de las drogas, la bebida, las armas de fuego y las fiestas?, para ella sí tiene una tremenda connotación la expresión: ¡Y en eso llegó Fidel y se acabó, se acabó!, porque quizás el destino no la vuelva a premiar con otra ventura como la que recibió, más viendo el tremendo nivel de "inteligencia y dedicación como madre" que ella exhibe, sería un golpe casi demoledor y de seguro ella no iba a entender nunca que extrayendo \$USD 100 mensuales podría mantener a su novio en libertad condicional cada vez que este sea atrapado con 8000 o más bolsitas de un polvo blanco llamado cocaína, como se puede ver a esta mujer el dinero le hace inmensa falta y el maremoto-terremoto-huracán no debía confiscarle ni un centavo, no por los niños, no, su mayor interés lo constituye su novio y es por él que ella tiene que luchar; los niños no, ellos son pequeños, ellos se las arreglan como puedan, pero el novio no, ese necesita de ella, es decir de su dinero. Entonces para esta joven el grito aterrador de que: ¡Y en eso llegó Fidel y se acabó, se acabó!, es un dardo mortal directo al corazón.

¿Cómo explicarle a Nikola Tesla, que no tenía ni para mal vivir, que lo único que le interesaba era que sus extraordinarios descubrimientos fueran aplicados para bien de la humanidad, cómo podría explicársele a este hombre vituperado por los envidiosos que no le llegaban al tobillo, en cuanto a inteligencia, aunque algunos le sobrepasaban en fortuna que él no tenía ni para llevar a cabo sus descubrimientos, este hombre que murió solo, esquelético, famélico, abandonado en un cuartucho del décimo infierno en New York, que dependía del dinero de los poderosos que no tenían su talento, pero que esa era la realidad que lo circundaba, este hombre amante de las ciencias tecnológicas que ante la disyuntiva de cobrar un salario honorable o poner en práctica uno de sus brillantes descubrimientos, la AC, rompió el contrato y le dijo al empresario Westinghouse, aplique ud. mi invento con los recursos monetarios que dejaré de percibir. ¿Cómo recibiría él la noticia de la existencia de ese maremoto-terremoto-huracán llamado FIDEL?

O ¿cómo a Thomas Alva Edison?, uno de los inmensos talentos de ese siglo creador de la CC, de la bombilla eléctrica, y de tantos otros descubrimientos incluso algunos doblemente tétricos, que fue enemigo acérrimo de Tesla, por el talento que veía en él o al mismo George Westinghouse, que a pesar de no amasar una de las fortunas más grandes en aquellos años por lo menos pudo llevar a cabo proyectos como la central hidroeléctrica del Niágara. ¿Se resignarían a la idea de perder todo lo que habían logrado por causa de una mente egoísta que lo que quería era vivir y hacer méritos con lo que robaba a los que habían creado una fortuna?

De modo que enfrentarse a estas personas para embargarles el no abundante dinero que tenían para sus trabajos de investigación, de puesta en prueba, de pago por los medios e insumos adquiridos que se pagaban con dinero no con palabras, ni trabajos voluntarios, ni discursos políticos, era algo difícil de concebir; ellos que le hacían un bien a la humanidad desde sus posiciones y que a alguien se le ocurriera arrebatarles, incluso hasta lo que no tenían, ¿por qué?; pues porque sí, sin considerar que en algunos momentos de sus vidas tuvieron problemas serios para poder llevar a cabo investigaciones, experimentos y puestas en marcha de lo que constituía la razón de ser de sus vidas. Y ahora de buenas a primeras alguien les dice, de sopetón, repentinamente, que hay fuego en el piso donde ellos están porque: ¡En eso llegó Fidel y se acabó, se acabó!; de verdad no resulta muy digerible que en un tiempo corto un organismo meteorológico llamado FIDEL, se lo lleve todo para hacerlo inservible.

¿Podrían entender Stiebel, Chaplin, Elon Musk, Jeff Bezos que todo por lo que ellos lucharon y a lo que dedicaron parte de sus vidas, con mayores riesgos en unos casos, con mucha perseverancia en otros, que todo sea absorbido, barrido de la noche a la mañana por el capricho sin fundamento de un orate devenido en maremoto-terremoto-huracán llamado FIDEL?

¿Puede alguien que se haya movido con $US 40.00 a probar suerte en el imponente Hollywood después de varios fracasos en otros escenarios de menos valía y no ceder ante las adversidades, después de fracasar una y otra vez, levantarse definitivamente y crear un imperio de la belleza, un emporio al talento, admitir que sus propiedades sean requisadas de la noche a la mañana por razones y argumentos que aún están por validar su efectividad?, o ¿puede una joven que no fue admitida en la prestigiosa Universidad de Oxford y que luchando sola contra todos los inconvenientes decide dar rienda suelta a su talento sobre una idea que desde hacía le rondaba en su mente y escribe una serie de aventuras que la catapultan a la fama definitiva, no como una de las mujeres que en algún momento acumuló una gran fortuna sino en una de las escritoras más talentosa y solicitada por sus obras, ver con tranquilidad que todo su patrimonio dado a su talento e inteligencia y necesidad de ser alguien en la vida, ver que un gobierno le confisque todos sus bienes y fondos por obra y gracia de razones y argumentos que aún están por validar su efectividad?, o ¿podría alguien que sufrió viendo a su padre perder su trabajo tras un accidente en que se partió una pierna y al no tener seguro de salud, el sostén de la familia se vio afectado al extremo de que esta persona tuvo que vender prensa en las calles cuando niño para ayudar a la manutención de la familia y después de todas esas duras experiencias y vicisitudes, crear una compañía que ha sido distinguida como una de las mejores en los Estados Unidos por los beneficios que ofrece a sus trabajadores lo mismo de tiempo completo que los que son parcialmente empleados en su compañía y que por razones aún por justificar, a un advenedizo se le ocurra expropiarlo de todas sus propiedades, después de todos los trabajos que esta y otras personas pasaron para llegar a la posición que tenían?

¡Podrán entender Walt Disney o Joanne Kathleen Rowling o Howard D. Schultz que alguien basado no se sabe en qué sacrosanta ley le puedan decomisar, confiscar, expropiar, arrebatar todas sus propiedades y sus fortunas por obra y gracia del espíritu de FCR, muy bien llamado Rey Medas non Tedoy? ¡Y en eso llegó Fidel y se acabó, se acabó! De seguro que después de ese grito de guerra a muerte, ni a Walt Disney, ni a la talentosa escritora de siete super exitosos libros de Harry Potter, les iban a quedar lugar para la imaginación de crear personajes como esos de Mickey Mouse, o los de Blanca Nieves y sus Siete Enanitos o cualquiera de los tantos con que estos enaltecedores del alma, con que estos verdaderos "médicos del alma" alegran la vida de millones de personas en el mundo entero.

Es muy posible que el feliz nacimiento de Harry Potter hubiera sido un aborto de un ser horrible incapaz de atraer a los millones de personas que en decenas de países de todos los continentes han bebido de la gracia y aventuras llevadas a cabo por este personaje nacido de una madre fecunda y bien equilibrada. Tampoco hubiera dado la vuelta al mundo la cadena de establecimientos Starbucks con la serie de beneficios que para todos sus trabajadores encierra esta cadena de restaurantes, más el placer y el servicio social que ofrece a los miles de ciudadanos que degustan de sus ofertas. El legado de estos tres grandes de la creación está en todos los continentes para disfrute de millones de seres humanos.

¡Cuánto lamentaría la humanidad que las mentes de estos adalides de la cultura universal, hubieran tenido que escuchar ese terrífico grito de!: ¡Y en eso llegó Fidel, se acabó, se acabó!, es el equivalente al grito de: ¡Sálvese quien pueda: Santo Dios las tambochas!

"Te lo prometió Martí y Fidel te lo cumplió ay Cuba, ya se acabó, se acabó por siempre aquí, se acabó…", pues llegó él y lo confiscó, y lo que dejó en los bancos para las sumas que eran millonarias lo puso a cuenta gotas, a $100 por mes de los $10 000 que les dejó en esas cuentas.

Esa estrofa es del Poeta Nacional Cubano, Nicolás Guillén, del poema que se titula "Te lo prometió Martí" (más conocido popularmente como "Se acabó"). Y de verdad que se acabaron muchísimas cosas malas que ocurrían en la isla antes de 1959, y después de esa fecha varias cosas vinieron hasta nuestros días, unas buenas, pero otras malas; los padres de la criatura se encargaron de elevar, de encumbrar solo las buenas, las malas nunca salieron a la luz, o mejor trataron de maquillarlas, pero persistentes e indoblegables ahí seguían tan tozudas y contumaces como los que querían sepultarlas, ocultarlas.

Las trabas impuestas al sector privado o los llamados cuentapropistas por parte de la clase política cubana, es la expresión más clara de que los gobernantes políticos quieren tener el control de todo lo que en el país se mueve, limitar la empresa privada porque sabe que esta es más eficiente que la burocracia corrupta de las empresas estatales; no se puede permitir que este axioma se cumpla en la Cuba castrista, pero además ellos no quieren piedras en su camino, ni pequeñas, ni medianas, ni de ningún tamaño.

Fidel decía en uno de sus legendarios discursos que todas las revoluciones habían tenido sus excesos y que a decir verdad la revolución cubana había sido una de las más moderadas y la comparaba con las revoluciones ocurridas como la francesa del siglo XVIII en que fue decapitado el Rey Luis XVI, la revolución rusa del 1917, así como otras de la Europa de los siglos XVII-XIX, incluso en el siglo XX, pero él decía que de todas esas revoluciones la cubana había sido una de las más moderadas, claro no había patrón de comparación y solo se tenía como referencia lo expuesto por él.

Esa afirmación de Fidel, por lo menos no es completamente cierta, en ella hay una carga de mentira considerable en dependencia con qué revolución se compare; de moderada nada, ¿dónde dejar los cientos de muertos de tan solo en los dos primeros meses?; esto fue reconocido por Fidel en el discurso en que asume como Primer Ministro el 16 de feb. del 59 al decir: *"Y nosotros somos los que podemos pedirle al pueblo, y lo que le podemos pedir es que ya la hora de los fusilamientos no es el problema fundamental de Cuba: ¡qué ha llegado la hora de la Revolución! Que hay más de 300 criminales de guerra fusilados y que unos cuantos más caerán, y que los demás tendrán que ir a hacer trabajo forzado, tendrán que ir a la Ciénaga de Zapata a desecar la Ciénaga de Zapata o a otros lugares, porque es el castigo si quieren... Yo estoy seguro de que ese castigo es peor que el fusilamiento."*

Vale aclarar que la cantidad de muertos en solo 46 días en el poder era grande y esta aumentó hasta el mes de mayo en que se fueron deteniendo los juicios relámpagos y los fusilamientos fulminantes; ¿justicia o revancha, o terrorismo enmascarado en una falsa justicia?; ¿es ese el comportamiento de una revolución moderada?

Lo que sí está claro es que cada revolución cometió sus propios errores y que tal vez no sea muy válido comparar en esta materia los resultados de una revolución con los de otra si se tienen en cuenta que no ocurrieron en iguales períodos de tiempo y que además, la evaluación no es del todo válida si quien la lleva a cabo es o fue parte del acontecimiento pues esto podría inclinar la balanza a favor de quien expone sobre su acontecimiento, es el caso de FCR defendiendo su revolución, para él una de las más moderadas e indulgente de todos los tiempos. Falso. Completamente falso. Estúdiense los Juicios de Nuremberg y llegará a sus propias conclusiones.

Y ciertamente con el triunfo de la revolución cubana vinieron muchas cosas buenas sobre todo para las masas que habían sido postergadas, sin que se viera en aquel horizonte cuando a ellas les caería alguna hostia divina de los santos cielos; con dolor y pena hay que decir que todas las hostias estaban repartidas para los ricos, con mucho dolor, pero con toda la verdad, la iglesia de aquellos años no era la que preconiza el Papa Francisco en este siglo XXI, ni modo, era la iglesia de los ricos, por los ricos y para los ricos, esto sin ánimos de ofensa, tal vez en parte porque los pobres no podían dar a las iglesias las suculentas dádivas que los ricos daban; sin mencionar nombres ni de adentro de la isla, ni de afuera.

Los ricos, dueños de compañías telefónicas, de centrales azucareros, de compañías de combustible, de electricidad, etc., para defender sus intereses cuando los pobres hastiados se iban a la huelga por malos salarios o por pésimas condiciones de trabajo que ocasionaban la muerte, o por larguísimas jornadas de trabajo de 12 y hasta de 16 horas, si habían muertos en esas huelgas, los ricos que la ordenaron no iban nunca a la cárcel, pero el domingo sí iban a la iglesia, con sus caras y sus familias, si acaso comulgaban penas y era suficiente ya con esas acciones, ¡ah y algún dinerito que dejaban al monaguillo!, ya con todo esto eran acogidos en los brazos de Dios; ¿y los pobres, aquellos que pusieron los muertos quién los acogía?

Estos argumentos son bases para que se hagan revoluciones en favor de las mayorías si la clase dominante no es capaz de resolver, de dar alguna solución a los problemas que en sus países tienen, entonces deben esperar la existencia de revueltas, que no necesariamente van a desencadenar en una revolución, pero que si pueden convertir al país en un pequeño infierno.

Si en un país se siguen matando personas de la raza negra, sin una justificación, solo por la raza, entonces es bueno remitir a los que tienen que hacer justicia a las décadas de los 50s. y los 60s. cuando Luther King Jr., Malcolm X y los Panteras Negras, y otros grupos tenían al país de revuelta en revuelta, para bochorno de todos los norteamericanos, que se sentían ofendidos al pisotear su gobierno los derechos de las minorías; esta aptitud no ha muerto pero no conviene revivirla dejando que las acciones racistas ocurran y no tomando medidas contra ellas; todo lo contrario, los actos racistas pueden que se den pero la justicia toma cartas en el asunto y de ninguna manera se puede comparar a lo que ocurría en aquellas décadas.

Veamos a los Estados Unidos de los años 50s. 60s. de la pasada centuria, un país que se diluía en una cruenta lucha contra la falta de derechos para las minorías, exactamente para los negros, los cuales tenían que soportar todo tipo de vejámenes, humillaciones, afrentas en la nación en que habían nacido, solo mencionar aquellas atrocidades erosiona la prudencia y causa el asombro de cómo en el país más rico de la faz de la tierra no se percataran que ese no era un modelo viable ni una democracia que se podía exhibir como ejemplo.

Siempre viene a la mente el escritor norteamericano William Sydney Porter (11 sept, 1862 al 5 jun., 1910) conocido también como O. Henry cuando al referirse a las repúblicas americanas al sur de la gran nación norteña, donde no había estabilidad política, a veces ocasionada por las mismas instituciones de los Estados Unidos, este escritor representaba este estado de cosas con la típica frase creada por él de *repúblicas bananeras*, y los que respetamos a los EUA, nos daría mucha pena que esa nación sea denominada, sea medida con la misma unidad de medida que en ella se creó para medir a otros.

En los momentos en que este libro estaba casi a punto de ser editado, algo que no se había hecho por la pandemia que sacude al mundo, el corona virus-19, se le ha dado a los EUA un hecho que lo retrotrae a los tiempos en que se le podía dar el calificativo de *república bananera*;

la muerte de George Lloyd estremeció a la nación americana y a diferencia de otras muertes de personas de la raza negra en diferentes épocas desde las décadas de los 50s. hasta nuestros días, el pueblo digno de los EUA respondió como un solo ser humano en contra del racismo expresado en la brutalidad policial, estos ya no son tiempos de segregación admitida, estos ya no son tiempos de violaciones de mujeres jóvenes y dejadas abandonadas entre la vida y la muerte por policías racistas que deshonran, que maculan el uniforme que deben respetar y enhestar, no son tiempos de dispararle a mansalva a un joven y matarlo argumentando razones inconsútiles, no son tiempos de que un racimo de 6 policías se les cuelguen al cuello a un ser humano, como si fueran hienas y lo dejen sin vida, incluso cuando este no había hecho resistencia al arresto y así se haría muy larga la relación de los actos de brutalidad extrema, incluso con niños y en todos los casos las sentencias han sido irrisorias, una burla, porque al parecer la vida de los afroamericanos no cuenta, no importa. Solo en un sistema salvaje se puede admitir algo así.

Las respuestas del pueblo digno de los EUA ante este acto ha sido descomunal, inusitada, puede afirmarse que los que han seguido la ocurrencia de actos tan deleznables, no habían visto nunca jamás reacción tan sólida, tan compacta, de personas de todas las razas, blancos, negros, latinos, europeos, asiáticos, todos unidos, dentro y fuera de las fronteras del país, ha sido algo asombroso; las muestras de apoyo al respeto de los derechos civiles de la raza negra han rebasado lo inimaginable; en ellas han tomado parte artistas y deportistas de renombre mundial; las donaciones para abatir ese flagelo han dejado boquiabierto a los que no son oriundo de estas tierras; incluso para la hija del asesinado se le ha extendido una donación que le asegura sus estudios hasta la universidad. No hay calificativo que englobe cómo el pueblo decente de los EUA se ha unido para empezar a dejar esta sombra abominable de un pasado oscuro y turbio que le quita, le resta méritos a la nación.

Como persona de la raza negra que es el escribano, siempre tuvo el temor de venir a este país por la violencia que desde los años 50s., llegaba a sus oídos de niño, que tenía lugar en este país; por razones encontradas vino a los EUA y siempre elogió que la persona que lo trajo a vivir aquí había seleccionado uno de los mejores estados para vivir y convivir personas de diferentes etnias, eso lo apreció en los casi dos años de estudios para mejorar su idioma, pero lo pudo ver mucho mejor en el cotidiano vivir en las calles de lo que él quiere llamar su Nashua, en NH; allí interactuó con especiales personas que se conducían como humanos con los que no eran oriundos de estos lugares, se desbordaba la cortesía, las buenas formas, los modales de respeto, de educación, de civilismo, de afabilidad, de sociabilidad, incluso sin conocerse las personas que interactuaban, dando una tremenda muestra de decencia, de tolerancia; en ocasiones ante tal comportamiento ciudadano, con la piel totalmente ruborizada y las venas pletóricas de emociones hacían que alguna que otra lágrima brotara pensando que las personas de estos lares podían constituir una escuela, un excelente ejemplo para los que vivían en aquellos estados donde el racismo subsistía como daga que laceraba la memoria y los ideales de los Padres Fundadores y en especial del gran Abraham Lincoln, quien hizo todo por eliminar de la faz de la naciente nación ese baldón, esa estigma que no se correspondía, ni se corresponde con el lugar que en el concierto de las naciones ocupa los EUA.

Es una vergüenza que en la nación más desarrollada, la líder a nivel mundial, en la nación que exhibe los más altos estándares de democracia convivan costumbres tan retrógradas como el racismo, que si bien no es el que se daba en aquellas décadas de terror, sí lacera la convivencia civilizada entre las personas, con independencia de que le guste o no a parte de la población la existencia y convivencia de personas de la raza negra.

No será totalmente reconocida como nación civilizada mientras subsistan esas dantescas escenas de policías linchando negros como ocurría hasta mediados de la centuria del XX; esas escenas no se dan en otras naciones que se consideran civilizadas y a lo mejor no les gusta la interacción con personas de la raza negra, pero los toleran; es un bochorno para la población estadounidense que actos como el ocurrido el 25 de mayo del 2020, aún se den en este país; aunque duela reconocerlo, esto hace que el comportamiento de las autoridades que no crean mecanismo judiciales y de castigo para actos como eso, hagan que los EUA se tengan en cuenta como una **república bananera**, con mucha pena y dolor hay que decirlo.

Durante la administración de Obama se dieron actos de violencia policial que le costaron la vida a varias personas, sin tener estadísticas a mano, pero puede afirmarse que hubo un rebrote y que estos aumentaron en relación con los ocho años de la administración que le precedió; incluso en el estado de NH, hubo un comisionado de la policía que profirió palabras no muy sensatas refiriendo su posición en contra del presidente negro y hay que decir que la mayoría de las personas que dieron opinión sobre el caso fueron críticamente desfavorables a los insultos que había usado el comisionado de policía; cada persona puede tener un criterio favorable o no favorable referido a la relación con las personas de raza negra, pero el respeto a sus derechos y su integridad deben mantenerse incólumes, inamovibles.

Los poderes de esta nación necesitan sanear, acrisolar el comportamiento de las autoridades en relación con lo que a las razas se refiere, eso no quiere decir que haya que amar, venerar, admirar, rendir tributo a las personas de la raza negra, sencillamente lo que hay es que respetarle sus derechos ciudadanos y dictar leyes severas para el que cometa crímenes por razones raciales, sea quien sea.

En estos días dolorosos y gloriosos hemos asistido a un sentimiento de comprensión y humanismo en el que se ha visto que muchos policías, personas decentes, que le hacen honor al uniforme, han sido solidarios con personas de la raza negra, se han abrazado, se han tratado como seres humanos y eso no quita que ese policía que hoy abraza en el futuro tenga que tomar bajo custodia a esa persona por el incumplimiento de alguna disposición, la policía está básicamente para hacer cumplir el orden y no para estar dando besos y abrazos, pero en estos días de pena, muchos, decenas de policías han dejado ver la fibra humana de la que están hechos sin que esto mengüe su autoridad.

¡Cómo pensar que se pueda estar de acuerdo con un acto tan salvaje de ver a un policía empujando a un anciano de 75 años, tirándolo al suelo, que este se golpee la cabeza, empiece a sangrar y no sea asistido por los policías!; esos animales no son los que necesitan este país como policías, desdicen mucho de lo que lleva un país como este en materia de policía; esa imagen es un bochorno, es una mácula, es un baldón, es una afrenta, es una deshonra para la nación americana y no se puede tolerar, lo menos que se pudiera hacer es despedir a bestias como esas que desdicen mucho de lo que se quiere en el país. ¡Esos no son los policías que se necesitan en los EUA!, hace falta otro tipo de material humano.

En el estado de NH, exactamente en Nashua, el comportamiento de los policías es sencillamente ADMIRABLE, hasta donde se ha podido ver, no se descarta que pueda existir alguna violencia, o algún desaguisado, pero no es lo que prima, no es lo que prima porque en varias ocasiones en interacción directa o como observador se ha apreciado que el comportamiento de los policías en este estado y ciudad es completamente diferente al comportamiento de los cuerpos de policías de otras ciudades.

Algunas veces ha surgido el reclamo ante la brutalidad-barbarie exhibida por otros cuerpos de policía, por ejemplo en NY, por qué no hacer intercambio con otros cuerpos de policías, por ejemplo el de NH, para aprender del protocolo que estos siguen y ganar en profesionalidad y perder en brutalidad; la fuerza tiene que ponerse de manifiesto cuando se le necesite no ante un indefenso anciano de 75 años que nunca se mostró agresivo, ni desobediente. Es posible que la policía de algunas de estas ciudades pretendan que cuando las personas los vean que estas salgan corriendo en dirección opuesta como si hubieran visto al diablo o una fiera, esa imagen debe y tiene que ser cambiada, sino seguirán los EUA siendo la cola de los países que se denominan civilizados. ¡Qué pena y qué lástima!, pero eso puede cambiar, está en las manos de los gobernantes y el pueblo los llevará a tomar decisiones que hagan ese reclamo una realidad.

Verán en NH, (por supuesto no es el único estado con un cuerpo de policías con habilidades, con destrezas, con educación para actuar con el ciudadano sin tener que llegar a situaciones de violencia innecesarias), lo que es un cuerpo de policía enérgico, pero atildado, comedido, responsable, incluso se puede afirmar que admirado y no odiado. Cuando a la policía se le tiene odio por los excesos que cometen, ocurren cosas con las que jamás se podrá estar de acuerdo, y que son llevadas a cabo por mentes perturbadas, pero en ese caso todo el mundo pierde, las autoridades, los familiares y la sociedad; esto fue lo que al parecer ocurrió en Cuba en junio del 2020, donde por lo menos un policía fue asesinado y otros dos gravemente heridos mientras cumplían su servicio; el acto fue llevado a cabo por una persona que no estaba en pleno goce de sus facultades mentales, tal vez algo alteradas por el uso de drogas. Sin comentarios.

Las instituciones encargadas de los poderes en los Estados Unidos de América, deben ser cuidadosa de este hecho y tenerlo muy presente para que el país siga siendo la quimera a la que muchos aspiran tener como nación.

No obstante, aunque Cuba no se aviene al 100% a la definición inicial de **república bananera** dada por Sydney Porter en aquel momento, no hay dudas de que la actuación de sus dirigentes como retranca del desarrollo del país la hacen ser una nación inestable en que las fuerzas productivas son lastradas por el aparato represivo que no permite la iniciativa privada que ayudaría a sacar del hueco, de la situación calamitosa en que se encuentra el país, debiéndole a las 101 mil vírgenes, no hay país en la faz de la tierra que le haya prestado dinero a Cuba, al que Cuba no le deba dinero, el país está en subasta, con la dotación de esclavos y todo incluido.

El otrora y ya desaparecido dueño del país dijo en una ocasión refiriéndose a la deuda de la isla con sus acreedores: *"lo mejor sería olvidar la deuda, si quieren que se recuerden ellos de la deuda, nosotros podemos olvidarla"*; véanse que palabras más respetuosas y comprometidas con la seriedad y las obligaciones de un país con las entidades crediticias que le han prestado fondos; y así queremos que alguien nos preste después de ese ejemplo tan significativo de decirle a los acreedores: no te vamos a pagar ni un centavo; es decir le pides un préstamo a alguien y después que tienes el dinero en las manos le dices, anota lo prestado en el hielo; eso solo lo puede hacer un **dirigente bananero**, en el sentido peyorativo, despectivo, insultante de la expresión, Fidel lo era.

EL PAPEL DE LA ECONOMÍA EN EL SUBDESARROLLO DE LA SOCIEDAD.

Para la subsistencia de cualquier país, de cualquier sociedad, con independencia de la afiliación política de que se trate, sea moderado, centrista, izquierdista, de derecha, de la tendencia que sea, esta sociedad difícilmente, a duras penas podría sobrevivir si no hay una economía que la sustente, que la respalde y es precisamente lo que ha faltado en la isla bajo la desacertada dirección del co. comandante en jefe y su equipo destructor; no encontraron nunca el camino al desarrollo y se mueven en caída libre hacia un **subdesarrollo** eterno, y así el flamante ministro de economía (en el 2020) Alejandro Gil Fernández, dice que la crisis que ha vivido el país durante todos estos años no es culpa del modelo económico seguido. No si cuando Alejandrito lo dice: serán pasteles, las culpas las tiene el tío Sam, no faltaba más; fíjese que en otros regímenes cuando a un jefe civil o militar algo le va mal relativo a su trabajo lo que hace es que se suicida, bueno pues de la alta dirigencia cubana donde casi todos son militares, ni uno solo, ni uno se ha suicidado; se han "suicidado" aquellos a quienes estos "talentos opacos" lo han conminado a tal alto, pero ni Raúl, ni Fidel, ni Machado Ventura, ni Rosales del Toro, ni Gil Fernández, ni Díaz Canel, ni ninguno de ellos se han buscado una pistola para suicidarse, al contrario, lo que quieren es seguir hundiendo al país; pero si el mismo FCR, al decir que el modelo cubano no funcionaba ni para nosotros mismo, después de tantos años perdidos, lo que debió hacer para lavar su honor fue pegarse un tiro como él le sugiriera a uno de sus ministros de trabajo en 1964 (Augusto Martínez Sánchez), al contrario, lo que Fidel quería era vivir 120 añitos, para destruir más la precaria economía cubana.

Han sido chascos y más chascos y no se ve una posición enérgica a ponerle un stop, un pare a la cadena de incumplimientos productivos, no tienen o no han hallado la fórmula de cómo sacar al país del hueco a donde ellos lo han lanzado; si fueran militares o civiles de honor ya se hubieran dado unos cuantos tiros, ya se hubieran gastado un peine de proyectiles completo en su suicidio.

Contrario a lo que muchos políticos quieren hacer ver, la historia y la evolución de la sociedad a escala mundial dice otra cosa: la política no es lo primero, sino la economía para poder sobrevivir, para poder alcanzar estadíos superiores, para que la sociedad avance y no retroceda; lastimosamente en aquellas sociedades que intentaron invertir el orden de priorizar la política por encima de la economía, esas sociedades fracasaron o vivieron períodos lúgubres. ¡Ah lo duda!, ¿a dónde fue a parar aquella Unión Soviética y todo el campo socialista europeo?; ellos le dieron la espalda al desarrollo económico y magnificaron el socialismo político, tenían los ojitos cerrados, ¡qué pena!; miren los asiáticos (chinos, vietnamitas) que a veces solemos decir que por la morfología de sus ojos, en forma oblicua, parecían que dormían, estaban mucho más despiertos que los europeos y mírenlos ahí, aún despierto y haciendo progresar un socialismo/comunismo con énfasis en el desarrollo; por supuesto, sobre todo China, no dejan de ser represivos, pero en lo económico se nota que han avanzado y de qué manera. Estaban y están bien despiertos, de dormidera nada.

Incluso las bases teóricas del Marxismo científico así lo dejan ver al señalar que el hombre antes de hacer po-lí-ti-ca, religión, filosofía, tuvo que tener qué comer y qué vestir; el desarrollo desde la comunidad primitiva hasta el capitalismo de nuestros días o el socialismo ya fenecido en la mayoría de países que lo "vivieron y lo disfrutaron", se alcanzó por acciones militares y políticas, pero para mantener y solidificar esos supuestos triunfos correspondientes a una determinada formación económico-social tuvo que existir un desarrollo económico en que sustentar el logro alcanzado; de manera que ha sido la economía y no la política la que lideró el desarrollo de la humanidad hasta nuestros días, allí donde el renglón económico fue débil las posiciones políticas no se mantuvieron por mucho tiempo.

Búsquese en la historia, en los inicios del hombre, incluso del hombre prehistórico, este no hizo política antes de matar un mamut o trepar a los árboles por sus semillas o cazar aves o sembrar para lograr una alimentación más estable o incluso pescar con métodos muy rústicos. Todas estas actividades para sobrevivir se hicieron al margen de cualquier pensamiento o tendencia política; y a decir verdad el hombre de aquella época no sabía posiblemente ni qué era la política.

Los hombres que ya en nuestros tiempos han hecho de la política el arte de vivir a costa de discursos y arengas, en supuesta defensa de intereses de pueblos o grupos desposeídos de lo necesario para vivir han tenido éxito en algunos casos y han redimido de penurias, de la adversidad, de la pobreza cabalgante, a esas grandes multitudes; el problema ha sido después que esos redentores se han convertido en adalides de esas masas que ellos ayudaron y guiaron en su redención.

Si se hace una rápida retrospectiva de lo que ha ocurrido en esos países donde surgieron líderes redentores se verá que no en todos los casos, pero en muchos de esos países se registró un retroceso en el desarrollo de esas poblaciones, después de haber alcanzado un estado de aparente progreso y bienestar social; veamos algunos ejemplos para ilustrar la sentencia anterior.

La Revolución Rusa que se inició en feb. del 17 que tuvo un gobierno provisional liderado por Alexander F. Kerensky y que fue continuada en el segundo segmento llevado a cabo por Vladimir Ilich Lenin y Leon Trotsky en oct. de ese año, instaurando la llamada dictadura del proletariado después que derrocó al gobierno de Kerensky. A esta etapa de la Rev. Rusa le sucedió un período oscuro de excesos, de asesinatos, de una hambruna tan grande como la existente durante la lucha antes y durante la Primera Guerra Mundial en la que estaba involucrada Rusia.

Todos estos excesos contra la población, por parte del partido bolchevique de Lenin y Trotsky, que se dieron después de la Rev. llevada a cabo en el 17, trajo como resultado que Lenin y sus partidarios no obtuvieran la victoria en elecciones democráticas libremente celebradas y que perseguían el objetivo de instaurar en el poder al comunismo.

La revolución fidelista, esa que mal llaman la revolución cubana, siempre antepuso el aspecto político a cualquier situación, fuera del corte que esta fuere para su principal figura, FCR, era preferible tener en un puesto a un analfabeto que fuera afín a su posición política y a sus **hideas** que una persona ilustrada y conocedora de lo que tenía que hacer pero que difiriera de las malas y funestas **hideas** revolucionarias que fertilizaban la mente económica o el pensamiento general de Fidel.

El Dr. Felipe Pazos Roque fue un prestigioso economista que desarrolló su principal actividad en la banca, él tomó parte en la Conferencia de Bretton Woods en 1944, tuvo cargos de responsabilidad en el FMI y en el BM, fue profesor en la Universidad de Oriente, fue Presidente del BNC en el período 1948-52, era toda una personalidad en el mundo de la economía, con trabajos y prestigio internacional avalados por sus conocimientos; pues este caballero fue nombrado por el analfabeto económico, como él mismo reconoció en un discurso cuando dijo: *"yo no sabré mucho de economía, pero sí sé lo que es políticamente correcto y aquí no habrán esos recortes drásticos del mundo capitalista en que despiden a los trabajadores para sus casas, sin salarios, sin nada, a su suerte..."*; pues Fidel lo nombró presidente del BNC en el 59 y a finales de ese año el Dr. solicitó su renuncia y fue sustituido por otro dr. en asesinatos a personas que no recibían un juicio justo, dr. en hacerle disparos a la cabeza a los que él creía que eran traidores sin que mediara juicio o algo parecido, un hombre falto de humanismo que tenía mucho más de criminal y de asesino que de economista, pero a FCR le gustaba porque ambos tenían entrañas asesinas. Ese sustituto fue Ernesto Guevara de la Serna, que políticamente encajaba muy bien en los planes de FCR para convertir al país en un parias.

Parte del pensamiento de este nuevo economista a la fuerza porque simpatizaba con Fidel y cumplía con todo lo que este le pedía se manifiesta en las siguientes expresiones y malos sentimientos, el che opinaba que: "...*El odio como factor de lucha, el odio intransigente al enemigo, que impulse más allá de las limitaciones naturales del ser humano y lo convierte en una efectiva, violenta, selectiva y fría máquina de matar...*"; miren esta otra: "*Querida vieja: Estoy en la manigua cubana, vivo y sediento de sangre.*"; una más y ya: "*fusilamientos sí, hemos fusilado, fusilamos y seguiremos fusilando mientras sea necesario, nuestra lucha es una lucha a muerte.*"; por favor permítanme introducirles esta y les prometo que sí va a ser la última, esto se lo dijo al periodista Agustín Alles Soberón, corresponsal de guerra de la revista Bohemia que subió a la Sierra Maestra en mar. del 1958, miren que cosas más lindas decía el prototipo del hombre nuevo, no se lo pierdan, miren esto: "*no soy moderado y trataré de no serlo nunca, asaltaré las barricadas y trincheras, teñiré en sangre mis armas y loco de furia degollaré a cuanto vencido caiga entre mis manos*"; ¿son estas palabras de un médico o de un asesino?, ¿de qué especialidad se graduó este espécimen de asesino?, este era el paradigma de Fidel, este es el progenie que tomó el fidelismo para que nuestra juventud y niñez se hundiera, mientras que él pagaba su deuda moral por el embarque en que lo metió dejándolo a su suerte en el callejón sin salida al que lo mandó o le indujo debía ir y como mató tanta gente sin tener escrúpulos ni reparos, sin saber si la persona ajusticiada era o no verdaderamente culpable, pues entonces a este dr. de la muerte había que premiarlo dándole la presidencia del BNC, un asesino que no sabía ni escribir muy bien la palabra banco, la cual escribía con sangre.

Cuando FCR, acepta la renuncia del Dr. Pazos dice: "*el Dr. Felipe Pazos no estaba preparado políticamente para ser el presidente del Banco Nacional de Cuba*"; he ahí el asunto, lo político primero y los conocimientos y habilidades para la profesión después, eso no es importante.

Otra de las personalidades que tuvieron una responsabilidad en los destinos económicos de la nación lo fue el Dr. Regino Boti León, economista igual que el Dr. Pazos, León obtuvo su doctorado en Cuba y estudió también en la Universidad de Harvard, fue el primer ministro de economía al triunfo de la revolución fidelista, su trabajo no se puede evaluar de malo porque al menos estuvo desde ese primer gobierno como ministro de economía hasta 1960 en que se forma la JUCEPLAN (Junta Central de Planificación) la cual dirigió desde 1960 al 64; no se puede decir que haya sido despedido o depuesto en algún momento, dentro de la esfera económica tuvo distintas responsabilidades hasta su deceso en 1999; además apoyó la revolución de Fidel desde que esta estaba en ciernes, así que al parecer de algo le valió ese apoyo dado a la revolución, pero de todas formas la economía fidelista se hundía y se ha estado hundiendo durante todos estos años.

Todo fue creado, no se sabe si para que la economía no avanzara, o para que su avance fuera lento, porque en definitiva para la dotación de esclavos de la isla, eufórica y eufemísticamente llamada "nuestro pueblo" por los principales dueños, no hacía falta una economía que satisficiera sus necesidades, ellos, los esclavos, tenían que conformarse con lo que hubiera y mientras más mala fuera la calidad mucho mejor como para que no se olviden a quien le deben respeto; para ellos los peores ventiladores si eran comprado en el extranjero y si se hacían en la isla se usaban partes de piezas recogidas en los botes de basura, sin careta protectora, impulsando la hélice o propela con los dedos porque no tenían interruptor; si un esclavo tuvo alguna vez el sueño de comprarse un carrito, nada lujoso, sencillo, ese esclavo tenía que saber que debía trabajar por lo menos 727 años para acumular un monto de $262 000 CUC = $303 920 USD; sin embargo otros esclavos como deportistas, algunos médicos y otros privilegiados recibían carros nuevos re-ga-la-dos, porque estos le habían sido fiel al destructor de la economía del país.

Al final de cada año se dan los parámetros de la economía cubana, de cuál fue su crecimiento, pero su desaceleración nunca se dice y es que cada año se ven menos y menos bienes y servicios, menos producción material, más aumento en los precios de los artículos que tiene que adquirir la población y en sí, es un desastre que se trata de encubrir con números; en los 90s. hubo años que el crecimiento económico era de dos dígitos tales como 10% o el 11% y uno se preguntaba ¿dónde está lo que refleja ese crecimiento?, y no se veía por ninguna parte; todo era una mentira y una fachada para el exterior de forma que se viera cómo la economía socialista era eficiente. ¡Cuánta mentira!

El sr. FCR dentro de los inventos que creó para él darse más importancia y elevar su ego, aunque la economía se moviera por debajo del suelo, creó el flamante Equipo de Coordinación y Apoyo al Comandante en Jefe, este integrado por las jóvenes inteligencias que surgían de sus estudios en las universidades del país; este equipo era como un consejo de ministro paralelo al ya existente y sus contactos y despachos eran directamente con fifín, el CJ; pero nada, con ese equipo y todo, más el consejo de ministro en funciones, aquello seguía de mal en peor, dando un olor cada vez más fétido; la economía no avanzaba ni a empujones.

El problema de la economía cubana está en que su comportamiento es como el sinusoide, la línea curva matemática que se usa para describir el comportamiento de la función seno o coseno, esta curva puede tomar valores en eje de las "x", o eje de las abscisas o eje horizontal, desde cualquier valor negativo por pequeño que este sea hasta cualquier valor positivo por grande que este sea, el problema está en que los valores que la curva alcanza en el eje de las "y", o eje de las ordenadas, o eje vertical, están entre menos 1(-1) y 1(+1), nunca esa curva va a ser menor que -1 y nunca sobrepasará el valor de 1, ella , la curva se mueve entre esos dos valores, por lo tanto jamás estará por encima de 1, ni tampoco por debajo de -1, así es la economía cubana, limitada entre valores muy pequeños y la culpa de toda esta desgracia nunca la tuvo FCR, ni tampoco su hermano Raúl. Ellos nunca tienen ni tuvieron la culpa de algo que saliera mal, ellos eran y son infalibles, no se equivocan, se equivocan los otros pero no ellos; por eso es que hay que remover, destituir a tanta gente inútil, inerte, inservible, pero ellos no, ellos dos son un par de amores, ¡miren lo lindo y avanzado que tienen al país!, da gusto, parece una tacita con excremento u estiércol de res o de caballo, un poco fétido pero no se puede protestar porque vas para la cárcel.

En Cuba hay gran cantidad de suicidios de difícil credibilidad, empezando porque hay personas que según la prensa revolucionaria se suicidaron de dos tiros en la cabeza, otras se pegan un tiro en la sien y caen al piso y el arma la mantienen en la mano semicerrada sobre la pistola, otras se tiraron de un piso de un hotel (el Riviera) y después aparecieron que se habían suicidado de su casa en el Vedado, al parecer cuando se lanzó del 16$^{to.}$ o del 18$^{vo.}$ piso del hotel, no quedó bien muerta y se paró y se fue a su casa y se lanzó por la ventana del 2$^{do.}$ piso de su casa; los suicidios se cuentan por decenas, unos más singulares e increíbles que otros, pero todo contradictorio porque si el sistema fidelista trae aparejada la "¿felicidad?", ¿cómo es posible que tanta gente se suicide? Para estos y otros suicidios no existían los problemas económicos que sí había para los centenares de suicidios que no salen en la prensa.

La revolución fidelista de Fidel, por Fidel y para Fidel ha acabado con los jóvenes que serían cantera sustituidora de nuevos "cuadros", no se sabe cómo el actual "¿mandatario?" Miguel Mario Díaz-Canel Bermúdez pudo llegar a ocupar el puesto de marioneta que tiene, claro había que dejar a alguien para padre; la cantidad de jóvenes y no tan jóvenes que la revolución fidelista ha destruido, por beber e indigestarse con las mieles putrefactas de la revolución, es incalculable porque no solo se puede ver los que actuaron en el nivel central del gobierno, hay que considerar que en el camino fueron quedando jóvenes con preparación y disposición de asumir tareas a niveles más altos pero que les fueron cercenadas las alas al inicio de la pista, no llegaron ni a despegar. La lista sería de cientos y lo peor es que ninguna de esas personas pueden expresar sus descontentos con el sistema porque este los controla hasta cuando van a hacer una necesidad fisiológica; en Cuba dicen las autoridades que no hay dinero para la compra de alimentos, o que el "bloqueo" los hace gastar mucho al tener que adquirir todo lo que se compra muy lejos de las fronteras de la isla, pero lo que sí no falta es dinero para comprar armas y pagar logística para vigilar a todos los que se consideran desafectos a la revolución de Fidel.

En esta tierra la economía es la última carta de la baraja, primero es la defensa sagrada de la patria para lo que no se repara en gastar lo que haya que gastar, el gobierno de la isla recibió crédito por 50 millones de dólares para comprar armas a Rusia para "defenderse de la amenaza de los yanquis"; los dirigentes cubanos para mentirosos y chistosos no hay quien los supere. Podría decirse que el aspecto político es el segundo renglón y no hay por qué confundirse, Cuba es un país netamente político, primero la política y después la política y más tarde la política otra vez, pero en la concepción de estos dirigentes la política hay que defenderla con las armas para enfrentar a quien ose oponérsele, sea desde adentro o desde afuera y es por eso que parece ser que el renglón militar está primero que el político y no es así, lo que pasa es que los dos tienen una interrelación muy profunda y el uno soporta al otro.

Por estos dos renglones el CJ nos hizo creer en la invulnerabilidad política y militar aun cuando él quería tener el arma atómica para sentirse más fuerte y seguro; además ese pensamiento lo expresó en sus discursos-peroratas: *"nosotros no hemos renunciado a la adquisición del arma nuclear, es nuestro derecho"*, esto contrasta con su discurso en la ONU en que pedía el desarme y lo inútil de esas armas que podían matar a los pobres pero no mataban ni el hambre, ni la miseria, ni las enfermedades. Un zorro-hiena disfrazado de corderito manso.

El arma nuclear para FCR era un sueño; en viaje que hiciera a Sudáfrica invitado por su amigo Nelson Mandela, Fidel no perdió tiempo y en una de las conversaciones le preguntó a Mandela qué se habían hecho las supuestas 8 armas nucleares que tenía Sudáfrica cuando los cubanos participaban de la guerra en Angola y que se especulaba que esas armas podían ser utilizadas contra las tropas cubanas que batían a las sudafricanas, estas ideas las expresó Fidel en distintos momentos y decía *"nosotros no nos amilanamos ante esa posibilidad"*; a decir verdad FCR no estaba físicamente en Angola aunque según él, la guerra era dirigida por su talento militar desde Cuba.

Cuando el Presidente Barack Obama estuvo en Cuba, Fidel en uno de sus desaliñados artículos llamados (i)rreflexiones, el cual tituló irrespetuosamente "El hermano Obama", artículo en el que destilaba ponzoña de la más alta letalidad, dijo sobre la guerra de Angola que: *"Yo estaba realmente interesado en conocer más detalles sobre la forma en que los sudafricanos habían adquirido las armas nucleares. Solo tenía la información muy precisa de que no pasaban de 10 o 12 bombas."*; aquella salta de incoherencia, errores en fechas, insidias, todo lo cual no venía al caso ante la visita del Ilustre Dignatario, pero la hiena estaba dolida, muy dolida porque tendría que soportar otra humillación de un presidente yanqui, esta con ribetes de alto revuelo porque toda persona ligeramente importante que visitaba la isla tenía, y de hecho pasaba a rendir cierto tributo a la figura de abolengo, eso era 100% un hecho y este señor, negro por de más, había dicho que no visitaría a FCR, nada más y nada menos que en su propio país, eso era algo inadmisible, intolerable, no importaban los tratados firmados por los secretarios del gabinete de Obama, lo que tendía a aflojar las limitaciones impuestas por el embargo, eso no le importaba a Fidel, todos esos tratados, el de los vuelos, el de la visita de norteamericanos a la isla, el de la fábrica de tractores, y en sí todas las gestiones que hizo la administración Obama para incrementar en lo posible la venta de alimentos y todo lo que se pudiera comercial más allá de la existencia del embargo, todo estos aspectos económicos no tenían para Fidel la importancia que desde el punto de vista político representaba la visita de Obama al país y que este se entrevistara con él. Cuba es un país político, todo lo demás se posterga.

Estos aspectos que tendían a mejorar sustancialmente la situación económica no le interesaban a Fidel porque él tenía a su dotación de esclavos, es decir a "nuestro pueblo", acostumbrados a pasar todos los trabajos habidos y por haber y sus esclavos no se solivantaban, inclusive le quitaba lo poco que le debía dar a estos y lo mandaba a otros países y estos seguían igual porque según él: *"… y nosotros se lo explicamos a nuestro pueblo y el pueblo lo entiende"*; ¡qué clase de pueblo más carnero, dócil y fácil de domesticar!

Mírese si a Fidel le importaba un bledo el aspecto económico de la isla, que en la misma (i)rreflexión de marras titulada "El Hermano Obama", escribió: *"Advierto además que somos capaces de producir los alimentos y las riquezas materiales que necesitamos con el esfuerzo y la inteligencia de nuestro pueblo. No necesitamos que el imperio nos regale nada. Nuestros esfuerzos serán legales y pacíficos, porque es nuestro compromiso con la paz y la fraternidad de todos los seres humanos que vivimos en este planeta."*

Ese párrafo encierra uno de los teques, de las chácharas, de las peroratas más inconsútil, insípida y desabrida de los últimos tiempos dichas en cualquier parte del mundo, no solo en Cuba, todo para adormecer la poca mente que le quedaba al pueblo; a él tampoco le gustó la posición de Obama de empoderar el incipiente sector privado, de haberse reunido con algunos de los emprendedores, el hecho de no ir a degustar una comida oficial en el primer momento de su arribo y asistir a una de las llamadas "paladares", eso a Fidel lo puso muy cabroncito, bravo, no le gustó y por eso dijo que él esperaba mejor comportamiento de Obama; Obama lo golpeó donde más le dolía a Fidel: en su orgullo fatuo, banal, en su ego, tirándolo a basura, a poca cosa, en su propia casa, en Cuba. Eso le dolió y hasta quizás aceleró su viaje al más allá.

Baste decir que de aquella visita y su preparación previa en la que se firmaron varios acuerdos con miras a mejorar la situación del pueblo, enseguida empezaron a ponerle peros, fardos, a la gestión de buena voluntad y los medios de prensa movían o trataban de mover la opinión de "nuestro pueblo" = masa esclava, a que lo que tenía que hacer el Sr. Obama era quitar el bloqueo y devolver la Base Naval de Guantánamo, como dando a entender que lo que se estaba haciendo por la Administración Obama no tenía la mayor importancia ni trascendencia y en sí los Castros lo que estaban era quitándole fuerza a lo que se había avanzado y pidiendo lo que Obama había dicho que no estaba a su alcance como Presidente: la Base y el bloqueo solo pueden ser disposiciones del Congreso de los EUA, del legislativo y no del poder ejecutivo presidido por Obama; pero ellos le querían quitar brillo a lo que nunca habían visto de un presidente estadounidense.

¡Cubanos, no olvidarse que en aquella conferencia de prensa en que Raúl Castro Ruz no encontraba cueva para meterse y que temeroso, nervioso, ansioso porque aquella tortura acabara, al final de la misma se le tiró a un miembro del cuerpo de Obama y encontró el brazo izquierdo de este y se lo levantó para asombro de todos los allí presentes!, al estilo de los soviéticos en sus mejores tiempos. Aquello fue el hazme reír de la conferencia. ¡Si la conferencia hubiera durado 2 minutos más a Raúl le hubiera dado un infarto fulminante! Estaba fuera de sí, se preguntaba: ¿dónde me he metido?, ¡qué carago es esto!, ¡que falta me hubiera hecho Fidel aquí! Incluso en algunos círculos de opinión llegó a plantearse lo mal que había lucido Raúl Castro Ruz ante aquella conferencia, prometiendo cosas que no cumpliría nunca, como cuando solicitó la lista de presos políticos a que le hacían alusión los periodistas y que él, como buen político, como buen mentiroso, dijo: *"¿qué dijo de los presos políticos…?, ¿qué pregunta concreta hizo de los presos políticos?, ¿preguntó si hay presos políticos?,…, 'ta bien es la única que te voy a permitir…, dame la lista de los presos políticos ahora mismo para soltarlos…, menciónala ahora…, o cuando concluya la reunión me das una lista con los presos…, y si hay esos presos políticos antes de que llegue la noche van a estar sueltos, ¡ya!"*.

Nunca, muy pocas veces se había visto a un actor hacer tan mala actuación como la que hizo Raúl en esta conferencia de prensa, no estaba preparado emocionalmente para ese momento, se le veían las manos temblorosas, exudó prepotencia como si los periodistas extranjeros fueran los cubanos, estaba totalmente fuera de sí, no hablaba con coherencia, dijo que él todavía no podía votar en los EU, como si eso fuera un chiste, fue mal educado al estar cuchicheando mientras el anfitrión hablaba, incluso Obama tuvo que llamarle para que prestara atención a la conferencia; sinceramente hay algunas cosas que a los cubanos se les ocurrieron después de ver aquel desastre ante los medios de prensa del mundo: (1) el miedo se lo comía por una pata, lo que se sintetiza en el bajo nivel de profesionalidad para ocupar ese puesto que evidentemente le queda muy grande, sin carisma ni inteligencia para arrostrar los avatares de esa posición, pero es el hermano sucesor, (2) tuvo que haber salido de allí, de aquel mal momento con alguna necesidad fisiológica acaecida en sus ropitas interiores, no hay la menor duda y lo delataba su comportamiento apresurado por salir de allí para ir a algún lugar que nunca se supo cual fue, (3) el uso de la mentira como escudo, lo que sí refleja la escuela dada por el hermano que era señor maestro, tronco de político en eso de decir mentiras y quedarse como si nada, (4) con el respeto que merece el camarada RCR, algunas personas que conocen cómo se le apodaba familiarmente, piensan que ese mote familiar debe ser cambiado por el de ***mouse*** que es un nombre en inglés y que lo acerca a los enemigos para suavizar en algo las relaciones con ellos.

PATRIMONIO PRODUCTIVO RECIBIDO EN 1959.

Cuando se observan los indicadores que Cuba tenía antes de la llegada de la revolución al poder se concluye que estos eran muestras del alto desarrollo humano

que se alcanzaba en la isla, que inclusive no tenían países del área de mayor extensión, con recursos, con economías más potentes que la que se podía basar en la producción del azúcar que era el principal renglón de exportación de la isla.

Al final de esa década de los 50s. la isla contaba con aproximadamente 6.5 millones de habitantes, pero los estándares de vida eran tan altos como los países de mayores economías en el área, tales como Argentina, México y Brasil.

La rente no estaba repartida con la equidad que se hubiera deseado, pero a decir verdad las clases más pobres y marginadas podían vivir, sobre todo en las ciudades; ya en el campo era otra cosa bien distinta, con mucho atraso en los cultivos y grandes desigualdades por la tenencia de la tierra en muy pocas manos y los grandes abusos cometidos por los terratenientes contra los campesinos desposeídos, era una verdadera tragedia empezando por los bajos precios a los que los campesinos tenían que vender sus cosechas; toda esta amalgama de sin sabores tenía un mal gusto muy amargo, a país bien subdesarrollado con grandísimas desigualdades.

No todo en la república mediatizada fue malo, esa es la verdad, la isla pese a los males que la aquejaban marchaba económicamente con uno de los estándares de desarrollo y bienestar social más altos del continente; en los principales renglones de la agricultura, en la industria, en los transportes y la propiedad de vehículos, en las construcciones quedaron obras icónicas que han llegado a nuestros días y ahí están el Capitolio, la carretera central, los edificios altos con el emblemático Focsa; no fue un metro, pero la obra del Túnel de La Habana fue una joya de la ingeniería que si esta en pie no es gracia a las autoridades que subieron en el 59, sino a la calidad con que fue erigida; había una sólida industria azucarera que era uno de los principales rubros exportables, una fuerte ganadería vacuna, las cosechas de tabaco y café entre los principales renglones que aportaban a la economía del país, un sector privado que avanzaba y permitía una vida no muy bien balanceada y distribuida para todos los sectores y pobladores de la isla, pero a pesar de las necesidades y desafueros en los campos, el país avanzaba.

La revolución fidelista se perdió la oportunidad de ser grande en el hemisferio y a criterio de algunos ha devenido en bazofia y politiquería baratica, baratica, barnizada de una fuerte dosis de egocentrismo y autoritarismo.

Antes del 59 en Cuba los pobres de las ciudades y poblaciones vivían, se calzaban, vestían, iban a las tiendas y compraban de acuerdo a sus posibilidades, nunca faltaron ni el azúcar, ni el café puro, ni los renglones de la llamada canasta básica, el valor de la moneda estuvo en la segunda mitad de los 50s. equiparada con el dólar americano; era Cuba uno de los países con mayores tendencias al desarrollo, incluso cuando es evidente que no todos los cubanos disfrutaban de un nivel de vida razonable, fíjese que **no se dice igualitario** porque ese igualitarismo iluso que nos inculcó el fidelismo, no existe, no es real, porque el bienestar de cada familia, de cada humano es asunto particular e interpretativo de cada quien.

En la isla que antes del 59 tenía un parque de 160 000 automóviles que sumado a la red de ómnibus le permitía a la población moverse sin las dificultades que empezaron a existir con el llamado transporte urbano después del triunfo de la revolución fidelista y que no han parado nunca, cada año son nuevas o se repiten unas o se crean otras dificultades de manera que la población no tiene los medios necesarios, no ya para ir a un divertimento, sino para ir al trabajo. Este hecho de la permanente falta de transporte hace recordar al CJ=FCR=PCEM, cuando en su intervención ante el consejo de estado en jul. del 1989, para dictaminar el fusilamiento de 4 militares que según Fidel habían traicionado a la revolución, él decía: *"…¿En qué estaba yo, a qué me dedicaba? Haciendo un enorme esfuerzo en todos los terrenos. Impulsando un montón de planes, que iban desde el transporte en la capital que ya estaba por 25 mil y ahora está ya por 30 mil viajes diarios. No hubiera querido ni hablar de esto porque me proponía que no se hablara del resultado del trabajo en transporte de la capital hasta que no estuviera super-consolidado."* En esas palabra además de autosuficiencia se denote ineficacia porque en aquellos años no se resolvió nada, enseguida caímos en el período especial y la alharaca formada por Fidel quedó en eso, en mucho ruido y ninguna nuez, pero véase como él dice: *"¿en qué estaba yo, a qué me dedicaba?"*, como si todos los otros colaboradores desde sus posiciones de ministros, funcionarios, miembros del equipo de coordinación y apoyo, y María caracoles no hicieran algo. Solo él trabajando para no tener éxitos, por eso el país está tan destartalado que no sale de un problema para caer en otro.

Esos problemas que hay en la isla con los ferrocarriles al extremo de que las vías férreas están virtualmente destruidas, eso es gracia a la revolución fidelista porque Cuba fue la primera nación iberoamericana que tuvo ferrocarril y eso fue en 1837 y desde entonces su red ferroviaria aumentó su extensión siendo una de las que más kilómetros de líneas férreas por km^2 tenía en el área, pero además movía gran cantidad de mercancías y cargas por ferrocarril, este era un soporte muy económico en la transportación de la caña de azúcar durante las zafras y era de gran soporte en la transportación de pasajeros hacia las provincias; todo lo cual desapareció con el triunfo de la revolución de marras.

En las casas de los pobres nunca hubo que lamentar la escasez de un jabón tocador o de lavar, o el detergente, esos renglones no se perdían nunca porque la industria nacional que no era estatal abastecía las necesidades del país. Es sencillamente inconcebible que después de 60 años tenga la ministra del ramo que aparecer ante los medios y dar a conocer que en el país escaseará el jabón en el período de feb. a abr. del 2020, y como eso cualquier producto de los que antes del 59 se producían en la isla en cantidades suficientes y desde que FCR nacionalizó toda la producción que antes era privada la escasez ha tomado ribetes trágico-cómicos. Eso no pasaba antes del 59. ¿Qué pasa revolucionarios? ¡Qué no se diga, demuestren que el fidelismo es mejor que el capitalismo!, no vamos a decir que el capitalismo de los países desarrollados, sino el de los países que los circundan y que por ubicación geográfica, historia e idiosincrasia tienen mucho en común.

Si bien era cierto que la pobreza estaba presente en una parte considerable de la población, pero los pobres trabajaban y se compraban sus televisores, sus refrigeradores sin que nadie se los diera para después comprometerlos políticamente como se hizo con la repartición de electrodomésticos del 2005, en que Fidel le pidió a las mujeres al terminar un congreso de la FMC que si ellas lo ayudaban se llevaría a cabo una repartición de electrodomésticos; toda una jugada política para sumar y comprometer a la población con el proceso político, más aún de lo que ya estaba comprometida.

Los pobres que antes del 59 querían avanzar lo lograban en alguna medida, cierto que a duras penas pero avanzaban, se podían comprar su carro, sin que nadie se los diera, si no ahorrando y pagando una entrada y después completaban el total con pagos mensuales y así obtenían la propiedad de un vehículo, sino cómo explicar que Cuba fuera en 1958 el país con más vehículos percápita de toda Iberoamérica, un vehículo por cada 38 habitantes y es que contrario a lo que hacen los fidelistas de frenar el desarrollo, de ponerle las cosas difíciles a la población, los capitalistas tratan de que los productos cumplan el rol para el que fueron construidos, para el capitalista la mercancía se realiza cuando esta llega a su destino final: el cliente, el futuro dueño, mientras que para estos embriones, pichones de economía socialista y sobre todo para el extinto Fidel, las mercancías deben estar en los almacenes durmiendo la dulce vida porque cuando las personas las solicitan o la adquieren devienen en personas con una mentalidad de consumistas; así no los enseñó el CJ en un discurso pronunciado después de la inauguración del Bulevar de San Rafael, en La Habana, cuando decía que la población no dejaba parar nada en las tiendas, ni grabadoras, ni radios, ni ventiladores, nada; el CJ preocupado por los artículos que la población con miles de limitaciones podía adquirir. ¡El colmo!

Comprar un vehículo en Cuba en los años del decenio de los 20s. del siglo continúa siendo una misión imposible; el estado ha rebajado el precio de los vehículos en un 10% de su precio inicial, es decir que el Peugeot que costaba $262 000 CUC, después de ese descuento de $26 200 CUC, el cliente tendría que pagar $235 800 CUC, esto en el carro más caro, entre los más baratos están un Mercedes Benz del 2006 en $60 000 USD, un Hunday en $75.000 USD, otro sin especificar marca en $82 000 y así en ese rango, todos inalcanzables para los que devengan salarios de $70 CUC al mes, que son muy pocos. Así se burla la dirigencia cubana de los esclavos que tiene dentro del país.

Eso no ocurre con los capitalistas, por supuesto en un país con desarrollo porque en los países pobres de nuestra América hay limitaciones pero no como esta burla dantesca de las autoridades cubanas. A ellas, a las autoridades cubanas, lo que más les falta es vergüenza, hace rato que se les acabó y no hacen por buscarla porque piensan que para gobernar esclavos, no les hace falta tener vergüenza, no les es necesaria. ¡Qué horror y qué pena!

En Cuba nos asombramos de que el estado-gobierno-partido regale autos a los mejores deportistas, a algunos médicos y a casi ningún obrero super destacado, pero los ciudadanos no pueden comprar un auto en las dependencias estatales porque a los precios que este los expende es imposible adquirirlos, es como si le dijera a los desgraciados que aún pueden soñar: hay autos pero no te tocan, estos no son para ti; necesitarían por lo menos 7 vidas de 100 años cada una para comprar un carrito de no muy probada calidad, pero además de uso, de segunda mano, sin embargo, a finales de los 50s. éramos el país que seguía a los EUA en el número de automóviles percápita, uno de los que más electrodomésticos tenía: radios, equipos de televisión, refrigeradores, entre otros; como se puede ver esto apuntaba al desarrollo, aun cuando no toda la población los tuviera, pero el capitalismo tiene ese gancho que te da los artículos y el ciudadano los paga a plazos; cierto que para ello se necesita tener un trabajo que produzca la remuneración necesaria, pero ¿es que acaso el fidelismo puede ofrecer algo mejor, más loable que eso?; por supuesto que no todo en la vida es lo material pero la tendencia en la vida de los seres humanos es a superarse, es mejorar sus estándares de vida y no asirse a ideas políticas banales que entorpecen la mente y lastran el espíritu de ascender decentemente en la única vida que todos vamos a tener una sola vez, aquí no hay segundas partes, lo que no vivas ahora no lo espere en la otra, porque esa no va a llegar.

Mientras que muchas familias pobres se estimulan en el capitalismo para mejorar su nivel de vida porque saben que nada les va a caer del cielo, en el fidelismo no hay forma de luchar, de trabajar limpiamente para abandonar la casi indigencia en que viven las familias, los precios se ponen por las nubes para que la población no pueda acceder a ellos, entonces muchos ciudadanos se meten en el mundo de lo ilegal para poder sobrevivir partiendo de que en Cuba casi todo es ilegal, un maestro no puede dar clases particulares en su casa u otro lugar porque eso es ilegal, un médico ni se diga que atiende a un paciente por su cuenta, todo bien cerrado como para que las personas que quieren mejorar no lo puedan hacer, solo es posible si el estado y las autoridades lo permiten, si no es ilegal. Es como para que el cubano de a pie se pase todo el tiempo pensando en lo que no tiene, en esa lucha por la supervivencia y sienta que la "solución a sus problemas" la tienen los dirigentes de la isla. ¡Qué horror y qué pena!

Con todos los problemas que tenía la isla, acrecentados después del golpe oportunista y arribista de FBZ, el 10 de marzo del 52, La Habana fue una las primeras ciudades del mundo en tener discado directo, fuimos de los primeros en el mundo en inaugurar una emisora de radio y alcanzamos un gran desarrollo mundial en ese medio, de los primeros en el hemisferio en tener la señal televisiva y ya en 1958 teníamos transmisiones en color; llegamos a tener en 1940 una de las constituciones más revolucionarias, avanzadas y universales para todos sus ciudadanos, muy superior a las que se "votaron" en el 1976 y en

2019; éramos uno de los países del continente con mayor número de reses, en algún momento casi una res por habitante, esto en la década de los 50s., antes que arribara el fidelismo; además de tener en La Habana una de las ciudades con más salas de cine a nivel mundial, todos estos eran avances que no disfrutaba toda la población, como tampoco toda la población tiene la facilidad de asistir a los hoteles que hayan en el país, pero lo que es contraproducente es que se le pongan limitaciones para que las personas puedan hospedarse si lo desean y tienen los recursos para ello, aduciendo que los hoteles eran solo para turismo extranjero y que un nacional no pudiera asistir a un hotel por el simple hecho de ser cubano; gracias a Dios que esa nefasta arbitrariedad tomó otro rumbo; pero de todas formas así son las autoridades cubanas, para los esclavos del país lo peor, lo más malo, lo de menos valor, lo marginal, ese infeliz siempre contra el piso, mientras que para el extranjero ni se diga, para él todo lo mejor del país y hasta del mundo.

A pesar de los pesares, hacia finales de la década fatídica en que llega la revolución fidelista al poder, la nación y su economía avanzaban, y se consideraba entre las primeras 30 economías a nivel mundial, una isla pequeña con una población de menos de 7 millones de personas; ¡ah, que el nivel de desarrollo no era homogéneo para todos los pobladores!, es verdad, pero se avanzaba, se iba hacia arriba y ese hecho es algo que compulsa a los demás con deseos de mejorar, de luchar por una vida más digna, y de seguro la mayoría lo logra porque existe la motivación, no hay algo que frene a la inspiración de los seres, no hay algo que sea motivo de desaliento, pero…, cuando usted trabaja más de 700 años y ese dinero de por vida no le alcanza ni para comprarse un simple carrito de poca monta, o cuando trabaja una x-cantidad de años y todo ese dinero no le da para comprarse un refrigerador o un televisor o una lavadora o cualquier otro electrodoméstico, entonces el ciudadano se pregunta: ¿para quién estoy trabajando?, ¿cuáles son las perspectivas de una mejor vida dentro de un sistema que no me paga un salario que me permita vivir como cualquier ser humano?, ¿dónde están las ilusiones de luchar por un porvenir mejor?, ¿existe ese porvenir dentro del fidelismo o castrismo?

Y esta es la conclusión a la que llega el ciudadano de bajo nivel de inteligencia pero con mente ávida de saber cómo alcanzar una vida digna y no de perro callejero; dentro del castrismo, ese porvenir no existe porque somos tratados como esclavos, como personas que tenemos que estar eternamente agradecidas por lo que ha dado el sistema de marras, que no es mucho, porque libertad con miseria para mantenerte atado políticamente, es una bajeza; hacernos creer que toda las miserias, penurias y necesidades que se viven en la nación se deben a factores externos y no a la insuficiencia, a la incompetencia, a la corrupción de un sistema para el cual la política está por encima de todo, es un crimen y una burla dantesca.

LOS BUFOS DE LA REVOLUCIÓN FIDELISTA.

Ante tanta desgracia acaecida por tantos años, los jerarcas en el poder se han percatado que las bufonadas que se hacían desde los primeros tiempos del triunfo no eran suficientes, además las hacía fundamentalmente el principal bufón y ya este había desaparecido el nov. 25 del 2016; algunas de aquellas bufonadas eran decir que Cuba era una potencia médica mundial, una potencia educacional, que éramos una potencia política porque teníamos un solo partido al servicio del pueblo, que casi llegamos a ser una potencia militar, que viviríamos con niveles de vida por encima de los Estados Unidos y de Rusia, que tendríamos tanta leche que podríamos llenar la oquedad de la Bahía de La Habana con ella, después vino el mendingar el vasito de leche que nunca llegó y es mejor no seguir para no consumir todo el espacio virtual con las mendaces bufonadas de los principales dirigentes cubanos.

Ya en años del tercer decenio del presente siglo, al retirarse a sus habitaciones privadas de buena vida la mayor parte de los viejos bufones, hubo que buscar y poner en escena a otros bufones, incluyendo algunos que siendo viejos, salieran a dar la cara para defender el **subdesarrollo** del país, veamos los más notorios y empecemos por los jefes del cuerpo de baile, es decir de bufones.

1.-FCR, jefe histórico indiscutible por la extensa obra bufona que nos legó, imposible de ser superada por cualquier ser humano habitante en la isla, pero por la edad y sobre todo su salud, tuvo que limitar sus apariciones como bufón principal hasta que falleció. Su patrimonio bufónico es imposible de superar por el acuse de una obra tan inteligente como mendaz.

2.- RCR, es el actual jefe de la bufonería, pero no tiene talento, ni inteligencia, ni carisma, ni habilidad para ese puesto pero es el hermano del desaparecido y por herencia le toca el puesto, pero no por méritos; él se sabe con las limitaciones anteriores señaladas y entonces para no ser opacado se rodea de estrellas que no rutilan, que no tienen brillo alguno, que algunas dan un destello cada cierto tiempo, esporádicamente y entonces en esa constelación de estrellas opacas él parece brillar un poquito más; a la muerte de su hermano y desde algún tiempo antes él fue desbrozando el camino, quitando a todos aquellos que tenían más inteligencia y dominio de la escena que él para que no le hicieran sombra; a falta de inteligencia, usó su astucia, que nunca será sinónimo de inteligencia, pero es la cualidad de la que se ha valido para estar al frente de un barco hundido y sin saber cómo, dar órdenes y disponer de la vida de los esclavos.

Su astucia lo llevó a que se eligiera a un presidente de la república con 603 votos de 604 posibles, a elegir a un nada carismático y falto de destrezas presidente del consejo de estado; ambas elecciones son chistes y bufonerías de muy mal gusto, pero él no tiene nada que ver con lo que huela a inteligencia. Al inicio de su mandato con todos los cargos de mayor jerarquía en sus manos (jefe político, militar, de gobierno) hizo el pésimo chiste de aspirar a que algún día los cubanos pudieran tomarse un vasito de leche, todavía nos estamos riendo y llorando de la risa de esa gran bufonada, y así por el estilo son los chistes de las "luminarias opacas" que lo rodean; veamos algunas de ellas.

En 1959 cuando el triunfo irrevolucionario, una de las medidas tomadas por los nuevos gobernantes fue la restricción a la caza indiscriminada de los cocodrilos cuyas pieles en aquella época eran usadas en talabartería o marroquinería en la confección de cintos, zapatos y otros artículos de esa piel.

Es conocido por no muchos cubanos que la jutía es una especie endémica casi en extinción en la isla, su tasa de natalidad no es muy alta y realmente para cazarla se necesita tener habilidades y algún que otro artificio como trampas u otros porque el uso de armas para la caza en Cuba es bien limitado. Son animales arborícolas y a ellos deben su alimentación, por ello no resulta fácil su crianza en cautiverio. Hay dos especies básicas en la isla: la conga y la carabalí. Los cubanos que hemos comido la jutía no somos muchos y de seguro deben tener algún vínculo con zonas rurales donde se puedan hallar estos animales. Su carne no es tan atractiva o preferida como lo puede ser un bistec de res, de puerco, tal vez de carnero o chivo, o un fricasé de pollo, platos que estuvieron y están más al alcance y cercano al gusto del cubano que el de la jutía.

En Cuba se sabe que por comer carne de res se puede ir a la cárcel, sobre todo si el que la consume no tiene un papel que justifique dónde, cómo y con quién la compró; ya no hablar de productos del mar porque la pesca por cuenta propia está prohibida; de la langosta no hablemos, no viene al caso, de los camarones ni soñarlo, esas son comidas para ¡la "flamante" directora del CENESEX!

Otro animal que empezó a llamar la atención en la isla lo fue el avestruz, ave exótica originaria de África y que aparecía en la isla tal como se introdujeron los indomables y agresivos búfalos en la isla entre 1983 y 1989 por órdenes de FCR; años atrás habían irrumpido en la escena las tilapias y carpas en los 60s., siendo la más reciente adquisición las clarias también conocida como pez gato africano. Pero en todos estos ejemplos y otros no mencionados salta la marcada intención de introducir especies extranjeras, foráneas y abandonar las autóctonas o las que ya llevaban muchos años establecidas en la isla y habían demostrado un nivel de adaptabilidad muy alto y de placentero sabor para el cubano; así se introducen búfalos y no se prioriza la investigación y crianza del ganado vacuno; traemos avestruces y abandonamos la crianza de aves de corral de alta necesidad y donde hay extensa experiencia, como si a los avestruces no hubiera que atenderlos igual, se traen carpas, tilapias y clarias y las especies ya conocidas de gran aceptación popular se extinguen; se desaparecieron los pargos, las chernas, las rabirrubias, las truchas, al menos ya sus nombres ni se mencionan, a menos que hayan pasado a engrosar el arsenal alimentario de la alta cúpula.

Después de esa introducción relativa a las jutías, los cocodrilos y los avestruces, mire lo que uno de los viejos horcones, nunca antes visto en esa función de bufón, tal vez por lo difícil que le resulta articular una sencilla oración de 7 u 8 palabras y que esta sea entendible, entró a la sala de la bufonería el Comandante de la Revolución Guillermo García Frías, director de la Empresa Nacional Flora y Fauna de Cuba y que planteara en intervención de abril del 2019 que en Cuba *"se está cultivando y desarrollando el avestruz. Un ave capaz de producir más que una vaca"*; véase la calidad y alto nivel de rigor científico nunca antes visto; no pero ahí no se detuvo el nonagenario, él habló de la existencia de casi 60 granjas de jutías para el consumo de la población porque este roedor tiene *"una carne con un nivel de proteína y una piel que supera la calidad y riqueza del ganado vacuno"*; así que no solo las vacas han sido estabuladas sino también las jutías y nada menos que en 60 granjas, veremos cuántas jutías corresponderán por personas cuando estas estén listas para lanzarlas a la libreta de racionamiento; pero más aún, *"el cultivo de cocodrilos"* con miras a incluirlo en la dieta de la familia cubana es algo más que novedoso, veamos a qué sabe esa carne a la que no muchos cubanos han tenido la oportunidad de degustar.

Vean cuántas bufonerías en una sola actuación, sobra decir que hasta el lenguaje empleado por el flamante director de Flora y Fauna sabe más a fauna que a flora, el señor está crudo y sin tiempo para ilustrarlo; ¿en qué lugar pasó la campaña de alfabetización este comandante?, ¿la habrá pasado, o no la pasó por estar él estabulado?, y si la pasó, ¿quién lo engañó, lo analfabetizó, quién lo embruteció tanto?, ¡director!, ¡director de qué!

Todo este sin sentido y faltas de concordancia, de realismo produce en el cubano una risa que lo deja muerto de llanto al ver cómo el país se **subdesarrolla** y ellos no hacen nada o muy poco por llevarlo en la dirección opuesta, cabe pensar que eso es lo que se quiere, que los esclavos vivan como lo que son sin que se pueda avistar un atisbo de mejoría para sus calamitosas vidas.

Los cómicos y bufos del régimen son impredecibles, han nombrado a un General de División jefe de los cultivos de la moringa oleífera, no sabemos por qué no lo responsabilizaron con el cultivo de la morera porque ambas fueron el caballo de batalla del extinto comandante en jefe. Ojalá ambas plantas no corran la misma suerte que la industria azucarera que este general dirigió; ahora díganse ustedes si no es como para desternillarse de la risa, un general sin victorias en los frentes económicos donde lo han puesto, lo hacen ahora general de las plantas introducidas por FCR, ahí se puede ver hacia donde se encamina el **subdesarrollo** de la nación, de fracaso en fracaso; pero además se pone en evidencia el amor, el interés de los dueños de la nación por la dotación de los esclavos de nuevo tipo que han ido creando.

Cuando oficialmente el general en jefe, RCR, asumió la dirección del país, traspaso directo del hermano que estaba enfermo y avejentado, él prometió el vasito de leche para que cada cubano se lo tomara el día que le apeteciera, esa fue una de sus primeras bufonadas, aunque a decir verdad la población tuvo acceso a otros bienes que ni pensarlo bajo la égida del invencible, (teléfonos celulares, videos, etc), pero al susodicho vasito de leche todavía no le ha llegado el día, algunos se fueron de este mundo esperando que le llegara, pero no, no les llegó; es de esperarse que las nuevas autoridades fieles cumplidoras de las mentiras de los octogenarios y nonagenarios revolucionarios, se los manden tan pronto las jutías, o los avestruces o los cocodrilos den sus primeras producciones de leche.

Pero la bufonada más impresionante, despampanante, burlesca y despreciativa, esta debió haber sido a dos manos, entre el hermano saliente y el entrante al trono, fue la venta de vehículos a la población a inicios del 2014, aquello fue algo sin precedentes, ahí sí que el cmdte. y el gral. en jefe se vistieron de corto; los carritos valorados en $262 000 CUC = $303 920 USD, para lo cual un humano de la isla, con un salario de $30.00 CUC mensuales (algo bien difícil, aun después del aumento salarial del 2019), tenía que estar trabajando 727 años y 9 meses para adquirir el carrito, mientras que a otros por ser deportistas revolucionarios, médicos revolucionarios, o agraciados revolucionarios por el régimen, se los dan nuevos con 0 km recorrido y sin pagar un centavo, estos bendecidos por la dinastía no son tan esclavos como aquellos que tendrían que desembolsar semejante cantidad de dinero inalcanzable en una vida. La revolución fidelista es en extremo exagerada a la hora de dar un beneficio de tal valía o cuando impone una pena a una persona que no es re-vo-lu-cio-na-ria.

Fíjese si esta situación es altamente hilarante, que es como si se le dijera a uno de esos esclavos que son desgraciados, que no tienen la suerte de los pocos a quienes el sistema político beneficia: "mira, la distancia a Plutón, último planeta de nuestro Sistema Solar, es de aproximadamente 5 763 920 000 km, date un brinquito hasta allá y ven, que cuando vengas tendrás tu carrito aquí." ¡Qué alguien diga si este chiste de altos quilates, de larguísima duración, (son 727.75 añitos de espera), no es como para desternillarse de la risa y perder los dientes de tanto reír y ponernos viejos esperando por el carrito re-vo-lu-cio-na-rio!

Esta otra bufonería es realizada a dos manos, entre el Ministro de Educación Superior José Ramón Saborido Loidi y la viceministra primera de ese organismo Marta del Carmen Mesa Valenciano; ella, en una intervención pública define que el profesor universitario cubano tenía que ser *"un defensor de nuestra ideología, de nuestra moral, de nuestras convicciones políticas"*, que todos debían fungir como *"activistas de la política revolucionaria de nuestro Partido"*, con estas palabras se justificaba la expulsión de la profesora, Omara Ruiz Urquiola, hermana del biólogo Ariel, quien había sido objeto de una serie de atropellos por parte de las autoridades cubanas; las razones de su expulsión eran de neto carácter político y de represalia contra los hermanos Ruiz Urquiola; por esta arbitraria expulsión algunos exprofesores, estudiantes y otras personas dieron a conocer su inconformidad a través de las redes sociales y entonces el ministro para subir la parada de la bufonería fue a la televisión re-vo-lu-cio-na-ria cubana y dijo que los que habían protestado las palabras de la viceministra primera era *"un grupo de mercenarios"* y además adujo que *"nosotros tenemos el altísimo compromiso: todos nuestros profesores, nuestros cuadros, nuestros estudiantes, nuestras organizaciones, de garantizar realmente que la formación ante todo de un profesional cubano sea revolucionaria, comprometida"*; con estas concepciones tan avanzadas de lo que es la educación universitaria en Cuba se han privado a no se sabe cuántos jóvenes cubanos de estudiar en las universidades de su país por no comulgar con la doctrina político-ideológica de la revolución cubana, por eso separaron de su carrera de periodismo a la joven cienfueguera Karla Pérez González en 2017 la cual marchó a Costa Rica para continuar sus estudios allí, después de que algunos periodistas de ese país contemplaran con cierto estupor lo que a los estudiantes cubanos les hacen en su país; dígame si no es como para largar la gandinga (asumida como el hígado en cerdos y reses) riéndose. ¡Ah!, pero los estudiantes de todos los países que ¿gratuitamente? cursan diferentes carreras universitarias en Cuba no tienen que estar necesariamente afiliados a la política irracional que en materia de estudios se vive en la isla. ¡Cualquiera no se va a morir de la risa con bufonerías tan serias, profundas y refinadas, eso sí es humor y del malo!

Los bufos se discuten el trono, hay unos que tienen más participaciones que otros, es el caso del presidente don Miguel Mario Díaz-Canel Bermúdez, aquí algunas de sus mejores bufonadas: *"En cada medida que adoptemos, siempre tendremos en el centro de atención a nuestro pueblo"* (para hundirlo cada día más y más en la pobreza, la miseria y el **subdesarrollo**); *"La crisis de Cuba es una oportunidad ideal para que los jóvenes se entrenen"* (no es como volverse loco de la risa y después de desespero y llanto; así que hace falta entrenar a los jóvenes en el hambre, la miseria, las necesidades, la escasez de productos, la falta de vergüenza de los dirigentes, la ausencia de valores en los ciudadanos, el amor al puesto de la dirección político-gubernamental, ¡oh Dios sálvanos!); *"El país no se ha paralizado, ya vencimos el primer momento de la situación coyuntural"* (desde sep. del 2019 y aún en nov., no había transporte para moverse, se trabajaba a media jornada en muchos lugares y el presidente de la República seguía haciéndose filmar dando aventones a personas en su flamante Mercedes); *"Si algún sufrimiento tuviera el pueblo cubano es por cuenta del bloqueo"* (del exterior, pero nada del bloqueo de adentro, ese que limita la más elemental operación comercial entre ciudadanos, porque todo tiene que ser regido por el estado corrupto y omnipotente); *"En Cuba todo el mundo no es revolucionario, ni todo el mundo está con la revolución y a nadie se le persigue por estar o no con la revolución"* (pregúntenle a los periodistas independientes, o las Damas de Blanco, a los artistas, a cualquier persona que no simpatice con el castrismo para que se vea cuánto son perseguido por el aparato represor, además hay que tener un poco de pudor y sensatez al devenir en bufón, esta profesión que ustedes han elegido no es para demeritarla con esas faltas de respeto y en sí con esos descaros). De lo último dado a conocer por este fuerte contrincante a la corona del más bufón: *"hay que cuidar la ortografía"* (las casas se están cayendo y este presidente está preocupado, no por resolver los problemas de materiales para la reparación de viviendas, sino que las personas cuiden, que no cometan faltas ortográficas, que es más importante que preservar las vidas de personas que no han llegado a los 15 años); este y ya, no más: *"Ni amenazas, ni sanciones, ni presiones, van a impedir que creando sigamos creciendo y avanzando"*; (estas elocuentes palabras referidas al avance de Cuba… en estos años; ¡a mentiras limpias!, sin el menor pudor; ¡qué desvergüenza y este bufón esta en el rol de marioneta-presidente!).

En ocasiones la falta de autoestima, la falta de dignidad de una persona, lo lleva a mantener una posición, un puesto por encima de todo, contra todo pronóstico, más aún si es una posición política, y aún más si se está en Cuba; este es el caso del presidente cubano, el que sale de un desaguisado para entrar en otro, él con la directora del CENESEX son de los que más infortunadas noticias producen, no se cansan, hablan mucho y sobre todo cosas que no sirven, a uno a veces le da lástima ver como las personas se burlan de ellos por los desatinados y continuos yerros que cometen, no hay quien los asesore, son como dos animales cerreros en un potrero, veamos los últimos hits producido por el sello Díaz-Canel (el lector debe saber que se hace un esfuerzo enorme por no usar sobrenombres o apodos para no parecer a la dirigencia castrista que a los oponentes le ponían motes y nombres despectivos para ridiculizarlos y esta práctica poco seria e irrespetuosa se volvía contra ellos, sobre todo en el caso del invicto comandante en jefe), por favor no sean muy crudos con el presidente, ya bastante a sufrido con las decenas de memes a los que ha sido sometido en las redes sociales después de estos lanzamientos: hit núm. 1: *"Nosotros tenemos que* *tener limones en el país. **La limonada es la base de todo**. Tú cualquier limonada, a una base de refresco de limón, tú le echas cualquier otra cosa y ya es un refresco súper agradable y súper bueno. No lo tenemos tampoco";* hit núm. 2: *"la producción de jugos para la población. Había varios lugares en el país que tenían jugueras. Era un lugar donde tú na'más ibas a comprar jugo. **¿Cuándo vamos a tener guarapo por la libre en este país?** Productor de caña y no hay guarapo, podía ser —yo diría— el líquido más común en Cuba";* hit núm. 3: *"Producir la masa de pizza para que la gente la puedan llevar para la casa. **Ya en Cuba hay un grupo de gente, no despreciable, que tienen microondas, que tienen otro tipo de cocción**, que a la gente lo que le hace falta es comida pre-elaborada para hacer más rápido en la casa".* Todo este acontecer tuvo lugar en un consejo de ministros, ¿se imaginan?, el presidente hablando toda esta serie de incoherencias y desatinos; al parecer no había algo más importante que tratar que no fueran los temas señalados; mientras las casas se siguen derrumbando, las colas siguen creciendo por todo y para todo; pero de eso no se habla.

NA: no se van a comentar las tan atinadas bromas del presidente porque el entorno en que estos chites fueron dicho es más que elocuente de lo jocoso y sentido de humor de nuestros dirigentes que todo se lo toman en broma, ¡qué manera de gustarles el chiste, la chanza y la _odedera!, pero fíjese si son hilarantes que para apoyar el primero de sus exitazos (hit) baste decir que en Cuba no hay limones, el azúcar hay que importarla y el agua entra cada 14 días en algunas ciudades densamente pobladas y a otros barrios hay que llevarles camiones llamados pipas para que tengan agua; en el hit no. 2 solo decir que la caña que se siembra no da para producir poco más de 1.3 millones ton de azúcar, entonces no se puede coger la caña para ese relajo de hacer guarapito, ¿se fijan lo cómico que es el presidente?, él no sabía que las áreas de siembra de caña fueron grandemente reducidas, no por nada, sino por chivadera y ahora no hay ni caña para hacer azúcar, contra y más para guarapo; y en el último de sus tres éxitos lanzados al unísono, solo aclarar que a veces se le deja de dar el pan vuestro de cada día a la población porque la harina de la que él habla, con esa que se hace el pan y la pretendida masa, está esperando en cualquier puerto del mundo por un barco que la traiga a Cuba; el presidente Miguelito es letal, ¡cómo le gusta a este hombre la broma, la chanza y la _odedera, no se coge nada en serio!, en cualquier momento se contrata en un circo y deja sin trabajo a los payasos del mismo. De verdad que él es lo opuesto de lo mejor. ¡Qué Raulito le levante el brazo, como le hizo a Obama!

Después de todos estos ejemplos, ¿queda alguna duda de cómo se maneja la dotación de esclavos de la isla en el presente siglo? ¡Vaya cubanos, ustedes son privilegiados!, los únicos que le sobrepasan son los norcoreanos, porque a pesar de los pesares los comunistas chinos y vietnamitas viven mucho mejor que los cubanos, de eso ni hablar.

Y es que nadie es capaz de imaginar quién podría devenir en bufón, porque incluso personalidades de la cultura, serias, respetables por sus conocimientos, con inteligencia nada dubitativa, que han recibido condecoraciones de más de 30 países, personas que por años han gozado de las simpatías, afecto y reconocimiento de la masa de esclavos, incluso aunque en ocasiones se hayan mostrado algo sumisos ante los dos principales dueños del país y hayan soslayado tomar partido al lado de los esclavos que padecen vicisitudes, no obstante a esas manifestaciones duales, la inmensa mayoría de lo que se da en llamar "nuestro pueblo", siente una empatía, una atracción por este humano, que en alguna medida también sufre la esclavitud que dispensa el régimen; este señor de la cultura que en ocasión de recibir el Título de Doctor Honoris Causa de la Universidad de La Habana, quizás uno de los pocos que no tenía, pues más de una veintena de universidades del mundo ya se lo habían otorgado; en su discurso de agradecimiento dijo: *"mi madre me enseñó un sentimiento de dignidad y amor a Cuba que no palidece"* y yo considero *"que más importante que nunca es ahora reafirmar los sagrados valores sobre los cuales se levanta la **dignidad nacional**."* ¡Qué bonitas palabras, cuánta sabiduría en ellas encerrada, qué amor a la Patria por parte de este intelectual, ¡intelectual sin lugar a dudas!; este acto tenía lugar en sep. del 2016 cuando el homenajeado tenía 74 añitos; hasta aquí todo pundonoroso, solemne, majestuoso, serio, responsable, decoroso, honorable, veraz, pero lo cómico, lo que causa risa, lo insólito, lo que lo deja a uno perplejo, sin palabras y donde realmente se nota un divorcio entre la forma inicial de manifestarse de su país y lo que después dice del mismo, y es entonces donde cabe preguntarse: ¿estaré interpretando correctamente las palabras de esta luminaria o tendré que tomar otras lecciones de interpretación literaria?, porque se queda la grandísima duda cuando se escucha en boca de una personalidad que siempre, aparentemente, defendió la condición de que Cuba fuera libre y soberana del yugo español y que ahora de súbito, intempestivamente, inoportunamente, desacertadamente, inesperadamente, de repente esa persona que caminaba en una dirección diga lo opuesto ante la esperada visita del presidente del gobierno español a la isla, o es que tal vez trastrocó el discurso, el libreto, pero vea lo que dijo: *"En 1898 España perdió Cuba, pues en vez de otorgarle la soberanía al pueblo cubano, como debió ser, se la cedió a Estados Unidos. Eso nunca debió ocurrir. Se decía: más se perdió en Cuba. Todavía muchos se lamentan por haberla perdido y esa es la causa por la que también la quieren suya… España no debe perder Cuba por **segunda vez**"*; fuera de todo juego de palabras o interpretaciones más o menos acertadas, está claro que el flamante historiador de La Habana quiere nuevamente que la España del siglo XXI se vuelva a apoderar de Cuba y que sigamos siendo esclavos, lo único que con cambio de dueños, en vez de los Castros, que sea una vez más España. ¿Son o no cómicas, simpáticas, sorprendentes las palabras del sr. Eusebio Leal Spengler?, ¿se puede apreciar porqué su actuación es dual?

Existen otros muchos bufones en el país. La plantilla ha aumentado y varios de ellos son autorizados a expresarse en público. Con dos o tres ejemplos más se hace mucho más clara la participación de estos bufones en el **subdesarrollo** de la nación y el enorme desinterés que por las cosas serias de la isla ellos todos, los de la nomenclatura estadual, tienen por los esclavos bajo su custodia, ¡a ellos les importa un bledo, un carago si los esclavos tienen techos o si tienen algo para cocinar!

Miremos las palabras del Canciller de turno, sr. Bruno Rodríguez Padilla, unos días antes de salir al período de sesiones de la ONU de 2019, esto dijo, por favor la risa después de leer el texto: *"Con los ingresos dejados de percibir por bienes y servicios, y los costos asociados a la reubicación geográfica del comercio, que impone a Cuba disponer de altos inventarios, el Producto Interno Bruto (PIB) de Cuba habría crecido a precios corrientes en el último decenio alrededor de un 10 % como tasa promedio anual"*; no es como para morirse de la risa y después ponernos a llorar sin consuelo al saber que hay gente que nos siguen engañando de una manera tan inmisericorde; recuérdese un periodista de Radio Rebelde, Diosdado Masó, que al insistirle a los ministros sobre cómo se vería reflejado en el bienestar de la familia cubana aquellos crecimientos del 10 y hasta el 11% del PIB dados a conocer al final de cada año en el último período de sesiones de la ANPP, y al no tener aquellos ministros una respuesta loable, plausible a esas interrogantes, al periodista lo desaparecieron de por lo menos la radio, jamás se supo si lo mataron, si se fue del país, si "perdió la vida en un accidente de tránsito" de esos que se inventan en que los carros de personas indeseables por el régimen chocan a 20 o 30 kph y el ocupante muere súbitamente o si fue una desaparición en una avioneta Cesna como las que se usaron para desaparecer a otras figuras que al régimen no le convenía; nada sobre el inquisidor periodista, se perdió. Da o no risa.

Este respetable e ilustre canciller tiene entre sus propósitos subir escalones y a finales del 2019 dijo: *"el 2019 fue un año de victorias."* ¡Qué Dios lo acoja confesado!, si sigue hablando semejante salta de incoherencias, desatinos, mentiras, desaciertos y omitiendo lo que realmente se ha vivido en la isla, va a pasar a la historia como uno de los cancilleres más miopes del mundo, ya esos planteamientos pasaron de chistes a pujos de muy elevado mal gusto, tal vez sería mejor que tratara de ver sin los espejuelos que siempre usa.

No y el problema es que uno teme que con tantos bufones sueltos, alguno de ellos improvisados, le ocurra a uno la desgracia de quedar completamente parapléjico de tanto reír y acto seguido llorar.

La Ministra de Comercio Interior, Betsy Díaz Velázquez, en los meses del verano 2019 cuando en las tiendas más importantes se fotografiaban anaqueles o estantes totalmente vacíos, cuando los cubanos hacían larguísimas colas esperando que llegara el pollo u otro producto, lo que alteraba los ánimos por las largas esperas y producía trifulcas entre personas de la 3era. o 4ta. edad ante la lucha por coger el añorado encuentro de pollo o lo que fuere, y esta cubana revolucionaria atrapada en las fauces de un régimen dictador-bufón que no siente ningún respeto ni consideración por la población = dotación de esclavos cubanos modernos después que llegó Fidel Castro Ruz; pues ella, por el cargo que tiene y ante el empuje de tantos bufones dijo cosas como esta: *"en Cuba todo está normal"*; (la gente peleándose en las largas colas, matándose, sufriendo por no saber si alcanzaban el producto ante el acaparamiento de algunos y ella dice que todo estaba normal, diga ud., no pero vamos con más; no se olvide del momento en que está teniendo lugar la puesta en escena); ella siguió despampanando: *"el país presenta una situación de total normalidad en lo referente al abastecimiento de la mayoría de los productos esenciales que necesita la población"* (no se hace comentario de este párrafo para poder seguir redactando, esto da una risa que es como para empezar a reírse y no parar; esta emulando con el director de fauna y flora en cuanto a comicidad; véase cuántos bufos han surgido y lo triste es que tienen cargos en el partido y el gobierno); paramos, no, seguimos: *"El gobierno ha realizado un gran esfuerzo para garantizar la canasta básica y otros productos también imperiosos para la familia"* (fíjese si el esfuerzo fue grande que el gobierno para defender los alimentos le compró a Rusia armas por valor de $50 millones en divisas en tiempo de paz y sin las nefastas misiones militares internacionalistas, esas armas para advertir al enemigo de que no nos van a poder quitar o robar la canastica básica); aún más: *"Hoy contamos con los aseguramientos necesarios que nos permiten afirmar que habrá una estabilidad en los abastecimientos"* (no digo yo si con esas armas habrá una estabilidad, cuando falte el azúcar, el café, el arroz, los frijoles, no de la carne no hablemos, no viene al caso, pues cuando falten esos renglones mencionados comeremos armas rusas, no faltaba más); otra bufonada más de esta señora, *"…la industria nacional solo ha podido asegurar el 50 % de la demanda de la población, no de lo previsto en los planes, en artículos como jabón de tocador y de lavar, crema dental y detergentes, entre otros, lo que genera irregularidades en la red de comercio minorista"* (esta es otra situación coyuntural, pero desde hace años en la isla faltan todos los productos necesarios para el aseo personal, empezando por el papel sanitario, las íntimas, de todo, en Cuba falta de todo y los gobernantes siguen culpando al maldito bloqueo de la incapacidad que ellos tienen para hacer producir los bienes que se necesitan en el país); es o no para morir de la risa y del llanto por lo inepto que nos hemos tornado los cubanos ante tanta desidia, abandono y desamparo en el que hemos quedado y que no debemos esperar que nadie venga a rescatarnos de él, debemos decidirnos a buscarle solución nosotros mismos por nuestra cuenta.

Hay una doctora, que verdaderamente no lo parece, es excéntrica como su tío ya fallecido, cuando ella abre la boca, no es para decir una frase de aliento, una frase que enhieste a alguien, parece ser que en su universidad le enseñaron que la mejor defensa que se pueda hacer es la del ataque y mientras más duros sean los términos empleados, mejor; ella gusta de ser noticia, no hay una semana en que ella no aparezca en la prensa o en las redes; es una dama mediática, bien mediática, lastimosamente sus pronunciamientos no son de la misma especie de risa que producen los antes mencionados, ella es más ruda, es menos pulida, su instrucción no es discutible pero su nivel educacional lo es totalmente, tal vez ella se comporta así porque su 'apito tiene tanques, aviones y sabe de crímenes y deslealtades con los que puede defenderla, y ella lo sabe o lo supone; su comportamiento es altanero como si no le importara nada de los chascos que comete, no escribiré su nombre para que la página no sufra, se puede desgarrar soportando una carga tan inclemente e indeseable.

Son tantos los dislates de esta mujer que sin ocupar un puesto de alta gama en el gobierno de su 'apá, ella no deja de ser noticia casi todas las semanas; ha sido difícil seleccionar entre la amplia diversidad de disparates, desatinos y yerros que comete la hija mediática del dictador; adora salir en la prensa haciendo lo que millones de cubanos no pueden hacer, su fotografía comiendo langostas para que todo el mundo se entere es algo insultante para los esclavos del sistema; su expresión oral a veces es muy pobre para ostentar el título de doctora, por lo menos hay que pensar que ella pasó por algún aula y que ese título no le fue dado fraudulentamente, ella no es capaz de organizar un discurso coherente sin que tenga que ofender a los que se dirige, ¿lo habrá aprendido de su fallecido tío, el guapo revolucionario?, mire como se refirió a una persona que es bastante bien conocida en las redes, el influencer cubano Alex Otaola, haciéndose la que no lo conocía, dando a entender que este crítico de la dictadura cubana era desconocido para muchos, ella dijo en público: *'Tota Loca'*, para referirse al presentador cubano establecido en los EU que cuenta con un espacio en las redes que es bien conocido, incluso por los que no frecuentamos las redes, ella se refirió al joven Alex Otaola con ese calificativo para intentar denigrarlo porque él es homosexual, vale decir que esta mujer de la cual no quiero mencionar su nombre para que la página no sufra, es nada menos que ¿la flamante directora del Cenesex?, ¿qué les parece? es como para preguntarse ¿qué carago quiso decir la doctora?, ¿qué lengua o sistema de señal es ese?; decir en público, rodeada de personas una expresión como la anterior para aparentar trastrocar el nombre del joven, nos reafirma que su doctorado es muy sospechoso, no ya su educación que está bajo cero; mírese que diálogo, que intercambio tan efusivo, cordial y amistoso con un periodista español al llegar al aeropuerto de Madrid, él que le pedía una entrevista o que dijera unas pocas palabras para su medio la saluda con respeto y educación caballeresca y ella le dice: *"no es asunto tuyo"*; él busca el intercambio informativo, con cordura, la sigue a lo largo del corto recorrido antes de que ella su una a otras personas que la esperaban y es entonces cuando saca su espada y pronuncia esta bella pieza de la oratoria: *"ay ¿me puedes quitar el moco pega'o que tengo aquí al lado?"*; vea cosa linda para una doctora, y entonces cómo pedirle a una madre que un policía revolucionario le viola a la hija que no diga palabras obscenas, si esta madre no ha pasado doctorado alguno; esta mujer llegó a referirse sobre las mujeres cubanas en forma tan denigrante en Holanda que por respeto al género femenino omitimos la expresión en la que ella rebaja la dignidad de las féminas cubanas, de seguro su progenitora se avergonzaría de semejante conducta y expresión de una de sus hijas; esta mujer llamó *"improvisados e ignorantes"* a los jóvenes que se atrevieran a optar por una beca ofrecida por el Departamento de Estado los EU para formar líderes de la sociedad civil cubana; esta mujer refiriéndose al pueblo norteamericano y sin pensar el viacrucis que a diario viven los cubanos en la isla dijo: *"¡Que desastre! Me duele el pueblo estadounidense. Trump sigue maltratando a su pueblo cuando más atención necesita de su presidente."*; (está claro que ella desconocía o no quiso considerar que ese mal presidente y el poder legislativo aprobaron un plan de ayuda de $1200 USD para la mayoría de los que viven en el país, ¿cuánto aprobarán su padre y el presidente Díaz-Canel para ayudar a la dotación esclava cubana?); esta luminaria del buen decir, dueña del uso de los buenos modales y costumbres, que siempre se ve compelida a usar el idioma para desvalorizar a personas, que gracias a Dios no comparten su forma de pensar, sobre ellos ha dicho que: *"No obstante hay baratijas, garrapatillas que cuando entran, no se les mira, no se las considera, porque no son nada, son servidores simples y vulgares de el gran poder, del Imperio y ahí tenemos que luchar, esto es una lucha ideológica."*; (¿puede observarse con cuánto respeto esta doctora se dirige a las personas que a ella no le simpatizan?, como se ve ella es muy mal educada e irrespetuosa); esta mujer llegó a decir que: *"las UMAP eran como lo que ahora es el EJT, para apoyar la producción de alimentos"*, ella niega que en Cuba hayan existido campos de concentración como realmente eran las UMAP que ellas eran unidades de trabajo en el campo que son conceptos muy diferentes, según ella, dice que: *"ir a la escuela al campo era como la vida en las UMAP, que en las escuelas al campo aprendimos mucho, y nos divertimos mucho."*; (ella no tiene idea de cuántos jóvenes cubanos perdieron sus vidas en esas escuelas al campo de que ella habla, léase las UMAP). Son tantas cosas las que dice esta mujer, de la cual no quiero ni mencionar su nombre porque ella es una herida por la que sangre el cubano que la escucha, ella al pronunciar palabras opta por una posición de insultadora, la expresión de su rostro en las fotos que se le han tomado la muestran como una mujer agresiva, es como si de su boca salieran culebras, sapos, arañas, escorpiones venenosos, todos de alta letalidad, y pretendo que la página no sufra soportando semejante peso.

Los miembros de las LGBTI, que son la razón de ser del Cenesex han estado pidiendo su renuncia como directora de la institución, por diversas razones, ella no los representa; en el año 2019 ante la marcha del orgullo gay a desarrollarse en el mes de mayo, las autoridades la prohibieron casi al momento de efectuarse y ella no cerró filas al lado de su membresía y se alineó con la fuerza represiva, pero entre otras cosas, esta doctora se burla de las personas que deben ser miembros de su organización, fue lo que hizo con el presentador Otaola.

Esta flamante directora no es ni regular haciendo discursos, en una conferencia dada en España, ella dijo: "… *es difícil que los pueblos se quiten las camisas de fuerza y esas camisas de fuerza son símbolos en muchos temas de la realidad de la que (este) los pueblos han aprendido, han asumido, los han asimilado, los han aceptado acríticamente y por tanto sumisamente van a donde los lleva el poder, entonces… y el poder en función no de los intereses del pueblo, sino el pueblo a servirle al poder, el pueblo a ser explotado en función de quienes sustentan los privilegios del poder y un poder que genera desigualdades, inequidades, que genera miseria, que genera empobrecimiento de las grandes masas, que genera sufrimientos, grandes sufrimientos, un poder que no permite rebelarse radicalmente, rebelarse en forma de reforma te dejan, pero hasta ahí; si te pasas de la línea…, las historias ustedes las conocen bien.*" (¡Cuánta ambigüedad, cuánta ambivalencia!, para expresar lo que su familia está haciendo con Cuba; observe el lector la intencionalidad del discurso, pobre además en expresión; estas palabras algo incoherentes encajan justamente en la situación cubana, tal pareciera que ella la describe sarcásticamente haciéndose pasar como defensora de los pobres en ese hipotético país que describe; esta mujer es bien peligrosa, tiene un fuerte olor a peligro, nadie sabe de qué sería capaz con un poco más de poder); mírese la autodefensa tan pobre ante la petición de renuncia que le hacen por todos los desmanes que ella comete cada 24 horas, incluso en contra del organismo del que se supone sea la directora: *"La gusanera está muy frustrada con el trabajo del CENESEX, usan la causa para atacar a la Revolución. A algunos les pagan para sabotear nuestro trabajo, a otros les dan becas condicionadas."*

Este desandar de esta figura sería de muy mal gusto calificarlo de bufo, sobre todo por lo que de dolor y serio hay en cuanto a los sucesos referidos a las UMAP, así como la falta de claridad y transparencia con la que se dirige el trabajo de la comunidad de las LGTBI. ¡Qué clase de ejemplar para formar parte de la dirección política del país!, estamos perdidos.

Si en décadas anteriores al triunfo inrevolucionario del 1959, se criticaba el servilismo de los lacayos de las principales figuras de aquel odioso régimen, entonces no se sabe por qué no se critican ahora a los que pretenden asumir aquellas posiciones yendo tan lejos como fueron aquellos lacayos; mírese lo que se dijo en el 2$^{do.}$ período de sesiones de eso que se llama asamblea del poder popular durante dic. del 2019; *"Raúl Castro es de las mentes más jóvenes para impulsar el desarrollo de Cuba"*; este payaso-bufón devenido en ministro de economía de la isla se nombra Alejandro Gil Fernández y es obvio que lo que está es tratando de ganarse las simpatías del asesino que siempre fue Raúl Castro Ruz, es congrasearse con él como para que su puesto de ministro de economía nunca corra peligro; en el momento que este espécimen dice estas bufonadas, Raulito tenía 88 años, nacido en jun. 3 del 1931; ya con el decursar del tiempo y viendo el éxito de sus chistes sobre la juventud otorgada por él a ese vejestorio, decidió ampliar el conjunto de títulos dados a otros dos "jóvenes": José Ramón Machado Ventura (oct. 1930) y Ramiro Valdés Menéndez (abr. 1932). A inicios del 2020, estos tres "jóvenes" sumaban la friolera de 264 añitos; ya este cómico actuando como ministro tenía asegurada la cartera de ese ministerio por ser uno de los más grandes adulones de la dictadura.

¿Qué es lo que pretendía Alejandro Gil con semejante bufonada?, o es que acaso cree que su puesto en una posición tan cambiante puede peligrar y caer de esas alturas, otros tal vez mejores y más competentes que Gil Fernández han caído de ese puesto, ¿por qué no él?; pero la otra arista del planteamiento es la burla a "nuestro pueblo" a la masa de esclavos que ya no sabe dónde le queda cada punto cardinal, es burlarse de esa masa y hasta del mismísimo tirano, porque mira que decirle joven a Raúl, eso más que un mal chiste, es una burda mentira que aquel se cree porque lo están encumbrando, le están elevando su ego a planos celestiales, mire que decirle joven a un vejestorio como Raúl Modesto. ¡Se atreve usted ministro!, los lacayos de la seudorepública se revuelcan en sus tumbas por la envidia que sienten de usted, dicen que ud. lo hace mejor.

Los cubanos tienen que darse cuenta que a esta gente, desde RCR hacia abajo, a ninguno le interesa, o parece interesarle lo que el pueblo piense de ellos, su gran dilema no es resolver los problemas de la economía, el hambre, atraso tecnológico, el **subdesarrollo**, la miseria en que han metido al país, su único y verdadero problema es seguir viviendo del cuento y conservar sus puestecitos, ¿y el pueblo, y los cubanos de la isla?, no mi hijo, no, ¡esos qué se _odan!, no seas bobo.

Estos son lo que dicen "nuestro pueblo" en vez de ser valientes y decir "nuestros esclavos"; ellos son los que nos regulan la vida a vivirla bajo las leyes del fidelismo, son ellos los que no atienden a la dotación cuando un tornado acaba con una buena parte de La Habana, pero sí mantienen la Marcha de las Antorchas por los Ocho Estudiantes de Medicina, son ellos los que regulan las salidas del país porque sí, porque a los dueños de la dotación les da su gana y les prohíben a los esclavos que se fueron que estos regresen a visitar a los que quedaron en el ruedo; las prohibiciones han ido desde ponernos presos por tener dólares en los bolsillos hasta no poder pararte en el portal de una tienda "shopping" en aquella época, una de esas que ahora quieren volver a poner en vigor a finales de la segunda década del siglo.

Es Cuba el país que más restricciones y prohibiciones impone a su dotación de esclavos, sin comida, sin ropa, sin zapatos, sin poder comprar en las tiendas que apenas exhibían algo porque al principal dueño de la dotación no le gustaba que los esclavos devinieran en consumidores; sería interminable listar la cantidad de cosas que a los nuevos tipos de esclavos le han prohibido a lo largo de 60 años; ¡díganme si eso no es como para morirse de la risa y después morirse de verdad, pero luchando, no sentado y lamentándonos de nuestros males que nadie resolverá, si no nosotros mismos!

A lo largo de todos estos años han existido miles, sí, miles de co-dueños de la dotación, pero solo dos han sido los verdaderos dueños, uno ya se murió, al otro no le debe faltar mucho, por el que se fue pusieron a una marioneta que hace todo lo que el verdadero dueño le diga, esta marioneta no tiene ni voz, sí tiene voto, pero sí sale del país a "representarlo" y recibe todos los honores que no merece.

Este es el cielo bajo el cual se ha desarrollado una vida falsa, que nos entró por los ojos, dándonos, regalándonos lo que le habían quitado a otros, dándonos educación pues en el siglo XX los esclavos no podían tener el mismo estilo de vida que los de siglos anteriores y algunos cambios hay que hacer para dar la imagen al mundo de que esta es la mejor esclavitud del mundo. Toda una mentira que no pudimos ver desde el inicio y que algunos, los más inteligentes y con mayores posibilidades y recursos, al darse cuenta fueron abandonando; ellos fueron los esclavos que se liberaron del sistema, los otros quedamos esperando que del cielo lloviera, café, leche, democracia, libertades y un poco de paz; pero nada de eso ocurrió y allí están con más penurias que en los inicios.

Este cuerpo de nuevos y viejos bufones es lo que tiene el país para regir su destino a la tumba, allí ya no se produce casi nada, el azúcar hay que importarla, ¿quién lo diría?, el café para los esclavos es mezclado, los cigarros se pierden y no se encuentran a no ser en las tiendas de divisas, ni Bahía de La Habana llena de leche, ni un vasito para cada esclavo como se había prometido, y toda esta comparsa de bufones siguen refiriéndose a nosotros como "nuestro pueblo"; y tanto unos como los otros nos siguen engatusando con las expresioncitas como esta del actual presidente: *"… siempre tendremos en el centro de atención a nuestro pueblo"*, es decir a nuestros esclavos.

Estos bufones tienen tan buen sentido del humor que ellos se creyeron que por haber derrotado a un ejército de postalitas, a un ejército de mentiritas, se creyeron estos bufones que también podían jugar el roll de dirigir la economía de la isla y llevan más de 60 años jugando a destruir la economía y lo han logrado de una manera insuperable, son unos espartanos en eso de destruir la economía y los lugares que se habían alcanzado antes del 1959, han metido al país en la época de las cavernas; todos los que tenían conocimientos para desarrollar al país fueron subestimados o tuvieron que irse a otros lugares desde los tiempos iniciales al triunfo; basten unos pocos ejemplos: el Dr. Felipe Pazos Roque que desde los primeros momentos de la Sierra Maestra había apoyado y respaldado a la revolución tuvo que renunciar, al igual que Raúl Chibás Ribas que habiendo alcanzado el grado de comandante del ejército rebelde desertó del mismo y se exiló en los EU desde los mismos inicios de la revolución; los que fueron depuestos después, llevados a prisión, calumniados, fugados, fusilados hacen una lista tan larga como triste y penosa; un articulista dijo en una ocasión que el castrismo había sido una máquina de moler dirigentes.

Pues FCR, el economista frustrado, el que llevó al país a la situación en que está ahora, ese que un día dijo a la revista Atlantic que *"El modelo cubano ya no funciona ni siquiera para nosotros"*, ese que hizo tanto y tanto y tantísimo por **subdesarrollar** el país fue la piedra angular deshaciéndose de todos aquellos que a él no le parecían políticamente aptos para llevar a cabo la destrucción de la economía de la isla; es o no cómico lo que el mismo jefe es capaz de reconocer y no lo varía, lo deja así para que sigamos cuesta abajo buscando el **subdesarrollo**. ¡Vamos o no vamos al **subdesarrollo**, no digo yo, con Comandantes Invictos que convierten las Victorias en Reveses tenemos el **subdesarrollo** asegurado!

Los cubanos de adentro están tan ciegos y acomodados a que tiempos mejores vendrán que no ven que para los esclavos no hay perspectivas, durante 60 largos y tortuosos años ha sido así y va a seguir siendo peor; lo que se avizora es para ir más hacia el fondo del abismo en una caída libre que solo la pueden parar los que viajan en esa nave.

El fidelismo ha llenado nuestras vidas de desolación, de falta de fe en lo que está por venir, de tristeza, de desesperanza, de desilusión, de desencanto, nada bueno se ve a través del prisma que nos ofrece ese nefasto sistema esclavista, es por ello que los esclavos más lúcidos se huyen del encierro, aunque tal vez esa no sea la mejor solución, pero estos como aquellos que fueron esclavos hasta 1868, prefieren ser cimarrones buscando la libertad fuera de su país, a morir en el cepo del castrismo.

Hubo una vez (cuento, relato) un padre que tuvo un hijo y pasado seis meses el niño parecía no abrir sus ojitos, de manera que este decidió llevarlo al médico y le planteó sus temores al galeno diciéndole sobre la falta de visión del niño que no abría los ojitos, según el padre. El médico lo observó cuidadosamente por unos minutos y después del examen se viró hacia el padre y le dijo: "amigo mío, el que tiene que abrir los ojos es ud., este niño es completamente chino". Sin moraleja, saque el lector sus propias conclusiones y traten que sean las mejores, porque si no tendremos que seguir esperando 60 años más y no creo que muchos lleguen a los 120 añorados añitos del comandante muerto.

Hay que salir del encandilamiento, del encantamiento, del ensimismamiento al que nos condujo el encantador de serpientes, devenido en encantador y aterrador de pueblos. Lo nuestro no da más, esto no es amor, es esclavismo de bajo perfil solapado. Con el fidelismo a mediados de siglo habremos regresado a las cavernas más profundas del universo, estamos en el umbral de una que nos tragará si no abrimos los ojos y tomamos las calles, aquí no hay que tomar conciencia, sino que hay que demostrarle a este racimo de murciélagos que su techo se viene abajo.

Alguien puede pensar que con esta ralea de malos bufos y peores como políticos hay país alguno que se pueda desarrollar, esto es una mala broma, de malísimo gusto; lo que sí tiene seguro es un **subdesarrollo** a tiempo completo, permanente.

LOS 57 AÑOS DE SEUDOREPÚBLICA.

Cuba devino en república el 20 de mayo de 1902, para algunos una fecha no muy loable porque entramos a esa categoría siendo una semicolonia de los EUA, porque a nuestra constitución se le adicionó el famoso apéndice de la Enmienda Platt, el cual limitaba, ponía cortapisas a las aspiraciones de independencia de los cubanos; por esta enmiendita los americanos podían intervenir en Cuba cada vez que se les antojara; ¿dónde estaba la independencia, la soberanía de la isla?

A muchos cubanos les gustaba gozar de la presencia de los americanos en la isla, incluso con el incidente que se dio en que dos marines completamente ebrios, de visita en La Habana se subieron sobre la estatua de Martí en el Parque Central, el presidente de la república por poco le pide disculpas al presidente americano por algunos golpes proferidos a los marinos y por las horas que estuvieron en cárcel. Si a un cubanito se le ocurriera la infeliz e insensata idea de subirse en la estatua de Abraham Lincoln en Washington DC..., mejor que me calle, que no diga nada.

Era frecuente ver en algunos reportajes periodísticos o de la televisión cómo la policía rural desalojaba a campesinos con sus familias y los ponían de patitas en la guardarraya, eso no se puede olvidar ni pasarlo por alto porque se estaría mintiendo como lo ha hecho el fidelismo en múltiples ocasiones, mejor dicho a lo largo de todos estos años. No olvidarse de los niños campesinos con sus vientres llenos de parásitos de todo tipo a más no poder; sin escuelas a las que asistir, descalzos, desnudos; esa era una verdad bien extendida en nuestros campos. Manteniendo estas escenas en mente es hacerle justicia a los que sufrieron aquellas penurias y no permitirnos el desafuero de volver a ese estado inmundo de penurias para una buena parte de la población.

En Cuba la clase rica, sobre todo los políticos que no eran creadores de nada, que solo se dedicaban a la nefasta profesión de ser malos, pésimos políticos, tenían tantas riquezas que era imposible amasarla producto de la inteligencia que nunca los acompañó, riquezas alcanzadas en los pocos años en que se disputaban el poder.

En consecuencia las grandes mayorías se las veían bien difícil para poder hilvanar una vida que les permitiera dar educación, salud apropiada, albergue a una familia no numerosa de cuatro personas, esto en las ciudades era más llevadero pero en los pueblos de campo, en las provincias y en el campo esta situación era bien difícil e insostenible y sobre todo en los campos las familias solían ser bien numerosas.

Súmesele a esta tétrica situación el hecho de la violencia policial, los asesinatos de jóvenes, las muertes, las desapariciones de familiares y su ulterior encuentro ya cadáver en cualquier lugar de la ciudad en estado irreconocible. Todo esto fue el caldo de cultivo propicio para que las inconformidades fueran buscando una vía por la cual drenar toda aquella situación enervante con la que los cubanos de aquella época no querían seguir conviviendo, y en eso llegó Fidel.

La situación de la Cuba de antes del '59, era como la de cualquiera de las democracias dejadas por la madre patria y las burguesías que posteriormente fueron surgiendo y apropiándose de todo lo que les podía ser útil sin importarles mucho el destino de la nación, su principal propósito, salvo algunas excepciones, era el poder como expresión de un nivel de vida personal bien elevado como resultado de las riquezas que se agenciaban.

Las tres primeras décadas del siglo XX, pueden ser consideradas dentro de los marcos de lo que se conocía como una democracia representativa aunque en primer tercio de la cuarta década la presencia del "asno con garras" también conocido como Gerardo Machado fue el detonante para que la juventud se lanzara a las calles y en unión de otras fuerzas dieran al trasto con aquella estancia de casi 8 años de esta figura en el poder, este movimiento en que cae Machado por el empuje de las fuerzas populares se le llamó la Revolución del '33, la cual al decir de una de las eminencias de aquella juventud dijo que se había ido "*a bolinas*", porque no se consagró su triunfo, este fue malogrado por los políticos arribistas sedientos de poder y riquezas. Véase como la clase política y económicamente fuerte se va apropiando de las riquezas y los destinos de la nación mientras que las grandes mayorías desposeídas la pasaban de perro callejero hambriento.

Lo que restaba de la década de los treinta fue más que turbulenta, fue algo así como quítate tú para ponerme yo, esto se expresaba por los cambios de presidentes que a veces estaban períodos de horas o días en el poder, todo esto dorado a fuego lento con la presencia indeseable e injerencista de la embajada norteamericana, más la presencia de enviados especiales para dar instrucciones de lo que debía hacerse y quien debía ser nombrado jefe de la semicolonia, todo amparado en la llamada Enmienda Platt, que le permitía a los EUA entrar a la isla y resolver cualquier problema en forma negociada o con los barcos de guerra; así la sucesión de presidentes y personeros de la potencia que sustituyó a España en los destinos y gobierno del país se inició con el primer presidente entre 1902-1906; entre 1906-1909 dos interventores norteamericanos; entre 1909-1933 cuatro presidentes democráticamente elegidos; después que se derrocó al tirano Machado hubo 13 personas que durante días, horas, años estuvieron en función de la presidencia de la república desde 1933 hasta 1936; entre 1936-1952, hubo 4 presidentes elegidos democráticamente; uno de ellos quien fuera presidente entre 1940-1944 cuando entregó la presidencia, se antojó en regresar y se encaramó en el poder deteniendo el proceso democrático en un año en que habrían elecciones y en las que él no hubiera tenido la más mínima posibilidad según los analistas de las distintas tendencias políticas de la época, entonces él, Fulgencio Batista Zaldívar se sacrifica por la nación, se inmola en aras de servir a la población sin que nadie se lo hubiera pedido a aquel 'general' que cogió sus grados en 'heroicos actos de asesinar opositores', pero él tenía que dar muestra de su amor a ....

a…, a…, al poder y arremetió con tremendo Golpe de Estado, que no duró mucho, solo desde el 10 de mar. del 52 hasta el 31 de dic. 58, esos son los gobernantes que le tocan a los países subdesarrollados, donde no respetan la ley, se limpian los pies con ella y todo es un relajo.

Ese acto del golpe bajo de estado fue condición necesaria y suficiente para que llegara Fidel cortando rabos y orejas y la primera acción que hizo posterior al bajo golpe de estado, un año, cuatro meses y trece días después fue el asalto a los cuarteles Moncada y Carlos Manuel de Céspedes; los sobrevivientes fueron condenados a diferentes penas siendo la de Fidel de 15 años de los que solo cumplió 23 meses saliendo de prisión el 16 de may. del '55.

Ciertamente FBZ que era un indeseable, un presidente golpista que lo único que le interesaba era llenar sus arcas y maletas de dinero, le interesaba un bledo la situación del pueblo y si sus sicarios exhibieron todo aquel horror y terror que se vivía en Cuba y sobre todo en La Habana, debe tenerse en cuenta que también los revolucionarios incentivaban ese accionar criminal de aquellos verdugos porque a las acciones terroristas de los revolucionarios, las autoridades a cargo del poder tenían que dar una respuesta, aquella situación no tenía para cuando terminar, era el clásico si me das te doy y los muertos de una y otra parte no tenían para cuando parar.

Por una acción suicida como las del Moncada y el Carlos M. de Céspedes, cuyo máximo irresponsable era FCR, este solo duró 23 meses en cárcel, ¿cuántos años cumplió en prisión Eloy Gutiérrez Menoyo, sin provocar una acción tan irresponsable como la citada?; ¿cuántos años cumplió en prisión Hubert Matos Benítez, sin provocar una acción tan irresponsable como la citada?; ¿por qué fueron fusilados los comandantes Jesús Carreras Zayas; William Alexander Morgan, Humberto Sorí Marín, Plinio Prieto Ruiz, Sinesio Worsh, Porfirio Ramírez y tantos otros militares de jerarquía hasta llegar a la increíble y bochornosa desaparición de un auténtico ídolo del pueblo, el Comandante Camilo Cienfuegos Gorriarán?; ¿por qué tantos suicidios, incluyendo el vergonzoso suicidio de Félix Pena Díaz que inicialmente se dio a conocer como de dos disparos a la cabeza y después fue rectificada la descabellada noticia, o aquel suicidio de la Heroína del Moncada justo exacto 27 años después de aquella acción irracional en que perdieron la vida un grupo de jóvenes guiados por un lunático al que no lo rozó ni un perdigón?; ¿cuántos años le habría hecho cumplir FCR a los bizarros que hubieran osado hacer semejante acción? Si por el intento de llevarse una embarcación, el hiena Fidel Castro Ruz, cercenó la vida de tres jóvenes, ¿cuál no sería la tremebunda sanción para alguien que osara un asalto a una de las unidades militares del nefasto régimen?

¿Cuántas vidas ha pagado el pueblo cubano huyendo de una de las revoluciones más "moderadas" de la historia? Decenas de sucesos enturbian la "acrisolada gestión" de esa revolución; véanse dos de ellos: los hundimientos de las embarcaciones "13 de Marzo" y la "XX Aniversario", solo por recordar dos.

A la altura de lo estudiado y conocido de estas dos figuras: FBZ y FCR, los dos eran malos, uno parecía ser más malo que el otro porque le faltaba la inteligencia con la que fuimos amaestrados, con la que fuimos sutilmente esclavizados, sin derecho a decir 'no estoy de acuerdo', mientras que el otro más calculador, más taimado, más locuaz, más testarudo, más sagaz, más ambicioso, más astuto, logró arrollarse, envolvernos y hasta el sol de hoy nos mantienen comiendo de lo que pica la jutía, o no, de lo que pica el cocodrilo, o mejor, de lo que pica el avestruz y para beber se preocupó porque tuviéramos una infusión de moringa oleífera originaria del norte de la India o de morera también procedente del Asia Central.

Después de la estampida de Batista con sus más allegados colaboradores porque la candela estaba a punto de quemarlo, se pusieron como presidentes provisionales Anselmo Aliegro Mila seguido por Carlos Piedra Piedra (cada uno por espacio de pocas horas hasta el 1 y 2 de enero); después que la situación revolucionaria se controló, FCR cumple con el acuerdo de la Sierra Maestra y permite que el Sr. Manuel Urrutia Lleó asumiera la presidencia del país desde el 2 de ene. al 17 de jul. del '59 en que le da un *gambito de golpe retorcido* (con esta expresión se intenta describir el golpe de estado dado por FCR al presidente Urrutia, en que no usa las fuerzas militares como tradicionalmente se acostumbrara en la región, sino que renuncia a su puesto de PM después de asegurarse que el pueblo lo aclamaría para que regresara a su puesto lo que implicaba el cese de Urrutia en la posición de presidente; ¡cuánta inteligencia retorcida!).

Camilo Cienfuegos Gorriarán traería 10 mil campesinos con sus machetes y sus caballos a La Habana como muestra de apoyo a FCR; fue una actuación impecable de FCR, el pueblo le suplicaba, le rogaba, le imploraba, le invocaba, le demandaba el regreso, casi le lloraba para que aquel farsante volviera a la escena; toda una clase magistral de actuación, y él haciéndose el duro, el que no quería volver al poder; ¡qué cara les ha salido a los cubanos aquella plañidera para que Fidel se adueñara del poder que no soltó hasta que la mujer de la guadaña vino por él!

A la salida sui géneris de Urrutia, le sucede otro presidente nombrado por el índice de FCR, el Sr. Osvaldo Dorticós Torrado (del 17 de jul. del 59 al 2 de dic. del 76) a quien con el mismo índice que lo nombró le indicó que bajara del estrado después que estuvo 17 años, cuatro meses y 15 días siendo presidente sin nunca ir a unas elecciones, fíjese si el dedo índice del CJ=FCR=PSPCC es poderoso.

Dolorosamente hay que decir que ninguno de estos dos presidentes nombrados por el fabuloso dedo índice derecho de FCR actuó como un verdadero presidente y cuando uno de ellos que creía que de verdad era presidente quiso jugar su rol, FCR le dio el golpe de estado más lindo de la historia; él, Urrutia estaba solo en Cuba, no tenía a nadie que le obedeciera, era él quien tenía que obedecer a FCR y al no hacerlo como estaba en el libreto escrito por el PM y CJ, que era en sí quien daba las órdenes, fue depuesto; mientras tanto el segundo más descolorido no pudo ser, por eso duró tantos años sin problemas en el poder, cuando lo hacen dejar la presidencia tenía 57 años de edad, estuvo en otras funciones hasta 1983 en que a los 64 años, ¡¿se suicida?!, ¡¡¿se suicida, kññññoooooo, qué raro está eso?!!; este infeliz que no supo nunca para quién trabajó, le cedió el paso al Rey Medas non Tedoy, el Ángel Negro de la Muerte, también conocido como Fidel Castro Ruz, quien había sido PM del gobierno revolucionario desde el 16 de feb del '59 por 17 años, 9 meses y 16 días, era esta posición la que realmente cortaba el bacalao, lo otro era un cuento, los presidentes aquellos nombrados por FCR eran fantoches, ellos no decidían NADA, era solo para darle un viso de democracia a lo que siempre fue una democastria; él, FCR, como presidente no estuvo mucho tiempo, solo estuvo en ese cargo por 32 añitos, ¡eso no es mucho tiempo!; fue elegido en las elecciones más democástricas que ojos humanos hayan visto el 2 de dic. del 76 hasta el 24 de feb. del 2008 en que democástricamente le pasa el poder al hermano sucesor al trono porque él estaba enfermo; pero en la vida real él siguió mandando porque él era el presidente vitalicio de los consejos de estados y de ministros y como bien él dijera: *"el poder no se entrega"* y eso fue lo que él hizo, no entregarlo, sino decirle al hermano: toma, coge aquí el poder por un tiempo para que después no digas que yo lo quería todito para mí, (lo cual es verdad), pero como tú eres el único de la familia con quien yo no he roto, pues te lo dejo un ratico, pero no olvides que todo lo que se decida tiene que ser consultado conmigo aquí. Así son los dictadores de los países subdesarrollados; no y para África o Asia ni se vire, hay cada uno que son gente de cuidado, de cogerles miedo.

Ese actuar no se observa en las democracias europeas o en los EUA, o en Canadá, México, allí los presidentes cumplen sus períodos para el que fueron electos, van a las reelecciones si se lo permiten y si salen siguen y si no, no dan golpes de estado.

Y es que todo ese actuar de las principales figuras de la revolución tiene mucho que ver con el **subdesarrollo** al cual ha ido a parar la isla, no hablemos de las mentiras con que FCR, desde los primeros momentos envolvió, cegó a los cubanos con sus promesas que nunca fueron alcanzadas, combinadas con aquellas propuestas que fueron realidades tales como la educación, sobre todo la campaña de alfabetización, la construcción de escuelas, la mejoría en aquellos tiempos de una salud pública que se iba de las ciudades a los lugares más apartados, el efecto que causó la reforma de la vivienda (las cuales fueron arrebatadas a sus dueños originales y entregadas a los que las tenían arrendadas) y la reforma agraria así como otras medidas que aparentemente beneficiaban a las grandes mayorías sin percatarnos que tendríamos que permanecer esclavos de los caprichos y desmanes del señor por toda la vida que este durara en el trono que nunca quiso le discutieran: *"el poder no se entrega"*, ese ha sido el pago. Nos dieron algunas mejorías en comparación con lo que se vivía en la isla en aquella época a cambio de ser esclavos, míseros esclavos mientras viviéramos; por eso no hay democracia en Cuba, ¡qué democracia va a haber!, lo que hay es una dictadura democastrista que le zumba el merequetén. ¡Qué desarrollo va a haber en Cuba, **subdesarrollo** y gracias!, con esta camarilla de analfa-económicos, ¿qué otra cosa se puede esperar, a qué más puede aspirar la nación?

Los primeros 57 años de república tuvieron sus logros pero también sus tragos amargos, aquellos gobernantes se llenaron los bolsillos de lo que correspondía al erario público, eso aunque no se quiera reconocer fue así, es la historia. Hubo un presidente que lo apodaron "tiburón" porque según unas coplas él se bañaba pero salpicaba; hubo otro que lo apodaron el "asno con garras", se podrá imaginar que no era por bueno, hubo otros que se desvivían por cumplir con los mandatos del embajador americano, el servilismo era patético, los hubo que legislaban a favor del pueblo pero solo en papeles y discursos; eran varios los males de aquella república de esos primeros 57 años: el llamado tiempo muerto después que se acababa la zafra por lo que el ejército de desempleados aumentaba en esos meses y por supuesto era tiempo de penurias para la familia; los salarios de miseria que recibían los campesinos que trabajaban la tierra como jornaleros y que en cualquier momento podían ser despedidos sin derecho a nada, la guardia rural dando plan de machete a diestra y siniestra cuando los campesinos luchaban o reclamaban ante alguna injusticia, los hijos de familias campesinas que tenían sus vientres llenos de todo tipo de parásitos, desde saginatas hasta oxiuros y muchos más, esa es una verdad innegable y fueron las situaciones que colmaron la copa y conllevaron a la fatídica revolución fidelista, es verdad que esta pudo ser mejor, más inclusiva, menos sanguinaria, menos revanchista, más de todos y por el bien de todos como lo quisiera Martí, pero esta se malogró por la ambición de poder, por el egocentrismo y arribismo fidelista, él lo quería todo para él, que nadie más ostentara forma de liderazgo alguno, ni económico y mucho menos político.

Hay que señalar estos males y otros, porque algunos medios y personas cuando se refieren al período mediatizado del 1902 al 58, lo dan como una democracia fluyente sin dificultades importantes y deben verse los problemas que en ese tiempo hubo porque los cubanos no queremos seguir arrastrando escollos que pueden ser eliminados y que todos, sin ser millonarios, sin ser acaudalados, sin ser aristócratas puedan tener una vida decente en la que puedan cultivar sus valores y encausar sus aspiraciones sin las limitaciones existentes en aquel período.

Además de las insuficiencias y exabruptos de la sociedad cubana y sus gobernantes en los primeros 57 años del pasado siglo, no se puede omitir las dificultades para alcanzar una escolarización general y universal para todos los ciudadanos, las llamadas escuelas públicas abarcaban solo la mitad de los niños en edad escolar, el analfabetismo sobrepasaba el millón de cubanos, lo que representaba el 23% de la población, cifra considerada por algunos como buena, pero en realidad era alta; mientras que el desempleo de maestros estaba entre los 9 y 10 mil, en un país que se podía considerar con un índice de analfabetismo importante. Las escuelas privadas eran para los ricos, y bien, qué así sea, pero ¿y los demás no teníamos derecho ni una escuela pública?

De la salud pública, ni se diga; la desatención en los campos era rampante, las personas se morían hasta de parasitosis porque si no había dinero para comer en algunos casos, cómo pensar lo hubiera para la salud de la familia, las instalaciones sanitarias estaban distantes y a veces ni personal de salud que diera abasto a los casos que llegaban a las mismas; para los pobres no habían muchas opciones de salud, desde que se gestaba la futura madre ya había problemas porque las tasas de mortalidad infantil (más del 40‰) y la materna eran altas; el hecho mismo de nacer era ya un problema para las dos partes vinculadas en el proceso; esto era mucho más crudo en los campos, donde existían las llamadas comadronas o parteras, que en las ciudades.

Por supuesto que, al principio del triunfo, la revolución castrista que veía el nivel de desarrollo que había alcanzado la isla en muchos renglones de la vida económica del país, se percató que eso no se podía permitir, que aunque desigualdades de consideración existían hacia finales de esa década, si la nación seguía ese camino, tal vez lo más probable es que se acercara a los países que en aquel momento se consideraban desarrollados, la isla se alejaría demasiado de los propósitos que FCR tenía para ella, había que frenar esa tendencia desarrollista y para eso estaba él allí para llevar a la isla a los niveles de pobreza, miseria humana, económica, social, que solo eran comparables a los inicios de la república y en algunos otros casos a cuando se empezó la esclavitud con la presencia de los negros esclavos traídos de África.

Había que cambiar el rumbo que estaba tomando la nación y para eso se hizo la revolución de Fidel, para que todo el mundo fuera miserable y los que no les gustaba esa idea que se fueran y si se quedaban debían permanecer calladitos que es más bonito y no se buscan problemas. Ese fue el gran papel de FCR, hacer una revolución de los humildes, para los humildes y por los humildes; esta no era la Cuba, ni la revolución que quería Martí: que era "con todos y para el bien de todos."

FCR se encargó de que fuera hecha a su forma y semejanza y para eso usó sus mejores armas, desde el mismo primer discurso el 8 de ene. del 59 a su llegada a La Habana, un discurso cargado de **egolatría**, salpicado de varias **mentiras** cuya cuota aumentaría en tiempos venideros y una **demagogia** que se justificaba por el momento que vivía la nación. Aquello era el inicio, lo peor estaba por venir y es que realmente la revolución pudo haber sido algo mejor; su gestión fue apoyada por parte de la burguesía que ya no quería a Fulgencio Batista Zaldívar en el poder y pactaba con la insurgencia a espaldas del régimen, pensando que ante la posible eminencia del triunfo revolucionario el país llevaría una vida pacífica y más próspera.

En los aproximadamente 25 meses de insurgencia la criminalidad provocada por los rebeldes y respondida por los batistianos sumió a la isla en el caos, la muerte, los ataques terroristas llamados lucha clandestina en la ciudades y el llano, produjeron 2771 muertes entre el 1952 y el 58 y una gran inseguridad en toda la isla, algo malo para los negocios y avance hacia el desarrollo pacífico, al mismo tiempo que los negocios de la mafia estadounidense comenzaban una etapa de esplendor algo que fue frenado por el triunfo de la revolución.

Ya desde inicios de la década de los 50s. la mafia, venía en ascenso y había construido el primer hotel del mundo con aire acondicionado central, teniendo de propietario a Meyer Lansky, así como otros hoteles, casinos de juegos, salones de baile que estaban bajo el control de la mafia que se asentaba y se abría paso en la isla; todo esto era respaldado por Batista que recibía una ganancia sustancial del juego, la prostitución y otras formas de crear riquezas con la etiqueta del crimen organizado, por eso a los intereses de estos señores mafiosos le hacía falta un hombre de "mano fuerte" en la isla, ese era Batista y esta inseguridad y mal rumbo que llevaba el país no era conveniente para los negocios legales de los que participaban los hombres de negocios cubanos; por eso Batista era un estorbo en esos momentos.

La revolución pudo verdaderamente ser otra cosa y hubiera recibido mayor apoyo de la clase económicamente fuerte, pero eso era precisamente lo que no quería el joven vengativo,ególatra, demagogo, mentiroso, asesino, traidor de lo que había pactado en reuniones sostenidas en la Sierra Maestra, en México y en Venezuela; con unos deseos infinitos de ser dueño de la isla y de todo lo que en ella había sin considerar cómo sus auténticos dueños habían adquirido todo el patrimonio que en ella existía.

En un raudo y somero análisis hay dos cosas que en esos inicios se le pueden considerar como positiva a la revolución, una de ellas fue cortarle el paso ascendente que llevaba la mafia sobre todo en la capital, lo que a la larga traería un costo en violencia que hubiera sido incalculable; sin mencionar países en América hay dos ejemplos que son una muestra fehaciente de lo expuesto en cuanto a violencia y crímenes; lo otro que merece palmadas fueron las intervenciones hecha a las tierras que eran propiedades del temeroso pulpo llamado United Fruit Company, que en todos los países donde tenía tierras, estas eran las mejores y fueron adquiridas a precios irrisorios y en algunos casos se mantenían improductivas; era un monopolio desestabilizador de los gobiernos, sobornándolos y obligándolos a reprimir cualquier huelga que los obreros agrícolas hicieran por razones salariales o de cualquier motivo.

La "mamita yunai" como también se le conocía, fue la causa de varias atrocidades y abusos que se cometieron en países del hemisferio, promovía presidentes y los deponía cuando estos no se plegaban a sus peticiones; el bochornoso y horrible caso del presidente electo de Guatemala en 1950, Juan Jacobo Árbenz Guzmán, y que fue derrocado en junio de 1954 por el gobierno de los EU en contubernio con la CIA porque Árbenz quería comprar las tierras ociosas que tenía la UFC para repartirlas entre los campesinos y llevar a cabo una reforma agraria que beneficiara a todo el campesinado y al país. Los americanos lo derrocaron con una sucia componenda tildándolo de comunista, lo hicieron abandonar el país y como venganza, revancha, humillación insólita e injustificada y oportunismo inusitado lo hicieron desvestirse en el aeropuerto de su país, Guatemala, delante de las cámaras de televisión para que todo el país viera a que grado había descendido la decencia de los americanos que orquestaron aquella bochornosa y humillante actuación; estas cosas no se pueden olvidar ni pasar por alto porque no se sabe si algún día algo así se vuelve a repetir. Y en honor a la verdad Jacobo Árbenz no iba a nacionalizar sin indemnizar, él pagaría el mismo precio con el que las tierras fueron adquiridas, estas que eran utilizadas alrededor del 3% por la UFC, y sus tierras representaban más del 50% de las mejores tierras de Guatemala.

De los dos momentos en que se puede dividir la etapa de la república, los 57 años de república mediatizada sumados a los más de 60 de "revolución" han totalizado más de un siglo casi perdido, sin lugar a dudas en la primera etapa el avance fue mucho más evidente que lo logrado en la segunda etapa en la cual se hicieron muchas escuelas necesarias para dar cobertura a toda la población en edad escolar, se hicieron también hospitales/policlínicas que mejoraron sustancialmente la red de atención a la salud, se creó un sistema de represas de agua que auguraba mejores resultados en la agricultura, pero se dejaron de construir otras tantas cosas prometidas como el metro, la autopista nacional, la mala calidad e insuficientes viviendas para la población, con excepción de las presas que desde los primeros años de la revolución se hicieron y del mal ubicado Palacio de las Convenciones, no hay una obra que identifique a la revolución fidelista.

De la etapa revolucionaria lo que más afectó al país fue el despegue vertiginoso de la isla hacia el **subdesarrollo**. En el año del triunfo el jefe insurrecto invirtió parte de su oratoria en ganarse las simpatías de la población, creando un vínculo morboso entre él y el pueblo, era como enamorando al pueblo para que este fuera su cómplice, que se desviviera por él, era comprometiendo a las masas, poniendo en marcha su maquinaria egocentrista, mentirosa y demagoga con expresiones como estas y otras por el estilo, todas estas desde el mismo 8 de ene. del 59:

"Y por eso yo quiero empezar —o, mejor dicho, seguir— con el mismo sistema: el de decirle siempre al pueblo la verdad."

"Sé, además, que nunca más en nuestras vidas volveremos a presenciar una muchedumbre semejante, excepto en otra ocasión —en que estoy seguro de que se van a volver a reunir las muchedumbres—, y es el día en que muramos, porque nosotros, cuando nos tengan que llevar a la tumba, ese día, se volverá a reunir tanta gente como hoy, porque nosotros ¡jamás defraudaremos a nuestro pueblo!".

"Cuando yo oigo hablar de columnas, cuando oigo hablar de frentes de combate, cuando oigo hablar de tropas más o menos numerosas, yo siempre pienso: he aquí nuestra más firme columna, nuestra mejor tropa, la única tropa que es capaz de ganar sola la guerra: ¡Esa tropa es el pueblo!"

"Si a mí me preguntaran qué tropa prefiero mandar, yo diría: prefiero mandar al pueblo."

"Luego, ¿quién ganó la guerra? El pueblo, el pueblo ganó la guerra. Esta guerra no la ganó nadie más que el pueblo —y lo digo por si alguien cree que la ganó él, o por si alguna tropa cree que la ganó ella."

"Si supieran, que cuando me reúno con el pueblo se me quita el sueño, el hambre; todo se me quita. ¿A ustedes también se les quita el sueño, ¿verdad? Lo importante, o lo que me hace falta por decirles, es que yo creo que los actos del pueblo de La Habana hoy, las concentraciones multitudinarias de hoy, esa muchedumbre de kilómetros de largo —porque esto ha sido asombroso, ustedes la vieran; saldrá en las películas, en las fotografías—, yo creo que,

sinceramente, ha sido una exageración del pueblo, porque es mucho más de lo que nosotros merecemos.”

Fue un discurso edulcorado, de atracción fatal para los que nos dejamos atrapar sin ver lo que nos sobrevendría de aquella unión espuria y funesta; todo estaba bien, era lindo; así empezó la historia de la etapa revolucionaria. Véase además el nivel de inteligencia para ganarse, para captar las simpatías del pueblo; una obra maestra, ningún otro dirigente anterior lo había hecho de esa manera, ni el mismísimo Dr. Ramón Grau San Martín, quien había sido presidente durante los períodos 1933-34 y 44-48 y del que se decía tenía un nivel de locuacidad en su oratoria muy fuerte, al extremo de captarse las simpatías de un auditorio desde los primeros momentos de sus discursos.

Luego, FCR, empezó a sacar las uñas, cuando en la fortaleza de La Cabaña el amigo argentino daba muerte por paredón cada noche a los que habían sido juzgados en la mañana de ese día; desde ene. hasta abr. del 59 fueron más de 553 fusilados procedentes de los juicios relámpagos orientados por Fidel Castro; esta actuación del che le valió el sobrenombre de “El Carnicero de La Cabaña”; por supuesto que el pueblo era inducido a estos actos y esa dirección la ejercía el propio FCR; había que oír a las masas enardecidas y furibundas gritando paredón para cualquier persona que fuera enjuiciado por delitos que ni remotamente llevaban pena tan severa. Un ejemplo de cómo FCR manipulaba y encausaba los bajos instintos del pueblo lo fue en su discurso de asunción como Primer Ministro, el 16 de feb. de ese año dijo:

“Y el pueblo está severo, vigilante, exigente. Lo han provocado tanto que está intransigente. Y nosotros somos los que podemos pedirle al pueblo, y lo que le podemos pedir es que ya la hora de los fusilamientos no es el problema fundamental de Cuba: ¡qué ha llegado la hora de la Revolución! Que hay más de 300 criminales de guerra fusilados y que unos cuantos más caerán, y que los demás tendrán que ir a hacer trabajo forzado, tendrán que ir a la Ciénaga de Zapata a desecar la Ciénaga de Zapata o a otros lugares, porque es el castigo si quieren... Yo estoy seguro de que ese castigo es peor que el fusilamiento.”

La manera magistral de manipular a la población haciéndola copartícipe de aquel extremo baño de sangre, así se esclaviza la mente y la voluntad de la gente; él, Fidel, hacía creer que los asesinatos que estaban teniendo lugar era por la supuesta "justicia" que pedía el pueblo, pero además el pueblo se estaba comprando ese mismo lazo para su cuello porque estaba implícito que los que no estuvieran con la revolución fidelista estarían en problemas; en ese párrafo, en esas palabras hay venganza, odio, revancha, compromiso de las mayorías a los designios de un paranoico-egocéntrico sin fronteras. En estos actos fue donde el pueblo aprendió bajo la batuta de FCR a pedir febrilmente la demanda de "paredón, paredón, paredón", este se pedía al menor asomo de alguien que hubiera cometido una falta que fuera criticada por FCR; era la nueva forma de sembrar el terror en la población y hacerlos al mismo tiempo rehenes de ese terror.

Esta es la manera de esclavizar a un pueblo, ganándolo y comprometiéndolo con simpatías, manipulándole con sabiduría castrista y después montándolo en la nave que va hacia el **subdesarrollo**. Esta fue la esencia básica del 59, amén de otros acontecimientos que se iban dando como el inicio de las salidas del país de los más pudientes los cuales eran desvalijados de todas sus prendas en el aeropuerto por donde salían, cosa nunca antes vista, ni en los peores tiempos de la república; otras escaramuzas fuertes para afianzar el poder, entre ellas la desaparición inexplicable de Camilo Cienfuegos Gorriarán, la prisión de Hubert Matos Benítez, la fuga del Cmdte. Pedro Luis Díaz Lanz hacia los EUA, el juicio a los aviadores y otros tantos sucesos y acontecimientos que iban redondeando la actuación de la enfermiza personalidad de FCR como futuro dueño del país.

Ya en 1960 comienza con mayor fuerza la expropiación forzosa de las grandes propiedades privadas, ya se habían fortalecido las simpatías del pueblo hacia el líder y el proceso revolucionario y entonces se pasaba a la fase más fuerte, más intensa contra los propietarios de industrias, almacenes, edificios familiares, ingenios o centrales azucareros, licoreras, farmacias, ferrocarriles, almacenes, cines, ya se habían saqueado las casas y las riquezas patrimoniales de los que se iban, se había creado un ministerio para atesorar todo ese patrimonio familiar que se le había arrebatado a los que se iban, el Ministerio de Recuperación de Bienes Malversados, pero lo mejor para seguir hacia el **subdesarrollo** más profundo estaba por llegar y fueron las leyes dictadas en ese año.

Dos leyes fueron medulares en ese nefasto propósito, la Ley 890 que disponía la nacionalización mediante la expropiación forzosa de todas las empresas industriales y comerciales, así como las fábricas, almacenes, depósitos y otros bienes de los que hasta ese momento habían sido sus propietarios y dueños absolutos; la otra, la 891 contra la banca privada que le daba el derecho al gobierno de apropiarse de todo los efectivos que en los bancos existieran. Estos dos engendros "legales" salieron a la luz el 13 de oct. del 59; el 14 de ese mismo mes se dispuso la ley de reforma urbana que concedía el derecho de ser propietarios a las personas que arrendaban en ese momento cualquier inmueble por lo que los dueños originales quedaban expropiados; pero antes, en jul. se había dictado la ley 851 contra las propiedades productivas y bancarias de ciudadanos americanos como respuesta a la suspensión de la compra de 700 000 t de azúcar y así continuaron las nacionalizaciones hasta oct. 3 del 1963 en que se dicta la segunda ley de reforma agraria para reajustar a 5 las caballerías de tierras dadas en la primera ley.

Antes del '59 las industrias y entes productivos determinaban que la economía de Cuba creciera, a pesar de los problemas existentes, de las diferencias entre el campo y la ciudad, y entre ricos y pobres, pero la economía crecía y hacía que la nación tuviera la segunda mayor reserva de divisas y oro de Latinoamérica; Cuba era conocida en el mundo por artistas, hombres de negocios y lastimosamente de la mafia también. A Cuba antes del '59 venían, si no todas, pero sí la mayoría de las estrellas del cine, de la televisión, de la música, si no se daban a conocer aquí porque ya eran conocidas, pues entonces aumentaban su fama y hacían de la capital un lugar glamuroso, por supuesto eso era en la capital del país, el resto del país era otro mundo en que la pobreza y la falta de oportunidades se enseñoreaban.

Con estas leyes de nacionalización de todo el patrimonio productivo de la isla en manos del anti productivo y pichón de esclavista se iniciaba un viaje de retorno hacia a la época cavernícola del cual no se ha empezado a regresar porque cada vez vamos más al fondo y hacia la oscuridad y todo esto desde que llegó Fidel, que si bien en los primeros meses parecía que se veía la luz, su vaho, su aliento a beodo de poder lo estropeó todo.

Fidel, que siempre criticó y llamó traidores a los que lucharon a su lado y lo abandonaron sin que él los pudiera castigar con sus leyes "revolucionarias", fue él, el primer traidor de todo a lo que se había comprometido cuando era ayudado por parte de la burguesía cansada de los desmanes y desafueros del que salió huyendo con maletas cargadas de dinero, a ese dictador lo que más le interesaba era el dinero, a él le interesaba un bledo el futuro y bienestar del país por el que decía se había visto obligado a regresar para pacificar a la nación cubana y lo que la puso fue a hervir; a este otro, al dictador sustituto, además de dinero le interesaba el poder, mucho poder, todo el poder del mundo a sus pies, le interesaba que el alma de sus súbditos fuera depositada a sus pies para él hacer con ellas lo que le diera su reverenda gana-cubana, él como máxima expresión del egocentrismo le interesaba que lo conocieran, que supieran que él estaba allí, que la fama lo rebosara fuere por actos positivos o negativos, lo mismo le daba.

Hacer conjeturas sobre hechos y sucesos que acontecieron o predecir cual sería el desenlace de algo por acaecer es un riesgo que se corre ante este sicópata empedernido y es referente a la llamada crisis de los misiles o crisis de octubre, pero si Nikita Krushov, no le quita de las manos los 42 jugueticos nucleares que irresponsablemente le entregó a este beodo de grandeza, FCR le hubiera lanzado esas armas a los EUA para enviarlos a la prehistoria, es un juicio basado en el comportamiento violento que a lo largo de su vida exhibió, basado en que para él, el mundo tenía que ser como él lo creía y si no era así no estaba bien; él decía cuando un presidente se comportaba bien o mal de acuerdo a sus reglas y cánones, pero nunca decía de los desacuerdos que tenía con otros por su irresponsabilidad y falta de cordura.

A él le fue un golpe traumático la negativa de Nikita Krushov cuando el soviético le mostró su desacuerdo con la propuesta de lanzarle "un ataque demoledor" a los EU en caso de que ellos tomaran la decisión de atacar a Cuba. Por eso fue invitado por Nikita Krushov a la URSS para limar esas diferencias, pero Fidel estaba tan resentido, tan dolido por la negativa del líder soviético durante la crisis de los misiles, que en esa visita expresó en forma "jocosa" lo que era su sentimiento más puro, su convicción más profunda era esa al decir: "… *¿qué pasaría si yo en una de esas cacerías le hubiera dado un tiro a Jrushchov y …, ustedes se imaginan?*; véase cuánta revancha a flor de piel, que ansia de desquite hacia una persona a la que se suponía fuera su amigo y a la que debía agradecérsele todo lo hecho por Cuba. Si Krushov no le hubiera retirado los cohetes, esos no se hubieran quedado en sus ojivas de lanzamientos porque FCR hubiera buscado un motivo para dispararlos a territorio norteamericano, por odiarlo, por envidioso, por revanchista, por resentido, por no tener la disposición para llevar a la isla al nivel de desarrollo que para esa época exhibía los EUA.

Ese odio visceral de FCR a los EUA, no se sabe desde cuando le nace; no se sabe si por la carta enviada el 6 de nov. de 1940 al Presidente Franklin Delano Roosevelt, cuando teniendo 14 años (él le dijo tenía solo 12 años) le solicita que le envíe **un billete de diez dólares** porque él, Fidel, nunca había visto uno; además felicita a Roosevelt porque había sido reelegido para otro período como presidente y le ofrece el hierro que hay en Mayarí para que haga sus barcos; esto lo hizo a los 14; lo que no se sabe si el Presidente Roosevelt le envió el billete o no; tal vez a partir de ahí comience el odio a los EU, tal vez, nunca se sabe.

Su animadversión por el país norteño asomó una vez cuando en carta a Celia Sánchez Manduley, le expresara que su verdadera misión empezaría después del triunfo insurreccional que llevaba a cabo en la Sierra y que esta consistiría en luchar contra el gobierno norteamericano; este fue un propósito expresado a otras personas en privado, en especial a Conchita Fernández Correa, quien fuera su secretaria después que él bajó de la Sierra en ene. del 59, pero también en sus discursos políticos expresaba la idea de destruir al imperialismo yanqui por ser el enemigo jurado de la nación. Él estaba obsesionado con la idea de acabar con ese país, aun cuando los motivos esgrimidos en aquellos años no justificaban esa actuación; era una vendetta más que política contra el desarrollo económico de esa nación. Por eso desde los primeros meses del triunfo sus pasos fueron encaminados a crear dificultades entre los dos países.

La destrucción del sistema capitalista, sobre todo el que se daba en los EU, era su obsesión, al extremo que en uno de sus discursos dijo que los EU lo que tenían que hacer era quitar el bloqueo para que los dos países compitieran en igualdad de condiciones y así se vería cuál era el sistema político más justo y avanzado. ¡Qué Dios lo perdone y lo acoja confesado! Sería poco decir que era una obsesión loca, enfermiza, era algo paranoico, estas actitudes hacen pensar que él no dejaría aquellas armas nucleares que le habían prestado en sus estuches, de seguro él las usaría porque su espíritu belicista lo demostró a lo largo de toda su vida y después quiso en el 2010 dárselas de pacificador y gestor de parar una guerra termonuclear que solo tenía lugar en su mente enfermiza.

En sí lo que ocurrió en Cuba en el año 59, fue un cambio de dictadores, se fue FBZ y le sucedió en el poder FCR, este que en la insurrección había dicho que en 18 meses tendríamos elecciones para tener un gobierno democrático y después cuando se montó, se encaramó en el poder dijo: "*¿Elecciones, elecciones para qué?*", como diciéndose si yo estoy aquí, y después había que oírlo despotricando contra los traidores, pero él no, él no era un traidor, él era un patriota que quería morirse sentado en el trono con todos los cargos habidos y por haber; claro y miren esta otra bufonada que hizo en 1991: "*Jamás me jubilaré de la política, de la Revolución o de las ideas que tengo, el poder es una esclavitud y soy su esclavo.*"; estas palabras tienen un sabor batistiano del carago, recuérdese cuando Batista después del golpetazo de estado del 10 de mar. del 52 dijo que había regresado al poder obligado por las circunstancias, ¡ay qué sacrificados son estos arribistas que lo que buscaban era satisfacer su ego y no resolver ninguno de los problemas de la nación!; los dos FBZ y FCR lo que dejaron más problemas a su salida que los problemas que tenía la isla cuando desgraciadamente ellos llegaron par _oder la situación más de lo que estaba. Ambos estaban cortados por la misma tijera, podría decirse que eran fósforos de la misma caja, una caja que nunca produjo algo que sirviera. Y como esa expresión de Fidel cuántas más no hay, sería muy aburrido y doloroso recordarlas todas.

En el año 2019 el escritor Humberto Corzo escribió una serie de artículos periodísticos que tituló "Cien Mentiras de Fidel Castro", sin ánimo de polemizar ni de demeritar su trabajo, que gustó mucho y que argumentó con datos y cifras, pero cien mentiras es una cantidad muy pequeña, en extremo pequeña para la cantidad que dijo el extinto comandante en jefe de las FAR de Cuba.

FIDEL, EL CABALLO DEL APOCALIPSIS CUBANO.

A Fidel era frecuente llamarlo o nombrarlo por diferentes epítetos, tales como el de comandante en jefe, o comandante invicto y otros de corte oficial, también, no se sabe si por iniciativa del propio pueblo o de quién, pero algunos le llamaban "patilla" o "el fifo" (como sinónimo de jefe) o "el caballo" y a él realmente le gustaba se lo dijeran; una vez uno de sus más súbditos servidores, el dr. Armando Hart Dávalos protagonizó un acto deprimente en una de las sesiones de la Asamblea Nacional del Poder Popular, lo que en Cuba se dice es el parlamento, Hart, haciéndose el chistoso bromeaba con Fidel sobre ese apodo; ellos dos estaban a gusto mientras los otros diputados observaban aquel tan desagradable acto de sumisión deleznable por parte de Hart.

Los cubanos, los amantes del castrismo ¡qué no son pocos!, por las razones que fueran, ven aún después de muerto en Fidel, algo celestial, el hombre que ni multiplicó los peces y mucho menos los panes, pero sí el que se enfrentaba a los yanquis y le decía todo lo que quisiera, Fidel devino como en una especie de Yarini y para hacerlo resaltar le llamaban sobre todo 'el caballo.'

La mitología recoge la existencia de los llamados Cuatro Jinetes de la Apocalipsis que eran figuras alegóricas a cómo Jesús, el hijo de Dios, disponía castigos para los hombres cuando estos han hecho algo mal o han desobedecido la palabra de Dios, eso es lo que se recoge en el libro Apocalipsis; estos jinetes montaban sendos caballos que por su color representaban los castigos con los que morirían los seres humanos que desobedecieran la palabra de Dios.

Sobre esto hay distintas versiones en cuanto al número de caballos, pero lo más conocido es que en cuatro caballos cabalgaban los jinetes del apocalipsis: el de la guerra en un corcel rojo o bermejo, en uno de color bayo o amarillo estaba la muerte, jineteaba el caballo blanco la conquista y el negro estaba montado por el hambre.

Los cubanos, que no somos segundos de nadie y también hemos tenido nuestra Apocalipsis Ahora, en nuestros tiempos, en los tiempos que están corriendo desde la mitad de la centuria pasada (siglo XX) y hasta nuestros días de la tercera década del XXI, hemos decidido tener nuestro propio caballo del apocalipsis, quien representará un alto porciento de todas las penurias, calamidades y sufrimientos que hemos pasado.

Entonces para no ser menos que los demás, los cubanos también han logrado un representante del apocalipsis porque méritos y condiciones hay de sobra, por eso se está lanzando al mundo la versión cubana del caballo del apocalipsis. Su representante no es ficción, no es irreal ni tampoco proviene de pasaje bíblico alguno, lo sufrimos en carne y hueso, a todo color, tanto los cubanos de adentro como los de afuera de la ínsula; este representante ha sido ensamblado con todo el acerbo proveniente de los caballos que le preceden a este, pero además para irnos por encima de cualquier otra puesta en escena, este tiene más peculiaridades y características que cualquiera de los cuatro jinetes anteriores, todo concentrado en uno solo.

La descripción y caracterización de sus cualidades permitirán reconocerlo, incluso sin nombrarlo. Estos son los rasgos, los méritos o peculiaridades de nuestro CABALLO APOCALÍPTICO CUBANO (CAC):

Hambruna: por muchos años los cubanos hemos pasado escaseces, limitaciones en cuanto a lo que podemos o no adquirir para mal vivir signado por un salario de miseria que nos distingue de los esclavos traídos desde África, pero sin dejar de ser menos esclavos que aquellos. Teniendo serias limitaciones para incluso poder matar reses por lo que en la isla las reses también pasaron a ser sagradas como en la India, país asiático donde este animal se pasea por las calles y es protegido por los ciudadanos que se pueden matar entre sí pero cuidadito con tocar una res por su condición de ser sagrada, incluso las reses tienen hospitales a los que son llevadas cuando se enferman. En Cuba por matar una res siendo propiedad del que la sacrificaba, este podía pasar hasta 25 años en la cárcel.

Si se quiere tener una idea de cuán difícil es la vida de los cubanos para sobrevivir el día a día durante el período revolucionario, véase en plena pandemia del coronavirus-19 cómo la población se tiene que lanzar a las calles para en largas e interminables colas o filas tratar de acceder a un paquetico de pollo que debe ser pagado en la moneda que está destinada a desaparecer pero que no tienen cómo desaparecerla porque hasta ese año 2020 era la moneda que se usaba para cambiar la divisa que desde el extranjero es enviada como remesa a los familiares que estoicamente resisten las pandemias del coronavirus-19 y la local coronacastrismo-61. Esto para coger pollo después de 61 años, de otras carnes no hablemos, la carne de res ha emigrado, pero no del país como lo hace la población, sino a los hoteles donde se hospeda el turismo que arriba del exterior, allí se le puede ver vistiendo sus mejores galas y por lo que se conoce no piensa regresar a prestarle servicio a la población de la que un día se fue sin decir adiós para no volver jamás, dejando un hondo vacío, una pena que no ha sido rellenada, ni suplida con la socorrida soya.

Ante la realidad de la pandemia que amenazó al mundo (el covid-19) el pueblo cubano tuvo que escoger uno de los dos caminos que se abrían ante él: o salían a las calles a debatir, a contender, a pugilatear, a forcejear por los alimentos lo que implicaba aglomeraciones, hacinamientos, amontonamientos, tumultos, relaciones con personas que podrían estar infectadas, esto suponía un alto riesgo; o se quedaban en casa y no salían a buscar el pan nuestro de cada día muriendo poco a poco por inanición, por extenuación, por desfallecimiento como si estuvieran en una huelga de hambre. Esto gracias al castrismo y su forma de someter a un pueblo al más impío aislamiento dentro de un sistema político que en más de medio siglo ha demostrado ser altamente inoperante, inviable, inservible, incapaz de dar una respuesta que solucione los miles de problemas que ha creado en la sociedad cubana; problemas de todo tipo, de carácter militar, social, religioso, político, económico.

Este azote, el hambre, lleva más de 60 abriles en el poder, pero bajo la dirección certera de nuestro Caballo Apocalíptico, aprendimos a dejarnos quitar lo poco que teníamos para mandarlo en misión de solidaridad a otros países. Sobre el ***hambre*** es poco lo que se cuente, nunca se dirá lo suficiente porque es increíble que sobrevivamos con un embargo del enemigo y un férreo bloqueo del gobierno de la isla para los ciudadanos. Hay una expresión de un líder soviético troglodita, ya fallecido, de cuyo nombre no quiero acordarme que dijo: *"Si controlas la comida del pueblo, tú controlas al pueblo. Y van a estar agradecidos de lo poco que le damos".* ¡¿Qué falta por adicionar en el caso de Cuba?!, porque en la isla no solo faltan los productos que se tienen que importar necesariamente desde otros lugares, sino que faltan los renglones que se producían en el país y que abastecían a la población, tales como arroz, frijoles negros y colorados, viandas, carne de res, leche, el pan que ni es nuestro ni tampoco de cada día; cuando se escucha a las personas que han entrevistado al CAC nuestro uno se asombra cuando los oye decir que él multiplicó los peces y los panes, dando una muestra infalible de cinismo por las dos partes; en todo caso los peces y los panes se pusieron en veda porque fueron desapareciendo y ya casi ni se ven.

Durante la II Guerra Mundial, Adolf Hitler que había logrado ocupar parte de la Europa continental con cierta facilidad y rapidez, quería hacerse también de la parte insular, tal vez la más importante, el Reino Unido de la Gran Bretaña; él quiso rendirla por hambre, entonces además de los bombardeos que con regularidad hacía a distintas ciudades del archipiélago, le decretó un bloqueo naval con los submarinos alemanes que se encargaban de atacar y hundir los convoyes que con ayuda desde los EUA socorrían a los ingleses.

El país se vio devastado bajo la barbarie de los bombardeos aéreos nazi, los suministros de armas y alimentarios que debían llegar desde los EUA a través del Atlántico se veían fuertemente obstaculizados e impedidos de llegar al Reino Unido de la Gran Bretaña por los continuos y certeros ataques de los submarinos germanos; los británicos pasaron hambre, tuvieron racionamiento, sufrieron serias escaseces de todo, téngase en cuenta que su ubicación geográfica los hace rehenes de gélidas temperaturas durante la época invernal; pues bien los ingleses con mucho trabajo y acertada dirección durante la Guerra lograron dominar lo que era vital para la supervivencia de la nación, el racionamiento desapareció en no muy largo tiempo después que terminó la Guerra, además los ingleses le pagaron a los gobiernos americanos hasta el último centavo y no hay dudas que el Reino Unido de la Gran Bretaña es uno de los países de mayor desarrollo a nivel mundial y esa recuperación la logró trabajando por el desarrollo de la nación después de terminada la Guerra, lo contrario a lo que ha sucedido en Cuba donde los dirigentes políticos han esclavizado a toda la población y le hacen ver que por esa vía llegarán al ... **subdesarrollo**; jamás verán lo que es el desarrollo creyendo en los fantoches vampiros que se han eternizado en el poder político.

Los ingleses no se pasaron 60 años para pagar sus deudas, ni para alcanzar un desarrollo que le permitiera a su población vivir como personas, la diferencia está en los propósitos que los dirigentes de cada país se proponen. Al terminar la II Guerra Mundial, el hombre que había tenido una dirección más que certera en la conducción del pueblo a no rendirse ante las hordas nazis y ayudar decisivamente a la derrota de la bestia nazi, resultó no quedar electo para el subsiguiente período de gobierno y lo aceptó como tal, como persona civilizada que era. Si eso hubiera ocurrido con FCR, otra hubiera sido la historia; y este hombre visitaba todos los dominios del imperio británico que habían sido involucrados en la guerra en el norte de África, se movía por la Europa ocupada visitando a sus tropas y empoderando el ánimo de las mismas, fue uno de los estadistas que más brilló por su ejecutoria en el triunfo sobre el nazi-fascismo; ahí está la historia.

Fue investido como Premio Nobel de Literatura de 1953 por su rica y profunda obra literaria y por sus méritos personales fue reelegido como Primer Ministro del Reino Unido de la Gran Bretaña para el período

1951-1955. Los propósitos de Winston Churchill eran diametralmente opuestos a los de Fidel Castro Ruz, el primero condujo y luchaba por una verdadera y auténtica victoria (se dice fue el creador del símbolo de los dos dedos en forma de V) en pos del desarrollo de su país mientras que el segundo era el artífice de convertir la victoria en revés, de luchar y conducir a la isla al más ignominioso **subdesarrollo**; a pesar de su inteligencia para este no hubo Premio Nobel aunque solapadamente lo ansió, tanto él como el hermanito, pero no tenían méritos, hay mucha sangre vertida por causa de ellos dos y los logros de sus gestiones al frente de Cuba están por autenticarse, porque son mucho bla, bla, bla, bla, y de lo dicho y real, nada; son unos nuevos especímenes de vive bien, aparentando una preocupación por la dotación de esclavos que es totalmente ficticia, mendaz, grotesca, apócrifa.

Guerra: desde el mismo año del triunfo, 1959, el jefe del movimiento que se asía al poder comenzó los caminos para extender la guerra a otros países a los cuales envió personal armado; así en abr. del 59 envía una misión armada a Panamá terminando en derrota; en jun. de ese año le envía otra misión emancipadora a la República Dominicana la cual fue sangrientamente apabullada, no se detienen las misiones militares y en ago. le envía la tercera del año a Haití y se alcanza así la tercera derrota; de tres, cero; pero no paro, sigo pa'lante.

El ambiente de guerra no decae y en 1962 ayuda en la formación militar de jóvenes argentinos para que estos vayan a ese país a hacer la guerra; no para, no se detiene y el conductor de esta empresa sigue adelante y en 1963 toma parte en el conflicto entre dos países africanos Argelia vs. Marruecos, enviando armas y soldados a favor de Argelia.

¡Vamos a resolver los problemas del mundo con la guerra!, por eso en el año 1964 se envía ayuda militar a uno de los países en conflicto en África: el Congo y esa ayuda es reforzada con la presencia del Che en 1965, al final de ese bienio se establece en el poder el régimen del dictador Mobuto Sese Seko. En ese mismo año se supo que el gobierno de Cuba estaba entrenando a jóvenes peruanos para ir a hacer una revolución en ese país andino.

En 1966 se lleva a cabo en La Habana la llamada Conferencia Tricontinental para países de Asia, África y América Latina, con el propósito de crear subversión en todos estos continentes; la consigna central de este evento fue "crear dos, tres, muchos Vietnam"; se trataba de la subversión en estos continentes con la creación de grupos armados para dar al traste con los regímenes que allí existían y que no eran del agrado de los comunistas. En este año 66 también se establece la guerrilla del che en Bolivia la cual fue derrotada al año siguiente en octubre.

En el 1967 los comandantes Raúl Menéndez Tomassevich y Ulises Rosales del Toro se enrolan en una intervención militar a territorio venezolano, la cual fracasa como también fracasó el intento de entregar armas a la insurgencia venezolana en 1963, es decir en dos momentos distintos se trata de llevar a ese país a la subversión y ambos fracasaron.

La derrota del che en Bolivia supuso un año 1968 más tranquilo en cuanto a los propósitos deliberados de exportar la revolución hacia todo el continente, pero desde hacía algún tiempo se le daba apoyo a los grupos guerrilleros de Colombia, así como fue con los grupos de Guatemala en tiempos de L.A. Turcios Lima, o el de El Salvador, el Frente Farabundo Martí. En este mismo año 68 se declara el apoyo, por parte del dios cubano de la guerra y la solución de los conflictos por vías violentas, a la ocupación sangrienta de Checoslovaquia con el uso de las tropas del Pacto de Varsovia, país que quería separase de la égida soviética. De manera que FCR apoyó resueltamente la invasión y ocupación de un pequeño país a miles de kilómetros de las costas cubanas solo porque este no quería seguir subyugado por el socialismo europeo, mientras que en Cuba los problemas crecían y no había soluciones para ellos, porque la llamada Ofensiva Revolucionaria de mar. de ese año fue un agravamiento de la situación interna del país, fue una reverenda miasma la eliminación de la pequeñísima propiedad privada y eso que no se llegó a eliminar la circulación monetaria como quería el bello durmiente.

Toda la década de los 60s. fue un íntenso accionar por subvencionar los pueblos de América Latina en primerísimo lugar, pero también los pueblos de los llamados países del Tercer Mundo, pero en ninguno de esos pueblos se alcanzó un triunfo de las ideas radicales; no obstante la revolución cubana siguió brindando su apoyo a cualquier persona o grupo de personas que estuviera en contra de la política de su país; es como reza un proverbio ajustado a la situación: "tan pronto suena un tambor, ahí estaba Cuba para ese baile, fuera o no invitada, ella sola se invitaba".

La segunda década de la revolución no es menos activa, en nov. del 70 sale electo en Chile el gobierno de la Unidad Popular con Salvador Allende Gossens como presidente y desde ese momento el apoyo, no tanto militar como de inteligencia, es puesto al servicio de ese gobierno al extremo que algunos de los hombres que velaban por la seguridad del presidente eran de origen cubano, para Chile se envió todo lo que le hizo falta sin importar si los cubanos lo necesitaban o no; esa ayuda y apoyo incondicional duró hasta sep. del 73 en que el gobierno fue derrocado por un fuerte y sangriento golpe de estado en el que cientos de chilenos perdieron la vida incluyendo la del presidente.

No se detiene el accionar de subvertir o apoyar cualquier tipo de conflicto bélico, a veces allende los mares en otros continentes, es el caso de 1973 en que la alta dirección de la isla se enrola en el conflicto de Siria-Israel-Egipto que se extendió desde el 6 al 25 de oct. de ese año, pero por lo menos los cubanos permanecieron en Siria hasta el 75, incluso cuando las hostilidades habían cesado desde oct. del 73 con la victoria de Israel. Se disputaban las Alturas del Golán y la Península del Sinaí y Cuba no se podía perder ese convite.

En 1975 comienza la llamada Operación Carlota en que Cuba envía a morir otra vez, una vez más a gran parte de sus hijos para defender lo que después sería uno o el más corrupto de los gobiernos africanos; por encima de 2000 militares cubanos dieron sus vidas para la liberación de ese país; para Angola el jefe de la revolución dijo: *"El país le dio prioridad completa a la Guerra de Angola; se construyeron tres pistas de aviones con recursos del país, cemento, madera, lo que hiciera falta, como si había que enviar el país, se mandaba; todo lo que tenía este país estaba a disposición de la Guerra de Angola…"*; ese país le quedó debiendo a Cuba

120 millones de dólares que pudo haber pagado después del triunfo cuando su economía empezó a crecer a razón de dos dígitos por año, sin embargo nunca se acordó el pago retroactivo de la deuda porque el dueño de la isla dijo que no pagaran que Cuba le seguiría brindando la ayuda técnica que ellos necesitaban; total, los esclavos de su dotación no necesitaban más que las migajas que él daba, eso era bastante; por la guerra de ese país el dueño de la isla se pasó 11 meses sin ver un papel dentro de la isla porque Angola era más importante que el rebaño de esclavos que ya había domesticado en su ínsula; por esa guerra se le quitó la vida a un General y a otros oficiales aduciendo que estaban en manejos de drogas, pero en el fondo también se eliminaba al verdadero artífice de una de las batallas más importantes y decisivas llevadas a cabo en ese país y cuya victoria el dueño de la isla reclamaba su autoría, decía que le correspondía porque él la dirigió desde La Habana; este señor beodo de grandeza y de ser famoso, llegó a expresar que él era mejor estratega militar que Napoleón Bonaparte y que el Gral. prusiano Carl Philipp Gottfried von Clausewitz, porque ellos en sus victorias tenían grandes pérdidas humanas y él siempre obtuvo sus victorias *"con un mínimo de pérdidas humanas"*, no hay dudas de que la falta de realismo al comparar épocas diferentes con distintos estilos de lucha que la llevada a cabo por FCR, atrincherado en las montañas, lo hacen ser un individuo despreciable por el elevado nivel de ego.

FCR demostró a lo largo de sus años en el poder que la violencia le era inherente, desde su manera de gesticular en los discursos hasta la forma cínica de culpar a otros por errores cometidos y luego decir que los compañeros le tenían confianza y por eso siempre iban a verlo a él; es insólito como muy pocas personas se percataron del engendro que teníamos como gobernante que no dejaba resquicio para que otros dieran su opinión, siempre se hacía su voluntad, con razón o sin razón él siempre era el rey y él que discrepara tenía las horas contadas en el cargo que ocupaba y ni que decir del que disintiera, ese se pasaba en cortísimo tiempo a otras funciones o sencillamente desaparecía de la vida pública.

Los cubanos fuimos desde su prisma, potencia médica, en educación, en deportes, en cultura con médicos del alma y todo incluidos, en política y en lo militar nos faltó un poquitico según dejó entrever; la manía de grandeza en FCR era algo serio, con una isla de 110 860 km² para tener el lugar 107 a nivel mundial por su tamaño con una población que ronda los 11.5 millones de habitantes, con un nivel de **subdesarrollo** in crecento permanente, se pretendía que fuéramos una potencia mundial, esa era la idea insana de quien por años dirigió los destinos de la nación. Hubo una expresión que acuñó el cubano, un poco para burlarse de sí mismo ante tanta mentira y miopía de los que nos querían hacer creer que estábamos tocando el cielo, cuando en realidad no habíamos encontrado ni el fondo; la frase: "los cubanos somos lo máximo".

Donde quiera que sonaba un tirito, ahí estaba Cuba, con Fidel ofreciendo esclavos que se supone le debían la vida a él, el gran salvador, y por lo tanto él estaba en derecho de usarlos como mejor le conviniera porque él ordenó la alfabetización, dio educación, nos envolvió el odio en papel celofán y con ese odio aupábamos la muerte de los que no creían en el proyecto revolucionario, dio salud, nos enseñó a robar, a apropiarnos de lo ajeno amparado por leyes "revolucionarias", nos proporcionó un hambre a perpetuidad, nos dividió la familia, nos sembró en la miseria revolucionaria, suprimió festividades que eran tradiciones, porque para qué necesitan los esclavos diversiones, limitó todas las cosas que se le antojó, lastró y no emancipó la vida de millones de personas, manipuló la mentalidad de las personas, al extremo que hubo algunas que se sentían bien comiendo papas solamente si estaban con Fidel, nos vendió y conminó a creer en falsas paradigmas para educar a la niñez y a la juventud, eso era el che, una paradigma falsa en toda su dimensión, en él todo era falso y lo que más pesó fue su faceta como asesino.

Los regímenes de más dudosa catadura recibieron ayuda militar de Cuba, ahí están la Etiopía de Mengistu Haile Mariam, el Zimbabwe de Robert Mugabe, la Nicaragua del FSLN y Daniel Ortega, ahí está la Venezuela de Hugo R. Chávez, otros recibieron un apoyo solidario de consideración como el Perú de Juan Velasco Alvarado, el Irak de Sadam Husein, la Rumania de Nicolae Ceausescu, la RDA de Erich Honecker y tantos otros de similar corte; puede decirse que donde quiera que hubo un punto para brindar apoyo directo o solidario, donde quiera que se gestaba el más mínimo movimiento de subvertir el orden que existía, ahí estaba en mayor o menor grado la mano extendida del comandante en jefe, dispuesto a mandar desde sus esclavos, hasta armas, provisiones, lo que fuere, el caso era buscarse la gloria, toda la gloria del mundo que él no quería que estuviera por ahí suelta, sin dueño, esa debía tener uno y solo uno, y no más de uno, ese era él.

FCR alineó a la nación cubana con lo más conservador y retrógrado del llamado pensamiento de izquierda. El país no recibió beneficio alguno de todas esas andanzas, al contrario cada vez devino en más pobre, miserable y harapiento, con los edificios cayéndose y una escasez de todo, hasta de lo más elemental como podría ser el papel sanitario, total si los esclavos no necesitan limpiarse… la cara.

No olvidarse que este cantor a la libertad de otros pueblos y no del suyo, en su viaje a la ONU en 1960, pronunció un discurso que mantuvo al plenario en sus asientos por 4:29 horas; ¿qué buscaba el bisoño líder de la revolución fidelista?; buscaba atraer la atención, ser centro, cautivar con la palabra a los representantes de los países que allí estaban, tal vez no para esclavizarlos como lo hizo con los cubanos, pero sí para imponer su voluntad de que lo oyeran por todo ese tiempo.

Años después, él y Chávez se quejaban de que en la ONU le daban poco tiempo para pronunciar sus discursos y que ellos querían y necesitaban más tiempo para expresar sus ideas. ¿Se imaginan?, esos dos tecosos, esos dos haces de la palabra dueños de la tribuna y del micrófono, hablando sin que los limitaran en tiempo, se meterían un día cada uno en sus deposiciones, total para nada, solo para ser famosos y para que los medios hablaran al día siguiente de ellos. Así que toda la gloria del mundo cabía en un grano de maíz según Fidel citaba a Martí, el caso es que Fidel quería todo el maíz del mundo lleno de gloria para él.

Este señor, FCR, cuando estaba al frente del Movimiento de Países No Alineados pronunció un discurso memorable en la ONU en 1979, hablando de paz, pero a su manera, bajo sus cánones, como era concebida por él; véanse algunos fragmentos del discurso y de seguro se estará de acuerdo que al menos son verdades que golpearon y aún golpean el mundo de nuestros días, son realidades indiscutibles, pero entre las cosas que se buscaban se quería ganar notoriedad por quien las decía, ganar gloria, fama, estos son algunos de los fragmentos del discurso antes referido:

"hablo en nombre de los niños que en el mundo no tienen un pedazo de pan, hablo en nombre de los enfermos que no tienen medicinas, hablo en nombre de aquellos a los que se les ha negado el derecho a la vida y a la dignidad humana…";

"no se puede hablar de paz en nombre de decenas de millones de seres humanos que mueren cada año de hambre o de enfermedades curables en todo el mundo, no se puede hablar de paz en nombre de 900 millones de analfabetos, la explotación de los países pobres por los países ricos debe cesar…";

"basta ya de palabras, hacen falta hechos, basta ya de abstracciones, hacen falta acciones concretas…";

"hemos venido a hablar de paz y colaboración entre los pueblos y hemos venido a advertir que si no resolvemos pacífica y sabiamente las injusticias y desigualdades actuales, el futuro será apocalíptico";

"basta ya de la ilusión de que los problemas del mundo se pueden resolver con armas nucleares, las bombas podrán matar a los hambrientos, a los enfermos, a los ignorantes, pero no podrán matar el hambre, las enfermedades, la ignorancia"

"digamos adiós a las armas y consagrémonos civilizadamente a los problemas más agobiantes de nuestra era, esa es la responsabilidad y el deber más sagrado de todos los estadistas del mundo…"

¡Cuánta belleza! ¡Qué discurso más lindo, más coherente! ¡Qué preocupación por la humanidad! Pareciera ser que en muchos aspectos Cuba no era parte de esa humanidad. ¿Quién puede tener reproche o queja de un discurso como lo expresado en los fragmentos anteriores? Lo único es que este hombre que profesa tales ideas de paz y armonía, es el mismo que le había pedido a Nikita Krushov que lanzara un ataque demoledor a los EUA durante la crisis de los misiles, he aquí parte del texto a Jruschov (Krushov): *Los Estados Unidos podrían iniciar un ataque en cuestión de horas y que en caso de que se produjera la Unión Soviética debería contraatacar inmediatamente con un golpe preventivo ANIQUILADOR.";* véase que la preocupación por la humanidad profesada en el discurso en la ONU en 1979 está totalmente ausente porque al parecer aquí primaba su interés por destruir al imperialismo y al parecer todo lo que en él existiera incluyendo a la población del país al que siempre le tuvo una tirria inmensa.

Este fue el mismo personaje que en ago. del 2010, al parecer producto de algún sueño o alucinación se lanzó a una campaña citando periodistas de Venezuela para alertar al mundo sobre la guerra termonuclear que según él se estaba preparando y que debía *"ser detenida a toda costa",* aquello parecía inminente según sus predicciones; más que todo FCR lo que quería en estos momentos era llamar la atención hacia su persona porque de alguna manera lo estaban olvidando, el despliegue que protagonizó fue amplio, por los medios leyendo manuscritos por él redactados y dando entrevistas de prensa a diestra y siniestra, pero siempre a periodistas extranjeros, nunca a periodistas de la dotación de esclavos, esos no merecían una entrevista suya.

Al parecer este gladiador de la violencia, de la fuerza, de la beligerancia se había cambiado de ropa, había mudado su piel de caimán viejo por la de un corderito, ahora estaba a favor de la paz porque sabía que no habría forma de adquirir el arma nuclear tan codiciada por él. Había que ver a aquel anciano leyendo una reflexión hecha por él en que apelaba a la cordura y prohibía a los EUA que llevaran un ataque contra la República Islámica de Irán, había que ver aquella obra de teatro; se habían intercambiado los papeles, el que antes quería que se atacara a un país a cohetazos nucleares, ahora aparece pidiéndole y más que pedir, exigiéndole a ese país, los EUA, que *"respeten la vida de los pueblos del mundo".* ¡Qué FCR más dramático!, al menos por dramaturgia se le pudo haber conferido un premio.

Cuando a Cuba la acusaban de exportar revoluciones a otros lares FCR respondía diciendo que las revoluciones no se exportan, sino que surgen de las condiciones objetivas creadas en los lugares donde estas se dan, por lo tanto nunca reconoció todas las acciones de guerra en las que él enroló al país causando miles de muertes y luto innecesarios en la familia cubana, que solo podía reprimir su dolor sin manifestar sus verdaderos sentimientos ante la hegemonía del régimen sobre la población.

FCR amaba la guerra, él no entendía de medias tintas, lo de él era la lucha armada, por eso alimentó cada movimiento guerrillero que surgiera donde quiera que fuere; descomunal fue la pena que le hizo pasar el extinto expresidente de El Salvador, Francisco Flores, en la Cumbre Iberoamericana de Panamá en el 2000 en que lo responsabilizó con la muerte de miles de salvadoreños, en plena reunión ante todos los presidentes allí reunidos y este hecho puso a Fidel con un grado de acritud, de soberbia, de guapería callejera, estaba tan furioso que no se percataba en el lugar donde estaba, bufaba, resoplaba, era como si hubiera querido irle arriba a aquel contrincante que lo golpeaba inmisericordemente delante de todos los demás y nadie lo defendía, incluso allí estaba su amigo Hugo R. Chávez y no se tiró al ruedo por él, lo dejó que Flores lo destrozara; posiblemente Fidel nunca le perdonó a Chávez esa falta de solidaridad en un momento tan incómodo. Queda sentado que FCR, era un guerrero consumado, que no veía salida a los problemas de los países pobre s si esta salida no conducía a la lucha armada.

Conquista: su trayectoria toda, desde que se dio a conocer en la universidad siempre estuvo encaminada a conquistar el mundo que se le abría delante, ayudado por una inteligencia inigualable, hay que decir que no cejaba fácilmente ante la empresa que afrontara. Su lucha desde las aulas de la Universidad, pasando por la etapa gansteril, por la clandestinidad, por el suicidio al que llevó a decenas de jóvenes a morir en los cuarteles Moncada y Carlos M. Céspedes, por el exilio en México, por la lucha en las montañas hasta culminar con la victoria de ene. del 59 cuando empezó a embarcarnos en algo que no habíamos visto ni imaginado nunca.

Contumaz, obcecado, persistente, intransigente y obsesionado en sus propuestas, generalmente iba hasta su fin aún cuando por el camino descubriera que estaba equivocado, es decir si la empresa era buena o mala Fidel la seguía hasta sus máximas consecuencias, no admitía correcciones y menos si eran de otros, su palabra era su única verdad y había que creer en ella o abandonarlo pero no la modificaría, sino como se entiende que le pidiera a Krushov (Jruschov) que atacara nuclearmente a los EUA en 1962 durante la crisis de los misiles y que nunca haya reconocido públicamente que ese acto fue un enorme error y que lo más que hiciera fuera dar una disculpita mínima entre bambalinas, a hurtadillas, sin mucha resonancia, ni de conocimiento de las amplias mayorías.

¿Cómo es posible que si él sabía que *"El modelo cubano ya no funciona ni siquiera para nosotros"*, que diga todo lo contrario en los estertores de su muerte durante el séptimo congreso del pcc?, cuando expresó: *"… quedarán las ideas de los comunistas cubanos como prueba de que en este planeta, si se trabaja con fervor y dignidad, se pueden producir los bienes materiales y culturales que los seres humanos necesitan, y debemos luchar sin tregua para obtenerlos. A nuestros hermanos de América Latina y del mundo debemos trasmitirles que el pueblo cubano vencerá."* Así que el modelo no funciona y le vamos a decir a los hermanos del mundo que el pueblo cubano vencerá, ¡¿vencerá qué?!, ese es el juego de Fidel de embarcar a sus esclavos, él sabía bien que la mierda de fidelismo que durante años construyó, no servía, no daba resultados, pero no lo podía abandonar, porque era reconocer su ERROR y eso ni muerto porque se le afectaba la falsa y nefasta gloria que había conquistado, pero además se afectaba la fe, la credibilidad que millones de sus feligreses, de creyentes en ese fantoche, tenían en él; toda esa mística se desvanecería desde el mismo momento en que reconociera la basura a la que había arrastrado a millones de esclavos y esa credibilidad que la gente tenía en su persona era una de sus mayores y más atesoradas conquistas.

Sus conquistas obtenidas en el campo militar fueron muy pocas, a pesar de creerse mejor estratega que Bonaparte y Clausewitz, obtuvo más derrotas que victorias, con las excepciones de la victoria de Nicaragua, donde se dice que él fue partícipe decisivo de la Batalla por Managua, la cual no fue tan sonada y popular como la victoria en la Batalla de Cuito Cuanavale en el sur angolano, triunfo que le escamoteó al

Gral. de División Arnaldo Ochoa Sánchez, desacreditándolo como militar excepcional, diciendo de Ochoa que ninguna de las decisiones estratégicas que propuso fueron aceptadas por descabelladas, un militar que tenía un amplio aval de participaciones en todas las contiendas en las que Cuba participó y a las que era enviado por ser altamente eficiente y entonces de súbito se le daba el título de inepto, inexperto, incapaz y que la batalla por Fidel dirigida desde La Habana se había logrado gracias al talento militar de FCR. ¡Salve César!, los que van a mentir te piden permiso para poner un nuevo récord.

Fidel quería apropiarse de la gloria que otro había conquistado y en parte por eso lo procesó y trató de ensuciar su imagen, de crear un estado de desprestigio para salir él como el único benefactor, con toda la gloria de la guerra de Angola para él solito; no olvidarse que según dijo se pasó 11 meses dedicados a tiempo completo a la Guerra en Angola sin ver ningún asunto de los esclavos que tenía en Cuba, como que no fuera ver que se podía mandar de la Isla para el escenario que lo cubriría de glorias.

¡Así que *toda la gloria del mundo cabe en un grano de maíz*! (expresión de José Martí con la que Fidel se hizo decenas de selfis). Hay que oír cada expresiones en boca de personas que no le hacen méritos, al contrario lo que hacen es desacreditarlas porque los que la usan no tienen el pudor y la decencia necesarias para vestirse de ellas, es el caso de FCR.

Los discursos de FCR en Cuba y fuera de la isla tenían también el propósito de granjearse la credibilidad, no solo de los partisanos de la isla, sino de una amplia audiencia a nivel mundial, a la vez que le acrecentaba la fama de ser un dirigente de enfrentamiento sin límites ni miedo al enemigo. Todos los caminos son buenos para estar en los medios y darse a conocer.

FCR, nacionalizó los medios de comunicación en Cuba como todo lo demás, a partir de ese momento fue limitando la propaganda comercial hasta que la anuló por completo para ser él quien apareciera en la televisión y la radio ambas encadenadas hablando todo el tiempo que le diera su gana-cubana; no tenía émulos era él solito dueño de todas las emisoras de radio y televisión para conquistar a una amplia audiencia, para ablandar al pueblo, como refería una expresión de los cubanos de aquellos primeros años cada vez que Fidel aparecía en los medios, acto que tenía una altísima frecuencia.

El colmo de lo irracional y lo ridículo llegó en marzo del 59 cuando la publicación humorística Zig Zag publicó que: *"Hace 15 minutos que Fidel no habla"*; su reacción fue cerrar la publicación, se acabó, ¿qué es eso de hacerle chistecitos al comandante en jefe y primer ministro a la sazón?

A FCR no le interesaba en absoluto el mejoramiento de la vida del pueblo cubano, para este siempre se tenían los peores estándares de vida, con todo lo que había prometido desde los primeros momentos de la revolución la Gran Mentira de que alcanzarían un nivel de vida más alto que el de los EUA y de Rusia (en aquel momento debió haber dicho de la URSS en lugar de Rusia, pero el error no tiene importancia porque de todas formas era mentira). Tal vez con esas palabras engatusó a los que se estaban adentrando en el esclavismo-fidelista.

Era inmenso en su propósito de ser noticia, tuvo la osadía, la desfachatez de decir en la intervención que hizo ante el consejo de estado con miras a justificar el asesinato del Gral. Ochoa, que todos los jóvenes que habían ido a combatir a Angola lo habían hecho de forma voluntaria; ellos morirían para llenar de gloria, de altruismo, de solidaridad, de desvelo por los oprimidos, de filantropía, a FCR.

Su lucha por conquistar fama, por que supieran de él, tuvo un hecho importante durante la lucha insurrecta de la Sierra Maestra cuando invitó a Herbert L. Matthews y dio a conocer al mundo que aún estaba en pie de lucha y por lo tanto el régimen mentía sobre su muerte, ese fue el inicio de su publicidad, con los años conocimos de las innumerables entrevistas que FCR dio a medios de prensa norteamericanos, es asombroso, cada vez que tenía una oportunidad daba una entrevista a periodistas del imperio más que a ningún otro de cualquier otra nacionalidad, pero las dio a venezolanos, franceses, españoles, etc.; los periodistas cubanos estaban fuera de esas posibilidades, qué iban a decir que el pueblo no conociera dentro de los límites que se le imponía a la prensa; ¡es asombroso conocer el número de entrevistas ofrecidas a periodistas foráneos por Fidel! No todas fueron exitosas, hubo tres o cuatro periodistas de origen cubano que por lo fuerte de sus preguntas, se puede asumir que le golpearon el rostro impunemente, eso lo podían hacer porque no vivían en Cuba, de lo contrario ni pensarlo.

Justo es reseñar los nombres de algunos de esos periodistas que lo pusieron en crisis y le adicionaron años de vejez en pocos minutos al no poder dar una respuesta coherente a las inquisitivas preguntas y propuestas de estos émulos del periodismo, ellos son, en primer lugar Carlos M. Cao, el primer encontronazo con este joven fue en el 2000 durante la Cumbre Iberoamericana de Panamá y el otro en Argentina durante la reunión del Mercosur en 2006, este joven le adicionó en los dos encuentros de que se tienen noticias alrededor de 9 años de ancianidad; otra fue la periodista Bernardette Pardo quien le hizo pasar un malísimo momento durante el desarrollo de la III Cumbre en Salvador de Bahía, Brasil en 1993, a pesar de la sonrisa que esbozó en su retirada, ella le sumó alrededor de 5 o 6 años de vejez amarga porque tuvo que retirarse a la carrera ante el fuerte ataque periodístico para el que Fidel no estaba preparado, baste decir que ella le pregunta sobre la famosa "opción cero" y Fidel cínicamente le dice que no sabe lo que es eso y se marcha casi corriendo, desconcertado; María Montoya otra de las periodistas que logró entrevistarlo en una visita que FCR hiciera a Jamaica, sus resultados fueron desastrosos para Castro que con una sola pregunta este se desajustó y dio manotazos sobre la mesa mostrando su temperamento colérico sin tener en cuenta el lugar donde se encontraba, incluso la escolta como parte de su bajo y sórdido comportamiento desconectó el audio de la cámara de la periodista, por el grado de incomodidad y su debilidad de no responder una sencilla pregunta, en ese acto sumó por lo menos de 5 a 6 años de vejez; otro encontronazo que lo dejó mal parado fue cuando después de más de 45 minutos de entrevista, no tuvo más remedio que darle la oportunidad de una sola pregunta a una periodista de acento sureño, durante la inauguración de un hotel en Cuba, y cual no sería la sorpresa al ver al comandante tartamudeando, vacilante, sin poder articular palabras, queriendo decir con las manos lo que no podía con las palabras, todo ante uno sola pregunta que pudo hacer la periodista, que además había sido postergada para no dejarla preguntar, la habían preterido deliberadamente para quitarle el chasco que se preveía ante las preguntas de aquella mujer, por lo menos ella le adicionó casi 6 largos y dolorosos años de vejez al dictador.

Estos chascos y otros sin lugar a dudas afectaban las pretensiones de conquistas de FCR en todos los terrenos, en parte porque perdía credibilidad, ¿cómo es posible no responder una simple pregunta de periodistas y explotar de forma estruendosa, alterado, dando golpes sobre la mesa, difamando en otras ocasiones del periodista al que se enfrentaba?, ese no es el comportamiento de un líder que quería hacer ver ante el mundo que Cuba, su país propiedad privada de él, era potencia médica, cultural, deportiva y educacional mundial, una isla con un gran desarrollo en la biotecnología, país invulnerable política y militarmente, con grandes perspectivas de serlo también en el terreno económico (no, no, no estaba ebrio cuando decía semejantes jocosidades, no olvidar que él era además el comandante en jefe de la bufonería); ni qué decir cuando en el 2008 anunció que Cuba se convertiría en un país exportador de petróleo, que sería el país con más computadores percápita del mundo, toda una manía de altilocuencia que alimentaba su afán y ego de grandeza y ganar una fama basada en muchas mentiras, muchas mentiras y poco realismo.

La fama había que obtenerla de cualquier modo, mediante el envío de soldados a cualquier rincón del mundo, dando soporte a cualquier movimiento social que se diera en un país capitalista, porque ese era un viejo anhelo desde su juventud: ser conocido, ser admirado por el mundo. Fíjese si los dictadores son atrevidos, que posiblemente muchos cubanos no conozcan que FCR regaló un islote a la otrora RDA en tiempos de Erich Honecker como presidente de aquella nación; al sur de Cuba está Cayo Blanco del Sur el cual le fuera regalado en 1972 por FCR a los alemanes orientales. ¿Qué buscaba FCR con esa dádiva? ¿A quién consultó para esa regalía?

FCR se creía más importante que todo, él era el dios de millones de cubanos que creíamos en él y que habían abdicado de sus religiones para creer en él, él era el todo poderoso que quitaba la vida y no la daba, que mandaba gente a morir por razones baldías y baladíes para cubrirse de gloria con la sangre que bisoños esclavos derramaban en otros lares.

Muerte: fue este uno de sus mayores atributos y méritos, se le podría apodar 'el rey de la muerte'; algunos sucesos corroborarían esa denominación.

A su asunción al poder no solo hizo "justicia", para lo que tuvo que violar la constitución del 1940, sino que se vengó, se ensañó contra las personas que habían cometido crímenes y con los que sin cometerlos fueron informantes o sirvieron a la anterior tiranía; ya para el 16 de febrero de ese año tenía en su carcaj más de 300 muertos como parte de la ola de venganza-ensañamiento-terror que recorría a la isla. Con ese accionar el futuro dueño de los millones de vidas de los que serían a su vez la masa esclava más numerosa del nuevo mundo, les decía cual tenía que ser su papel, siempre al lado de la revolución y coincidiendo con ella en todo, en lo malo-malo y también en las pocas cosas buenas que para ellos se preveían. Esos fueron los inicios de una revolución apoyada y sustentada con el odio, la venganza, el desinterés por la vida de los súbditos, el no importarle las necesidades de estos, el eliminar los pocos momentos de ocio y divertimento que los esclavos tendrían, se cerraron bares, cantinas, cabarets; posteriormente se dejarían sin efecto lo que serían las festividades de fin y del nuevo año, se limitaría en lo más posible todo lo que representara algo de alegría de la familia cubana, esta se iría desmembrando y haciéndose rehén de los "**prinsipios revolucionarios**", se proscribieron aquellos que tenían sus creencias religiosas como para que no hubiera en quien creer que no fuera en FCR y su fatídica revolución, este se encargó de sacar del país a más de ciento treinta sacerdotes para que los futuros esclavos solo creyeran en él, no podía haber competencia contra su majestad la muerte.

Aquellas muertes con las que se inició la revolución tendrían su continuidad infinita, ilimitada, aterradora durante todos estos años, tales casos de muerte no siempre fueron el paredón aclamado por las masas que aprendieron de su líder a pedir festinadamente la pena de muerte, como si ello fuera una festividad, sino que la muerte vino en embarcaciones como las del remolcador 13 de Marzo con la muerte de 41 personas, de ellas 10 eran niños cuyas causas en manera algo festinada fueran dadas a conocer una semana después por Fidel diciendo que había sido **un lamentable accidente**. ¡Qué clase de cínico y mentiroso era este sr., así que un lamentable accidente!, sin comentarios; o aquella otra embarcación hundida, la XX Aniversario, una embarcación dedicada al turismo y que fue tomada por tres jóvenes que en su afán de dejar la isla pusieron en peligro de muerte a las personas que en ella hacían el tur a la que el sr. Julián Rizo Álvarez, primer secretario del pcc en Matanzas, se encargó de hundir bajo órdenes certeras del comandante en jefe que había orientado no dejar ir a la embarcación y donde se calculan en 56 las vidas perdidas incluyendo por lo menos 4 niños, los hechos acaecían durante el éxodo masivo de 1980 que tenía lugar en el Mariel y este "accidente", es decir, este atropello ocurría en la provincia de Matanzas; este suceso si apenas es conocido porque el régimen se encargó de atemorizar a los sobrevivientes y la divulgación sobre el mismo fue nula, por eso casi no se conoce algo de tan deleznable suceso fidelista; o el asesinato de los tres jóvenes que intentaron llevarse la embarcación "Baraguá" y FCR para justificar su asesinato solicitó la firma aprobatoria de 27 figuras de las artes cubanas cual si estos fueran jueces, o constituyeran un jurado y no artistas plásticos, de la danza, de la música, de la literatura y de otras manifestaciones.

Así actúan los asesinos aunque se vistan de lana, hiena quedan. Vean que manera tan fidelista de ensuciar y poner a prueba la voluntad, el compromiso de los artistas con la revolución fidelista; toda una bajeza, una indecencia, una iniquidad, una humillación llevada a cabo por una persona repugnante e indeseable que ratifica lo que se ha dicho: no tiene clase, aunque le sobre la inteligencia; una acción digna de alguien mezquino, soez, profundamente soberbio y que desde su posición le gustaba poner a los demás de rodillas, así es visto. ¿Qué necesidad había de ese acto si de todas formas Fidel Castro Ruz iba a asesinar a los jóvenes?

La muerte en las manos de FCR, se enseñorea cuando este engendro deseoso de fama y reconocimiento envía a miles de jóvenes a luchar en países donde se instauraría un régimen genocida como el de Etiopía, o un régimen corrupto como el de Angola o un régimen autocrático de nunca dejar el poder como los de Zimbabwe, Bolivia o Venezuela. Esos jóvenes perdieron la vida y fueron traicionados por quien los envió a semejante aventura haciéndoles ver que participar en esas luchas era *"pagar nuestra propia deuda con África"*, o cualquier otra razón esgrimida para embaucarlos en tales malos y sucios manejos fidelistas.

Otros cubanos corrieron mejor suerte con sus vidas en esas misiones castristas al exterior y lograron sobrevivir, no gracias a las pericias de Fidel, que lo que deseaba era que los 725 constructores de la UNECA (Unión de Empresas Constructoras Caribe S.A.) que construían un aeropuerto en la pequeña isla de Granada hubieran perecido bajo la metralla de la 82 División Aerotransportada de los EUA, cuando en 1983 ellos irrumpieron allí para detener las obras del aeropuerto.

Nunca podrá olvidarse aquel montaje fidelista en que la noticia que se daba desde Granada decía que los últimos constructores se habían inmolado ante el fuego y la metralla de los yanquis abrazados a la bandera cubana; en la realización de este montaje es casi seguro que estuvo la enferma idea de FCR, porque él en 2 o 3 discursos anteriores había referido la acción de los Niños Héroes de Chapultepec, quienes en desigual combate contra las tropas del ejército americano en la guerra contra México, estos al ver perdida una posición y el estandarte que los identificaban, se abrazaron a la bandera mexicana y se lanzaron al vacío desde lo alto del Castillo de Chapultepec.

Mintió cuando su periódico de él, órgano oficial del pcc dio la información de que todos los cubanos que estaban en Granada habían muerto por la barbarie de las tropas norteamericanas de la 82 División Aerotransportada; el caso era que FCR había enviado a un joven coronel al frente de los constructores que hacían el aeropuerto en esa isla y las órdenes expresas que le dio el dueño de la dotación de esclavos que allí trabajaban era que no se dejaran coger el aeropuerto; en ese momento el presidente norteño era Donald Reagan y las tropas desembarcaron echando fuego por sus armas; el glorioso coronel que después fue abucheado y menospreciado por la jerarquía militar y el pueblo cubano, comprendió en el acto que aquello era un suicidio innecesario y tomó las medidas para que la sangre no corriera como quería el loco de Cuba, el cual en los años que tenía en aquel momento no conocía el sabor que tenía una bala ni de calibre 22; de manera que lo publicado en el Granma había sido una mentira-noticia adelantada de lo que se esperaba sucediera, lo cual no fue así.

Con dolor, amargura, rabia contenida e impotencia FCR recibió en la escalerilla del avión a los grupos de cubanos que salvaron sus vidas gracias al genio militar, la prudencia, el respeto a la vida de los demás y un alto sentido de responsabilidad ciudadana de Pedro B. Tortoló Comas.

Fidel había quedado prendado con esa escena de la lucha mexicana y la reseñó en algunos discursos incendiarios cuando quería resaltar que los EUA le habían robado casi la mitad del territorio a los mexicanos en la guerra entre estos dos países durante 1846-1848. Fidel quería tener su versión castroniana de los constructores, para eso, eran 6 los cubanos inmolados igual que el número de cadetes mexicanos que se inmolaron; es casi 1000‰ seguro que la mente insana de Fidel estuvo detrás de ese fallido montaje noticioso para después de consumada formar él un escándalo mundial, una plañidera fidelista.

Aquella noticia en su momento nos sacó las lágrimas a millones de cubanos y aumentó el odio a la prepotencia yanqui quienes nos habían matado impunemente a nuestros constructores. Una mentira de FCR que le salió por la culata, pero él ni se inmutó, pero sí castigó al militar a cargo de lo que debía ser un suicidio masivo que le hubiera dado la posibilidad de hablar a los cuatro vientos sus otras mentiras y ganar glorias y fama.

Fueron 24 o 25 familias que tuvieron que lamentar las decisiones del invicto comandante en jefe que nunca fue rozado ni por un perle; él se protegía como si hubiera sido cosa buena, sus esclavos y otros podían morir, pero no él. Y a él qué le importaba que se hubieran muerto aquellos hombres si lo que él necesitaba era que todos hubieran muerto para formar su escándalo, su alharaca a nivel mundial, para pronunciar discursos y todo esa retórica a la que dolorosamente nos obligaba. Así actúa el dueño de una isla de esclavos.

La muerte, que desde los primeros meses de la revolución fidelista, asoló a varios países latinoamericanos, contándose por miles las muertes producidas por el entremetimiento en los asuntos internos de los países del área por parte de la revolución con el propósito de incendiar al continente con la lucha armada. El caso de El Salvador fue uno de los más conocidos y sonados por el reclamo hecho por el desaparecido presidente salvadoreño Francisco Flores a FCR; pero se puede decir que no hay muchos países latinoamericanos que no hayan recibido la influencia belicista de FCR durante todos estos años.

El cáncer, la epidemia que representó el castro-comunismo prácticamente tocó casi todas las puertas de los países de este continente, en unos casos más omnipresente que en otros, pero en Suramérica se pueden incluir sin lugar a equívocos países como Argentina, Uruguay, Paraguay, Perú, Chile, Venezuela, Colombia, Bolivia; en El Caribe se cuentan República Dominicana, Panamá, El Salvador, Nicaragua, Haití, Jamaica, Honduras, Guatemala; todos estos confirmados en cuanto a ayuda militar, cuando menos consistente en entrega de armas para lograr la subversión, en otros se empleó una vía más diplomática pero siempre con el propósito de introducir cambios por la vía violenta; por eso esa epidemia que sembró muertes y desconcierto es tan parecida al covid-19, que actualizando su data es más actual denominarla coronacastrismo-61, que incluso, fuera del área tocó puertas en África y en Asia.

FCR se envalentonó con el triunfo de su revolución que tuvo como tiempo efectivo de lucha 25 meses y entonces era creído que en los demás países latinoamericanos con la ayuda de la revolución cubana se obtendría un triunfo rápido teniendo en cuenta la experiencia de Cuba, pero le fallaron los cálculos y la vía violenta le vino encima en bando de críticas y descréditos con los que él no contaba.

Las muertes que se produjeron como consecuencia de la resistencia contra el castro-comunismo y que hicieron que cientos de hombres se alzaran en el macizo montañoso del Escambray contra el gob. usurpador de FCR; a estos luchadores como lo fueron en su momento los rebeldes de Fidel, se les calificaban con los más sórdidos, indecentes y rastreros de los calificativos; para combatirlos se armaron a los obreros que fueron utilizados como carne de cañón en su rol de milicianos y formaban los cuerpos de la LCB (Lucha Contra Bandidos); de estas personas se dijeron las peores cosas que se puedan concebir, ellos que lucharon para que la isla no cayera en las garras del comunismo, usaron el mismo estilo de guerra irregular que Fidel y sus seguidores o que las tropas del DR-13 de Marzo, sin embargo estos fueron buenos mientras siguieron los cánones fidelista, y por su parte aquellos eran unos bandoleros al servicio de los yanquis porque luchaban contra el fidelismo-castrismo, era el deliberado propósito de ensuciar, de denigrar la imagen de aquellos que luchaban contra lo que creían no era bueno para el país; si bien no todos aquellos 'alzados' eran buenos, pero tampoco eran personas de la estirpe que FCR nos hizo ver.

Las cifras de muertes por los efectos de la revolución fidelista ronda, según algunos investigadores, en alrededor de los 10 mil o poco más de esa cifra y ellos representan la mitad de la mendaz cifra de 20 000 muertes dada por los fidelistas al terminar la guerra de liberación a la prestigiosa publicación Bohemia en el 1958.

La revolución tiene otra carga de muertes en la que difícilmente se pueda establecer una cifra porque son los que han fallecido en su ida, en su escape precipitado de la isla y que han dejado sus vidas en el Estrecho de la Florida, son centenares los que se han quedado en el intento de abandonar su país por la imposibilidad de tener un futuro digno como personas.

La situación durante la dictadura de Batista no era tan degradante, sin que esto signifique que era paradisiaca, pero no era tan estresante como lo es desde que la revolución llegó al poder; cierto que sobre todo en La Habana y en las grandes ciudades el clima de violencia producida por el terrorismo era aplastante, pero ese terrorismo era llevado a cabo por los grupos de revolucionarios encabezados por el M-26-7, a lo que los efectivos del régimen tenían que dar una respuesta la mayor parte de las veces sangrienta y asesina. Baste decir que las llamadas fuerzas revolucionarias pusieron en una noche más de 100 artefactos explosivos en la ciudad de La Habana, pero claro ese terrorismo era "bueno" porque lo ejecutaban los muchachos del movimiento revolucionario, los malos eran los miembros de los cuerpos armados que reprimían a estos jóvenes cuando eran atrapados.

Dolorosamente algunos de los jóvenes que participaron en actos de terrorismo fueron víctimas de sus propias armas y hubo por lo menos dos que fueron seriamente afectados, uno que perdió las cuatro extremidades por una bomba manufacturada por ellos mismos que le explotó encima y le cercenó todas las extremidades, a otro lo dejó sin extremidades inferiores y le cortó una de las superiores, pero ese terrorismo era "bueno" lo hacían los revolucionarios, sin embargo todo el que intente levantarse u oponerse por cualquier vía a los designios de la revolución fidelista, ese es un traidor, un apátrida y mil calificativos más.

FCR no admitía oposición y los que lucharon con él cuando disintieron en algo, fueron acusados y los que mejores salieron fueron aquellos que pudieron escaparse sin que el sátrapa le pusiera un dedo encima, sino mire cuántos comandantes fusiló en los primeros años de la revolución, cuántos tuvieron que coger un avión y fugarse del alcance del enfermo mental que era FCR; de manera que hasta los propios compañeros de armas eran tratados sin que se tuviera en cuenta cuánto habían hecho por la revolución, no se podía disentir de lo que FCR disponía, fueron los casos de Raúl Díaz Naranjo, Pedro Luis Díaz Lanz, Humberto Sorí Marín, Plinio Prieto Ruiz, los hermanos gemelos Roberto Verdaguer y Guillermo Verdaguer, William Alexander Morgan, Eloy Gutiérrez Menoyo, Sinesio Worsh, Camilo Cienfuegos Gorriarán, Hubert Matos Benítez, Arnaldo Ochoa Sánchez, José Abrahantes Fernández, Rafael del Pino y tantos otros que por solo discrepar en lo más mínimo lo podían poner preso por 20 o más años o darle paredón o dejarlo morir en prisión y decir que fue por infarto o algo semejante; eso era FCR, el señor de la muerte de todo el que no comulgara con él.

Lo que siempre ha quedado en tinieblas, en una incógnita es el caso del comandante Rolando Cubelas Secada que por indicaciones de la CIA, según se dio a conocer por Fidel, este quiso asesinarlo y fue descubierto en 1966, se le hizo un juicio y fue condenado a 25 años de cárcel y solo cumplió 13 por lo que salió al exilio en 1979, sin embargo Matos no intentó asesinarlo y cumplió los 20 arbitrarios años a que Fidel lo condenó y así varios casos más, pero no se sabe cuál fue la mística, el embrujo que envolvió a Cubelas, que era el preso preferido de Fidel quien le llevaba libritos a Cubela en la cárcel; no corrió igual suerte el preso Pedro Luis Boitel Abrahantes todo inteligencia e intransigencia ante la dictadura, quien fue puesto en prisión por luchar contra la dictadura lo que no implicaba acto de atentado a Fidel, se le condenó en el 1961 a 10 años de prisión por luchar contra la tiranía fidelista, ya él había luchado contra la batistiana. Se suponía que debía salir de prisión en 1971 por lo que había solicitado abandonar el país a su salida, pero no le dieron la libertad después de los 10 años y aún en 1972 guardaba prisión; su muerte provocada por una huelga de hambre en may. de 1972.

Cubelas fue el candidato que Fidel apoyó contra Boitel, quien habiendo ganado las elecciones de 1959 para presidente de la FEU, incluso siendo ambos miembros del M-26-7, Fidel le retira su apoyo a Boitel, lo remueve como presidente y designa como presidente de la FEU a Cubelas.

Todo parece indicar que Fidel le tenía miedo a la integridad de Boitel, al calibre de hombre de Boitel; incluso, no le dan la libertad después de cumplida la sanción y lo deja en la cárcel injustificadamente para que este muera en una de las tantas huelgas de hambre que protagonizó; cuando murió fue enterrado subrepticiamente, en silencio en una tumba sin nombre, pa'que no se supiera nada; después se le avisó a la madre.

¿Qué puede pensarse del actuar de Fidel? !Qué bajo, qué sucio, qué poco ser humano!; Boitel no intentó contra la vida de Fidel, sin embargo fue retenido en prisión por un capricho fidel-ano, y por otra parte a Rolandito que sí intentó contra la vida del sátrapa le dieron mitad de condena y al salir se fue al exilio. Esas son las cosas que ocurren en el país donde no hay apego a las leyes, sino a los caprichos de un loco que se cree más importante que Jesús Cristo.

Como nota singular que habla muy en alto de quién era FCR, está el hecho de que cuando una persona que había participado de la lucha junto a él, si esta persona se separaba y se le daba pena de muerte, entonces el cadáver de la persona no le era entregado a los familiares; basta un solo caso: el Comandante William A. Morgan fue ajusticiado y su viuda se pasó años reclamando el cadáver de quien fuera su esposo y FCR, no se lo entregó; en otros casos este Ángel de la Muerte sepultaba los cadáveres y no e daba información a los familiares hasta después de un tiempo que podía oscilar entre semanas, meses o años. ¿Qué tal? Hay que ser ruin, mezquino, sinvergüenza, cobarde para actuar en semejante forma. Juzgue el lector.

Mentira: una de sus armas predilectas, desde decir que no era comunista y después con el mayor cinismo del mundo reconocer que sí lo era; decir que el remolcador 13 de Marzo se hundió por las condiciones no navegables que tenía la embarcación cuando en realidad fue hundido a ex profeso por embarcaciones del régimen siguiendo órdenes suyas; ¡cuántas mentiras no dijo el jefe de los esclavos cubanos durante estos años!, desde que tendríamos un nivel de vida superior al de los EUA y el de Rusia y de lo dicho al hecho había un trecho insalvable, que produciríamos tanta leche que se podría llenar la Bahía de La Habana con ella, que seríamos el país con mayor número de computadoras percápita en el mundo por encima de las que poseían los países vanguardias, que viviríamos en una democracia, que exportaríamos petróleo, que éramos potencia médica, en educación, en cultura y en deportes a nivel mundial, que éramos invulnerables militar y políticamente, (aunque pasábamos un hambre qué para que hablar), el país con más médicos, maestros, profesores de educación física percápita a nivel mundial, que creceríamos a partir de los 90s. a un ritmo de dos dígitos en el PBI, que… que… bla… bla… palabras que el viento no se llevó por lo baladíes que eran.

La mentira en FCR era algo enfermizo como su propia naturaleza, era mentir por mentir, era una patología.

Hubo un periodista que hizo una serie de artículos que tituló Cien Mentiras de Fidel Castro, el número podía ser aumentado en forma de múltiplos de mil, porque en eso de la mentira a FCR no es fácil ganarle, al extremo de incumplir con los más elementales protocolos de la decencia entre las personas para no perder en un juego de pelota acordado entre amigos con reglas basadas en el respeto y este señor violar todo lo establecido, haciendo trampas para ganar el juego. Es además de enfermizo, sucio, es bajo, es soez; estos **calificativos no son ofensivos** porque se ajustan perfectamente a las características de la personalidad que se describe.

Sería muy largo listar las mentiras de FCR, porque desde los primeros días de su revolución se inició la etapa de mentiras, de engaños, de triquiñuelas, de trucos para ganarse el favor del pueblo. Mentir para Fidel era como el pan nuestro de cada día, nos acostumbró a la mentira y nos hizo crecer dentro de ella y nos decía que los yanquis decían sus mentiras al mundo y nunca se daba el mentís, es posible que tenga algo de razón, pero lo que sí es seguro es que de las mentiras que ha dicho que ascienden a miles, nadie dentro de la isla la podía desmentir; hace algún tiempo algunas personas hemos llegado tarde a su monto de mentiras porque dentro de la isla es muy difícil expresar una idea contraria a lo que FCR decía; algunas personas dentro de la isla decían ingenuamente que al 'hombre' lo tenían engañado, cuando era todo lo contrario, era el 'hombre' el que tuvo, y tiene engañada a la opinión pública de todas las latitudes.

Han sido tantas las mentiras dichas por este poeta de la falsedad que si se intentara exponer solamente la milésima parte de su amplia producción habría que hacer un libro de centenares de hojas, mírese este ramillete de ellas pronunciadas en mayo del 67 y que recientemente apareció en la prensa: *"Llegará el día en que las frutas, los vegetales hasta la leche se distribuirá gratuitamente a todo el mundo. (3 mentiras).*

Es que nosotros sabemos lo que estamos haciendo, y nosotros sabemos cuáles van a ser los niveles de producción de este país dentro de algunos años; sabemos cuántas vacas se están inseminando; sabemos cuántas terneras están naciendo; sabemos cuanta leche da una ternera de primer cruce del Holstein con el Cebú, y podemos hacer cálculos. (6 mentiras)

Y sabemos la cantidad de leche que se va a producir, como las cantidades de frutas. Sabemos cuántas matas de café estamos sembrando. Llegará un momento, señores, llegará un momento que podamos decirle también al pueblo: "El café que quieran vayan a buscarlo al mercado gratuitamente". (4 mentiras).

Solo en esta parte del discurso dijo 13 mentiras por adelantado, de cosas que él sabía o presumía que no ocurrirían, sin embargo las lanzó irrespetuosamente, irresponsablemente a la opinión pública del país y del mundo. Trece mentiras al hilo, una prácticamente detrás de la otra, ¡ah y entonces hay que respetar a un sujeto como este! No… _odas. Si se quiere un mentiroso más grande que este hay que mandarlo a fabricar.

Por su accionar y los aportes novedosos que ha hecho al arte de mentir, a la forma impúdica e irreverente de cómo las decía, de cualquier magnitud sin ni siquiera sonrojarse es que se ha llegado a la conclusión que la mentira ha tenido dos etapas:

una antes y otra después de Fidel Castro Ruz, por eso la palabra **mentira** tiene un nuevo sinónimo desde que este hombre se hizo a la luz pública: ese sinónimo es Fidel Castro Ruz, la mentira más grande que oídos cubanos hayan escuchado. Toda su vida ha sido una gran mentira; fue él quien nos casó con la mentira y nos obligó a vivir en ella, estas eran sus palabras para referirse a todos los regímenes que le antecedieron incluyendo por supuesto a los imperialistas yanquis, ¡cómo iban a faltar ellos!, ¿se imaginan?, los yanquis tienen que estar incluidos en todos los entuertos a los que FCR haga referencia.

Venganza: desde los inicios de la fallida revolución fidelista afloraba algo que era amargo, tanto como la acíbar, algo que sabía a putrefacto, algo que olía mal, muy mal, pero la emoción de aquellos años no nos dejó ver lo que se nos avecinaba, y de hecho lo que ya se estaba viendo y viviendo.

Desde que la clase pudiente empezó a observar el rumbo torcido y traicionero que FCR empezó a darle a su revolución, esta inició el camino de ida sin regreso ya que algunos habían perdido sus propiedades y en la retirada hacia el exilio, en el Aeropuerto Internacional "José Martí", ellos eran despojados de las prendas que usaban, léase relojes, cadenas, manillas, pulseras, anillos, etc. Era un vulgar despojo y una sucia **revancha-venganza** contra la clase que había sido expropiada sin que recibieran algo por el valor de sus propiedades. Este tipo de práctica era muy semejante a lo que los nazis hacían a los cadáveres antes de llevarlos a cremar o darles otro uso y Fidel Castro Ruz, ni corto ni perezoso la hacía su práctica; más o menos así empezamos a ganarnos el desamor de los que se iban contra los que quedábamos en la isla. **Venganza** fidelista a granel, te quito tus propiedades, tus derechos como persona y todo lo que tengas en tu cuerpo y se supone que todo esto aumentaría el bienestar de la eufórica población que lo mismo daba un mitin de "paredón, paredón, paredón", que rompía relaciones con los que pretendían abandonar la isla fidelista, incluso si eran parte de la familia, ya Fidel estaba enseñando que la revolución era primero que todo, que la familia, que las amistades, que las creencias religiosas, primero la revolución y él, y después todo lo demás.

A lo largo de los años la **venganza** pasó a formar parte de la dieta de los cubanos como parte de la lucha ideológica de la revolución contra todo lo que se le opusiera o no fuera de su agrado; así, ¡¿cuántos colaboradores no mandó a matar FCR porque según él estos habían traicionado a la revolución?!; ¡¿cuántos no tuvieron que asilarse a la carrera en una embajada antes de que la turba embravecida le echara mano?!; ¡¿cuántos oficiales desde comandantes a generales tuvieron que tomar un avión y fugarse antes de que al maniático-loco al frente de la isla se le ocurriera mandarlo a la otra vida?!; ¡¿cuántos no fueron acusados de traidores cuando en verdad el único traidor era el rey de la mentira, la **venganza** y el revanchismo?!; ¡¡cómo imaginar que el castigo de ir a desecar la Ciénaga de Zapata pudiera convertirse en algo peor que el paredón de fusilamiento!?, ¿a qué llevaban a esos presuntos presos a ese lugar, al martirio, al suplicio o que se fueran muriendo todos los días un poquito?, ¿sería de este tipo el corredor de la muerte que FCR imaginaba?

No había excepciones para poner en la picota pública a cualquier persona que hubiera perdido el "afecto" del jefe de la revolución, desacreditándolo, vituperando y poniendo a la luz pública parte de su vida privada, de la forma más vulgar, más soez, más baja, más vil, más fidelista; y así Fidel tuvo el coraje de decirle al ex Presidente Mexicano

Vicente Fox que él llevaba como 43 años en política y que él sabía las cosas que hacía y debía hacer, dando a entender que sabía como comportarse; pero nada más lejos de la verdad y de la realidad que se vivía cuando FCR salía a un evento y era interpelado o requerido por periodistas que no le hacían las pregunticas que hubieran querido hacer algunos periodistas cubanos que sí residían en la isla; estos periodistas le ponían la cabeza mala, le nublaban las ideas y el pensamiento, le hacían ponerse bien furioso al extremo de decir incoherencia como que uno de ellos podría hacerle un atentado. Delirium tremens.

Su **venganza**, su odio, su rabia se extendía a cualquiera que lo abandonara; es el caso de uno de los peloteros más queridos y famosos que tuvo que irse de Cuba porque la seguridad del estado=Fidel Castro calculó que como su hermano menor se había ido a jugar béisbol en la tierra de los enemigos de Fidel y por extensión obligada de los cubanos, que este, EL DUKE HERNÁNDEZ, se quedaría como desertor cuando hiciera una salida al exterior y por esa imaginación fidelista lo sancionaron a no jugar jamás en Cuba; este joven pudo irse del país y firmó un tiempo después con los Yankees de NY y fue un super-exitoso lanzador. ¿Qué le dijo el despechado de FCR a un grupo de 75 personalidades de la prensa norteamericana que visitaron la isla algún tiempo después?; pues que *"ya (EL DUKE) no tenía nada en la bola"* y con autosuficiencia fidelista, FCR decía que hasta él era capaz de batearle al DUKE, véase lo que produce una persona llena de odio, de envidia, de rabia, y así trató de desprestigiar a deportistas, artistas, a militares de alta graduación que se habían ido del dominio castrista.

La muerte innecesaria de jóvenes por ese odio visceral que lo acompañó a lo largo de su agitada, convulsa y sucia vida es algo que enluta a varias familias cubanas, desde los asesinados en embarcaciones hasta los que fueron mandados a morir en guerras que solo tenían el propósito de realzar la figura de un hombre enfermo de poder; **los adjetivos** aquí usados **siguen sin ser ofensivos** porque describen muy bien las características de la personalidad que se bosqueja, que se esboza.

Su despecho contra los que de alguna manera brillaban con luz propia, era algo sin límites, ¿o es que aun seguiremos creyendo que el carismático Camilo Cienfuegos Gorriarán desapareció en el mar?; ¿seguiremos creyendo que Arnaldo Ochoa Sánchez era un militar incontrolable y que no atendía las misiones que se le asignaban?, ¿y entonces por qué le habían asignado tan altos cargos a días de terminar la misión que cumplía y en menos de unos días se devela como un pelafustán involucrado no solo en drogas sino en cosas que FCR no quiso decir insinuando que eran cosas **morales muy graves**? ¡Kño en menos de unos días este hombre, Ochoa, ensucia su vida de manera tan acelerada, echando por tierra toda la gloria y méritos que había logrado en años o es que el cínico de FCR quería encubrir otras cosas para dejar limpio al hermanito mimado!; la defensa que hizo sobre Raúl en la fatídica intervención ante el consejo de estado es un bochorno y un acto deliberado de poner a buen resguardo al hermano, es amiguismo, es falta de hombría, es una suciesa y bajeza fidelista; todos tenían que pagar, incluso la alta dirección del MININT, pero no me toquen a Raúl que enseguida me molesto. Eso fue un verdadero DESCARO fidel-ano. De seguro que las meretrices no tienen un actuar tan indecente y deshonesto, ellas están varios escalones más arriba que donde se ubica FCR, este es el ser humano que se adueñó del poder y pretendía que los cubanos, sus esclavos, lo viéramos como un dios.

Este Fidel Castro Ruz fue el que nos trajo hasta el hoyo en que estamos los cubanos, sin ropas, sin zapatos, cuando coger un pantalón por la libreta de la ropa llevaba más de dos años y tenías que usar, sine qua non, la ropa de los seres que fallecían, sin posibilidades para oír la música que te gustaba, sin tener los productos que desde pequeño veías en tu casa tales como café, azúcar, el arroz, los frijoles, la manteca, la leche, las viandas, todo esto sin que fueras rico, sino siendo pobre y con el salario del padre de familia; sin la carne de res porque es dañina a la salud de los esclavos, esa era solo digerible por la capa altamente revolucionaria donde no estábamos los esclavos de a pie, nos arrebató las festividades de fin de año porque a los esclavos no les hacía falta tantas fiestas y menos si había algunos de ellos en los cortes de caña, los nuevos esclavos del fidelismo no necesitaban divertirse al menos una vez al año y por eso eliminó hasta el Día de los Reyes, en eso de eliminar y no dar

FCR devino en un verdadero caballo, el Caballo del Apocalipsis Cubano; los cubanos lo perdimos todo, la vergüenza, la dignidad, el orgullo de ser cubano; andamos por el mundo trabajando por migajas cuando "nuestro gobierno" nos envía a esas honrosas misiones internacionalistas, somos dignos de lástima porque "nuestro gobierno" nos hace sentirnos como unos parias a donde quiera que vamos, fuimos forjados en la estirpe del "hombre nuevo", ese que mata, que roba, que atraca a los ancianos, somos titulares casi todos los días en la prensa de los países a los que hemos tenido que ir a parar para conseguir una vida más digna de la que llevábamos en la isla de los Castros que nos castraron todas las esperanzas de vivir; tremenda frustración fue lo que nos legaron con el prototipo del hombre nuevo y su engendrador, el comandante en jefe FCR.

Hay que ser canalla, hay que ser vil, hay que ser perverso para inducir en la niñez la formación de seudovalores = **balores** revolucionarios tomando como paradigma a una figura como la del che Guevara, que era racista por sus sentimientos despreciativos hacia los indios, hacia los negros todo lo cual fue tergiversado dándole el beneficio de los sentimientos positivos al che; un ser que al parecer pasó por la carrera de medicina que lleva implícito el salvar vidas, todo lo cual era lo puesto en el che, al manifestarle a su padre que le gustaba matar, así como otras frases en ese sentido; un ser que llevó a cabo varias acciones de darle un tiro a la cabeza a quien él consideraba culpable, aunque no tuviera pruebas, su primer víctima en la Sierra Maestra lo fue Eutimio Guerra, a partir de ahí no se detuvo ante tal deleznable práctica; este es el patrón elegido por FCR para que nuestra niñez y juventud lo tomaran como ejemplo. Esa es parte de la **venganza** fidelista contra un pueblo que puerilmente lo seguía, así pagó Fidel el infiel. ¡Así que seremos como el che, se atrevió ud. comandante en jefe!

A los que fuimos esclavos del fidelismo no les hacía falta ni jabón, ni pasta dental para el cepillado, ni desodorante en un país tropical, ni oír la música de los enemigos, o de los que no eran enemigos pero hablaban inglés, ni andar con una guitarra bajo el brazo porque al decir de ese engendro llamado FCR, ese era una actitud elvispreslyana y eso no era adecuado para los esclavos, así que los que se mantuvieron en esa actitud se mandaron a los campos de concentración llamados UMAP para duplicarles a ellos los horrores del esclavismo fidelista, o se hacen hombrecitos machitos o dejaban sus huesos en las alambradas de tales campos.

Para los esclavos de Fidel no podía haber estímulos que no fuera el trabajo revolucionario, el trabajo voluntario, el servir y ser serviles esclavos que debían moverse en carretones de caballo porque no había combustible para las amplias capas de esclavos, o en bicicletas que trajo el dueño de la dotación, sí porque el combustible era solo para aquellos esclavos que eran agraciados por el dueño de la dotación y que cada cierta cantidad de años le daban un carrito mugriento, para los otros esclavos estos carros eran vendidos y para comprar uno de ellos con el salario esclavo que devengaban ellos, unos $30.00 CUC mensuales, los esclavos tenían que trabajar más de 8733 meses = 727 años y 9 meses usando todo ese salario para la compra del supuesto carro cuyo costo sería de $262 000 CUC = $303 920 USD ($1.00 CUC = $1.16 USD); no, realmente no es muy caro el carrito de marras, lo que lleva mucho tiempo de trabajo y uno no sabe si en esta vida de esclavo se podrá vivir todo ese tiempo, son casi 728 años, pero además para qué los esclavos del fidelismo querían ese tipo de nave espacial si no tenían papel higiénico, si no sabían, muchos de ellos lo que era una servilleta y para qué se usaba, ni hablar del papel toalla, ni qué pensar de ir a un baño público y encontrar algún tipo de papel secante para el secado de las manos, estos esclavos de Fidel, tenían bastante con la batalla de ideas, con la rectificación de errores y tendencias negativas, con las marchas y remarchas para que trajeran a un niño al que Fidel le creó un problema que podía resolverse entre la familia y no con la intervención de un loco deseoso de fama, marchas y más remarchas para que regresaran los cinco espías cubanos que se desempeñaban en el corazón del imperio en la llamada red avispa, de la cual se quedaron 22 de los 27 miembros que la formaban.

Fidel nunca aceptó públicamente, al menos en varias entrevistas que le hicieron al respecto, que Cuba tenía una red de espías en los EUA, él siempre respondió a esa pregunta con evasivas, diciendo que "*Cuba tiene muchos amigos en todo el mundo que colaboran con nosotros*", así que si usted no lo sabía los espías en tierras enemigas cambiaron su nombre por el de "*amigos que colaboran*".

La posición revanchista-vengativa de FCR, es de larga data sobre aquellos que no se quisieron quedar para ser sus esclavos y decidieron marcharse, desde inicios de la salida de las personas que fueron más afectadas por las intervenciones de todas sus propiedades y hasta que duraron los llamados Vuelos de la Libertad que finalizaron en 1973 entre Cuba y los EUA, decenas de miles de cubanos salieron de Cuba, cineastas, escritores, arquitectos, maestros, sastres, farmacéuticos, entre una amplia gama de personas de diferentes profesiones que se habían decidido a no ser esclavos de Fidel Castro, el cual al intervenirle sus propiedades les ofrecía trabajo en las propias instalaciones donde ellos habían sido los dueños hasta unos meses atrás. ¡Qué les parece, ah no lo cree, pues averigüe y verá! Algo bien bajo, ruin y mezquino que solo es posible en la mente del enfermo que fue FCR. Estas personas, todas sin excepción, al menos en La Habana eran enviadas a trabajar en la agricultura, hasta que le llegara la salida; hubo el caso de un sastre italiano que vivía cerca de la casa donde viviera Lezama Lima, este sastre había presentado para irse a su país de origen; lo castigaron a trabajar en la agricultura, se iba en las madrugadas y era recogido por un transporte para llevarlo a la agricultura mientras esperaba que le llegaran los papeles para salir con su esposa cubana y sus dos hijos, cuando venía por las tardes a su casa en San Nicolás # 60 e/. Trocadero y Lagunas, parecía un tomate de ensalada, un hombre que toda su vida había ejercido como sastre y ya en esos tiempos ni sastre podía ser si no había tela para nada, él era un especialista en la llamada costura invisible; pero había que castigarlo por querer irse de un país que no era el suyo y en el cual él no quería ser esclavo.

Estas personas duraban en los trabajos de la agricultura el tiempo que a los gobernantes les diera su gana, sus papeles se perdían, le dilataban la salida para que se tostaran bajo el sol, no tenían derecho a nada, incluso hubo un médico que le quitaron su carro unos meses antes de que le llegara la ansiada salida y para que contar las vicisitudes que le hicieron pasar a estas personas que se iban de la isla en aquellos años. Entonces ¡cómo no van a sentir odio por el verdugo y asesino y desalmado que fue FCR!, odio es poco, ¿oh es que algunas personas de buen corazón pensarán que todos los humanos estamos hechos de alfalfa, de algodón o de cualquier material fofo?; pues no, la mayoría de los cubanos sentimos las afrentas que nos hacen, el trato ignominioso y los intentos de humillación, de ultrajarnos y ante ellos reaccionamos.

Pasados los eventos de Camarioca y los llamados Vuelos de la Libertad, FCR en uno de sus tantos discurso después del 73, expresó que ya todos los que se querían ir del país lo habían logrado y que entonces ya quedaban en Cuba los hombres y mujeres que estaban en condiciones de llevar a cabo el proyecto revolucionario, esas fueron sus palabras aproximadamente, es que son tantos discursos que habría que pasarse otros 8733 meses = 727 años y 9 meses leyéndose toda esa bazofia y no vale la pena perder todo ese tiempo en tan estéril menester; pues bien, llegó 1980 y entonces los esclavos que en ese momento decidieron quitarse el grillete fidelista fueron llamados "escorias", "apátridas", "gusanos"; no, no, no, es poco lo que se cuente y otra vez marchas, remarchas y contrarremarchas para expresarles nuestro repudio a esos malos cubanos; no y hasta sus buenas palizas, patadas, pedradas, etc. se les dio; había que mandarlos magullados, apabullados, para que respetaran a FCR, quien dijo en la despedida de esta nueva ola de abandonos de la isla fidelista, la que no terminó ahí porque hubo un Balseros en el 94 y ha continuado hasta el año 2020 por distintas vías, pero en aquella ocasión, en 1980, el ilustrísimo manipulador, dueño de un importante número de esclavos que aún quedábamos en la isla, dijo a los que se iban, miren qué palabras más llenas de fidelismo, más rencorosas, más sucias, más mierderas y cochinas como solo le cabe a una persona categorizada en la escala donde está FCR, miren lo que dijo: *"Quien no tenga genes revolucionarios, quien no tenga sangre revolucionaria, quien no tenga una mente que se adapte a la idea de una Revolución, quien no tenga un corazón que se adapte al esfuerzo y heroísmo de una Revolución, ¡no los queremos, no los necesitamos!* Gritos de la turba, de la horda revolucionaria de: *¡Qué se vayan!"* (FCR, abr. 1980); véase qué lindas palabras de despedida a los esclavos que habían roto las cadenas del fidelismo; estas resuman rabia, **venganza**, rencor, desamor, despecho, resentimiento, animadversión, saña, odio. Con esas siembras, ¿qué frutos se esperan recoger?, los anteriores son los frutos que se cosechan cuando se siembra fidelismo.

Un ser revanchista, que no perdona a quien es capaz de oponérsele, al que no transita por los cánones que traza; una de las **venganzas** más bochornosas fue la que llevó a cabo contra la Dra. Hilda Molina que había sido la directora del CIREN (Centro de Restauración Neurológica) y que al renunciar por no estar de acuerdo con el destino que Fidel le quería dar a esa institución, este se la desquitó cuando ella presentó su salida para ver a su hijo y nietos que vivían en Argentina y el dueño del rebaño de esclavos le estuvo negando la salida por la friolera de 18 añitos, la tenía castigada porque ella no quería ser una ficha del tablero que Fidel manipulaba. Véase que esta singular mujer por su inteligencia, no era una política, ni traicionó a la revolución fidelista, ni se unió a las filas del enemigo, su única falta fue no aceptar las condiciones que le imponían para transformar un centro que ella había literalmente creado desde su construcción y cuyo fin era prestar servicio a los cubanos, y que querían transformarla en una entidad comercial para satisfacer deseos del sr. Castro. ¡Y me van a decir con estos truenos que FCR era buena gente!, perdóname Dios pero, ¡mal rayo lo parta otra vez!

Más aún, siempre hubo cierta incertidumbre en lo relativo a la estrella de la música cubana Celia Cruz, y la génesis de la confinación a la que fue sometida en el extranjero, así como la no difusión de su música en Cuba; en sí esta discordia provenía desde los inicios de la revolución fidelista.

Ella participó en por lo menos 2 eventos a los que FCR asistió como invitado y ella se negó a ir a saludarlo, ir a rendirle pleitesía; se dice que incluso en el segundo de esos eventos en el teatro Blanquita (hoy Karl Marx) el sr. Castro quería que ella cantara el tema "Burundanga", que según él, lo oía desde su estancia en la Sierra Maestra, la artista creó un ardid diciendo que no tenían las partituras del número y no lo cantaron, pero eso no fue todo, al terminar la actuación ella con los demás artistas debían bajar a saludar a la personalidad, lo que sí hicieron los otros artistas pero ella rehusó hacerlo y entonces el director artístico le dijo que no le pagaría y ella le respondió que si tenía que rebajarse para ganar dinero que no lo quería; y como puede imaginar el lector aguzado ese fue el caldo de cultivo para la revancha que años después Fidel tomaría contra ella cuando su mamá falleció en abril del '62 no permitiéndole entrar para los funerales de su madre. **Venganza** contra dignidad, a ella no le parecía bien la forma en que desde los primeros momentos se estaban expropiando los medios de prensa, de radio y televisión y en consecuencia actuó.

Pero como estos dos abusos de poderes hubo varios, muchos de ellos no conocidos y otros que serían lastimoso saber que se dieron y que por supuesto como los anteriores quedaron impunes.

¿Sabe usted lo que es hacer que 27 artistas que no eran jueces, ni nada parecido sean convocados a firmar un documento para asesinar a 3 jóvenes que en su obstinación por irse de la isla se llevaban una lancha? Hay que ser bajo, ba-jo, soez, so-ez, sucio, su-cio para llevar a cabo semejante proceder cargado de odio enfermizo; para matar hacer un tipo de consulta de ese tipo para medir quién está con la revolución y quién está en el disimulo; por supuesto después de esa firma por parte de los artistas y del ajusticiamiento de los jóvenes, estos artistas en menor o mayor grado recibieron el pago por su fidelidad al infiel de Fidel; ¿qué cual fue el pago?, ah bueno a una de las firmantes la premiaron cambiándole el nombre a un teatro de la capital, sede del Ballet Nacional de Cuba y poniéndole **en vida** su nombre, el de la artista Alicia Alonso, este fue uno de los más escandalosos y bochornosos pagos hecho a una de aquellas tristes personalidades tomadas como rehenes de FCR; otros que no se conocían empezaron a tener anuncios en la tv del señor FCR y así en menor o más visible recompensa se les correspondió a los artistas que enlodaron su pluma con tan deleznable accionar; al menos hubo una de las glorias que por sus desencuentros con la dictadura no firmó y mantuvo su dignidad incólume y su crítica a dondequiera que va contra el sucio régimen.

FCR, desunió la familia cubana, si alguien se iba de la isla, ya debía ser tomado como un enemigo jurado de la revolución que nos dio algo y que tanto nos quitó con sus injusticias y exabruptos, sobre todo de su líder. Nada era más importante que ser revolucionario, porque *primero dejar de ser, que dejar de ser revolucionario,* véase hasta que punto se iba enajenando al ser humano y se alejaba del carácter humanista, sencillo, de los valores que en el seno familiar se formaban, la revolución trajo consigo un conjunto de desvalores como engañar, como arrebatar lo que era ajeno, como ver la muerte de otros como un festín, sustituir los valores religiosos en los que creyeron los cubanos para creer en un fantoche que se llamó Fidel, trajo la falta de amor hacia los demás, el irrespeto, el vivir como parias y sentirte bien porque eras revolucionario; no, no, si para qué; era, es y será un período de locura guiado por el loco más inconmensurable que ha tenido Cuba.

Los cubanos que viviendo en el extranjero son impedidos de entrar a la isla porque el gobierno no se lo permite, en una clase magistral de **venganza** porque 'te fuiste y hablaste mal de la obra revolucionaria', o por cualquier razón baladí que el régimen adujera para no dejar regresar al país a estos ciudadanos; estos son vistos como los cubanos que no quisieron seguir siendo esclavos y se marcharon, por ejemplo, los que en 1980 FCR les dijo: *"¡no los queremos, no los necesitamos!"*

Esta turba de facinerosos que se subieron al poder en 1959 con sus rostros disfrazados para esconder los verdaderos propósitos de su mala revolución, se creen los dueños del país y en consecuencia actúan.

Gracias Fidel Castro Ruz, por tan efectiva y ejemplar enseñanza de odio hacia los que no son y piensan como tú. Los cubanos y su mil veces nada glorioso sistema político tienen el enorme privilegio, legado por el artífice de la revolución, FCR, que fue él quien primero aplicó ese método, de deportar a los cubanos que se portan mal y cuyo comportamiento haya sido observado por miles, por cientos de miles de cubanos, es el caso de Daniel Llorente, el cubano que salió corriendo delante de todos los medios de difusión durante el desfile del 1ero. de Mayo del 2017; lo llevaron al antro de la tiranía en 100 y Aldabó, de ahí lo sacaron y lo tuvieron varios meses en el Siquiátrico de La Habana alegando o dando a entender que tenía algunos trastornos mentales que justificaban su presencia en el hospital de enfermos mentales, finalmente lo deportaron a Guyana; pero no ha sido el único que ha corrido esa suerte, existen otros de los cuales no se ha publicado nada en los medios. ¡Qué bien, qué tiranía más tiránica y revolucionaria!

Egolatría: el egoísmo tiene uno de sus más firmes baluarte en FCR, él es capaz de determinar cual es la forma de comportamiento de los seres con los que ha tenido al menos un encuentro, recuérdese que el determinó que la conducta de Barack Obama en su visita a Cuba no fue correcta, él sí, él sí se comportaba bien en todos los lugares a que asistía, así se lo hizo saber al expresidente de México en aquella bochornosa disputa en que mostró a la opinión pública internacional la conversación privada que había sostenido con Fox, cuando le dijo que él, durante todos los años que llevaba como político, sí se había comportado como debía, más menos eso fue lo que le quiso decir al expresidente mexicano. Él sí sabía comportarse, los otros no, él era la regla del comportamiento. FCR se endiosó, todas estas barbaridades dichas a voz en cuello, él las daba como reales, eran irrebatibles, eran una cátedra, si The Beatles se creyeron más famosos que Jesús Cristo, este señor se creía el rey del universo, la verdad única, ¡el pobre, estaba enfermo, seriamente enfermo y no admitía que le trataran su enfermedad!

Su conducta contra los que eran mejor o tan competentes como él era casi imperceptible, pero se hacía sentir, él se creía la regla por la que el mundo debía regirse, y lo hubiera embarcado o lo hubiera acabado si no le hubieran quitado aquellas armas nucleares. O él hubiera chantajeado y amenazado al imperialismo que siempre quiso destruir o el mundo tenía que cambiar de acuerdo a sus requerimientos.

¡Hay que ver que FCR era excéntrico! Durante muchos meses, por lo menos hasta abril del 1963 cuando él visitó la URSS, el caballerito usaba DOS ROLEX en su mano izquierda, era un gesto de arrogancia, de presunción, los soviéticos se quedaron bisojos ante aquel acto de inmaculada payasería fidelista; ellos lo miraban y tal vez se preguntaban: ¿y de dónde salió el tronco de excéntrico este, de Birán?; pues de ahí mismo, sí señor.

Este señor en entrevista de prensa ofrecida a periodistas venezolanos en ago. del 2010, caracterizó a cuatro presidentes norteamericanos, como si él, Fidel, hubiera sido un ser supremo, un juez de la buena conducta, una figura excelsa libre de defectos, de ellos dijo: *"Nixon, un cínico; Reagan, un ignorante terrible; Bush Jr., un imbécil y loco; Bush padre un hipócrita consumado, y puedo seguir…"*, en aquel momento aunque ya había criticado a Obama en varias de sus irreflexiones estercolaras porque este había obtenido el Premio Nobel de la Paz 2009, el mismo año en que había asumido como Presidente del país enemigo, sin que a él, a FCR, lo hubieran nominado ni para un pirulí en más de 50 años, ese hecho lo tenía bien molesto y por eso había escrito unas cuantas irreflexiones contra Obama, en una de ellas Fidel le decía a Obama, *"Presidente ya le dieron el Premio, ahora gáneselo"*, vean cuán atrevido y envidioso era el caballerito Fidel Alejandro; pues bien en esta entrevista sorpresivamente refiriéndose a Obama dice que: *"Obama es mejor que Roosevelt (Franklin Delano) y Carter (James), al menos en un sentido…"* y ahí empezó a hablar bazofia o boberías y a dilatar y hacerse el sabiondo para impresionar a los tres periodistas y a no referirse a lo que le preguntaban para impresionar a los periodistas de que él sí era un talento de verdad, etc. Hubo que interrumpirlo como en dos ocasiones para que hablara de lo que le habían preguntado y se bajara de las nubes a las que se había subido.

Cualquiera que no conociera los arranques de Fidel lo hubiera tenido como un verdadero caballero, pero su comportamiento violento en eventos internacionales como las Cumbres Iberoamericanas u otros foros dicen que FCR no tenía clase, que era bronquero, que nunca conoció lo que era tratar con diplomacia a los presidentes de otros países, incluso si estos pensaban semejante a los cubanos.

No olvidarse que la conducta de Obama en su visita a Cuba fue evaluada por fifín de no buena porque él esperaba otra aptitud de Obama hacia su persona y Obama lo había tirado a miasma, a basura y eso le dolió mucho, por eso Fidel dijo: *"De cierta forma yo deseaba que la conducta de Obama fuese correcta."*; vea hasta donde se eleva el orgullo y prepotencia de este señor, oh sea el que no se comporte como él espera, tiene una conducta, si no mala, no es la adecuada. ¿Quién se creía Fidel que era? ¿Creería él que a todo el mundo se podía esclavizar como hizo con nosotros los cubanos que creímos en él?

Se dice que a FCR le molestaba mucho cuando alguien lo traicionaba, con este tipo de personas él era implacable, para él ser traicionado era simplemente no acatar sus leyes, sus malsanas **hideas**, quien no lo siguiera era considerado un traidor y miren qué paradoja, nadie es más traidor que el propio FCR, quien aceptó dinero de la burguesía y prometió el restablecimiento de la Constitución del 40 y no lo cumplió, giró en dirección fidelista, se comprometió a una serie de puntos a tener en cuenta si la lucha armada liderada por él se hacía con el triunfo y nada, volvió a girar en dirección fidelista.

FCR se comprometió en otra serie de aspectos a tener en cuenta en el Pacto de Caracas firmado en julio 20 de 1958 si la revolución triunfaba, en este se recogía las aspiraciones y anhelos de todas aquellas organizaciones que se oponían a Batista y que se agrupaban en el Frente Cívico Revolucionario que estaban en contra de la dictadura batistiana; este documento fue firmado por el prestigioso profesor universitario Manuel Bisbé.

En el Manifiesto de la Sierra Maestra firmado por Raúl Chibás, hermano de Eduardo Chibás, y por el prestigioso economista Felipe Pazos Roque, así como el propio FCR, en este documento que fue firmado el 12 de jul. de 1957 fue incumplido en casi todo lo que allí prometió, lo hizo trizas al triunfar su revolución.

En la Carta de México para la unidad de la lucha revolucionaria firmada con el Directorio Revolucionario representado por José Antonio Echeverría Bianchi y FCR por el Movimiento 26 de Julio, la cual fue firmada en ago. 29 de 1956, en este documento todo lo acordado por ambos líderes fue incumplido por FCR, desde la misma Sierra Maestra; Fidel no creía en nadie, ni tampoco era leal a nada que no fuera el mismo.

Todas estas concertaciones y acuerdos de unión para derrocar a la tiranía e instaurar una verdadera democracia cambiaron cuando la revolución fidelista se hizo con el poder y las bases de estos acuerdos fueron traicionados. ¡Qué democracia, ni democracia!, diría FCR para sus adentros. ¡Democastria, mucha democastria es lo que van a tener de ahora en adelante! ¡Una cosa era antes del poder y otra bien distinta después que vuestro caballo se subió al mando!

La victoria en la batalla de Cuito Cuanavale, se supone le pertenecía a él porque si dejó de atender los asuntos de la isla por 11 meses, sin hacer nada que tuviera que ver con el progreso de la nación, mejor dicho con el **subdesarrollo** al que él llevaba a la nación y si como él mismo dijo: *"Durante la batalla de Cuito Cuanavale aquí no se atendían ni las cosas del gobierno, por lo menos yo no; estuve desde nov. del 87 hasta oct. 88 pendiente de la guerra de Angola, …todo ese tiempo lo tuve que dedicar a la guerra de Angola, no hice otra cosa, me consagré a esa tarea".*

Para algunos después de ver tantas insalvables contradicciones entre lo expuesto por FCR ante su fatídica intervención en el consejo de estado para consumar el asesinato de Ochoa en primerísimo lugar, así como de los otros encausados, esa intervención llena de contradicciones era más que necesaria porque la presencia viviente de ese Gral. ensombrecía el triunfo y los lauros que el militar cubano más autosuficiente de todos los tiempos, pretendía fuera de su autoría; es como decir muerto Ochoa el triunfo es mío; todo lo que le fuera un estorbo a FCR sufriría un percance que podría acarrearle la pérdida de la vida.

Solo aquellos que lo golpearon bien duro y a los que él no le pudo poner un dedo encima han sido los que han podido sobrevivir en el exilio y con cierto grado de protección, como fue el caso de Manuel De Beunza Rivero, de quien se dice falleciera en ene. del 2013, a la temprana edad de 62 años, uhuhuh ¡qué raro, tan joven, esa muerte está dura de creer!, porque el que le daña la pintura a FCR, la tiene que pagar más temprano que tarde. No doy fe de esa muerte como muerte natural. De Beunza pegó fortísimo al rostro de FCR, de tal manera que en las dos ocasiones en que Fidel tuvo que esgrimir cierto grado de defensa ante la situación a la que lo había lanzado este hombre (De Beunza), Fidel lució más incrédulo que nunca, la primera cuando la Revista Forbes lo acusara de ser uno de los hombres más ricos del mundo, en ese momento FCR se puso feo, feo, feo y lució más mentiroso que nunca; en la segunda ocasión fue cuando De Beunza acusa a Raulito Castro de conocer sobre las operaciones de narco llevadas a cabo en Cuba y esta acusación provoca una de las expresiones más sucias y vulgares pronunciadas por Fidel en defensa del hermanito narcotraficante. Sin embargo a De Beunza se le vio siempre sobrio, atildado, mesurado, sin golpear la mesa, con decencia que Fidel nunca conoció, con argumentos irrebatibles de lo que decía sin que asomara la duda de una mentira, fue puntual, ni puso ni quitó, ni exageró ni deformó en sus exposiciones. Fue millones de veces más creíble que FCR. Sus entrevistas a la periodista María Elvira Salazar son una rotunda prueba de su probidad y decencia al hablar, aspectos nunca exhibidos por Fidel sobre todo después que se ha conocido del arsenal, del depósito, del conjunto de mentiras que a lo largo de su vida nos ha dicho a los cubanos y al mundo.

Otro de los casos de abandono más sonados lo fue el del agente doble que se quedó del lado del enemigo el 6 de jun. de 1987 y que fue protegido por el gobierno americano, Florentino Aspillaga Lombard, fue un golpe fortísimo el que le pegó en pleno rostro al sátrapa por la cantidad de agentes dobles que puso al descubierto infiltrados en los EUA y eso, FCR no lo perdona ni después de muerto, él, Fidel, deja sus contactos y conexiones para que lo busquen y muera y que esa muerte parezca natural; este señor, Aspillaga Lombard muere en los EUA a la edad de 71 años en oct. del 2018, después que FCR intentara arrebatarle la vida en dos atentados que fueron fallidos, pero aun así no es confiable su muerte natural.

Otro cubano que con alto cargo en las fuerzas castrista abandonó las filas de marras lo fue el Gral. de Brigada Rafael del Pino Díaz, Héroe de Playa Girón, con gran prestigio en el ámbito militar por sus hazañas durante la invasión a ese lugar en abr. del 1961, esta separación, este abandono de un altísimo y prestigioso militar deja bien claro que el régimen cubano siempre ha olido muy mal y sobre todo para estas personalidades que lo abandonan, huele a permanente peligro. Gracias a Dios el Gral. del Pino nacido en sep. de 1938 aún está vivo, pero ¡cuidado, mucho cuidado que los tentáculos de FCR pueden traer la muerte desde 'el más allá'!, incluso cuando ya se piensa que por el pasar de los años no hayan peligros.

No es fácil admitir la muerte del escolta de FCR, Juan Reinaldo Sánchez que escribió y publicó el libro ***La vida secreta de Fidel***, cuando este libro era conocido y cobraba una notoriedad impar por venir de quien había estado cerca del tirano-saurio por más de 17 años, su muerte en el 2015, de una forma algo repentina y ocurrida antes que la de su ex jefe a quien había protegido, es algo que no se puede dar por sentado ciento por ciento sin que aquel canalla haya tenido al menos un hálito de participación en esa muerte, un hombre que se veía bien físicamente y en menos de 3 o 4 meses enferma y muere, uhuhuh, ¡qué raro, esa muerte está dura de creer!; todo lo que a FCR le estorbó en su negra y turbia vida él lo eliminó de una forma muy inteligente, nunca olvidarse que FCR fue una de las inteligencias más precoces y asombrosa de nuestros tiempos, solo así se podrá entender como su Cesna se caía y a él no le pasaba nada, como se caía el del hermanito Raúl y tampoco le pasaba nada, se caían otros que no estaban programados para que murieran todavía en aquella farsa y tampoco les pasaba algo, ¡ahahah, pero se cayó el de Osvaldo Sánchez Cabrera y ahí sí pasó, se murió y el de Camilo Cienfuegos Gorriarán, ese ni apareció, ¡cómo va a aparecer!; así era el comandante en jefe, sádico, demoniaco, cruel, perverso pero con cara de buena gente y preocupado por los pobres; ¡qué lo compre el que no lo conozca!, ya algunos cubanos hemos descubierto que debajo de esa piel verde olivo había una hiena furibunda; los adjetivos aquí empleados **no constituyen una falta de respeto**, porque son una fiel descripción de la personalidad a la que se hace referencia; por ejemplo, fuera una falta de respeto mentir diciendo que sus discursos eran cortos, o que asaltó un banco, o que era bígamo, o cosas por el estilo, porque esas características no se ajustan a la persona que se describe, pero lo anteriormente dicho es una foto fiel del FCR que millones de cubanos tuvimos que sufrir.

La victoria sobre las fuerzas de 1500 hombres armados y entrenados por la CIA para la invasión a Playa Girón en abril del 1961, que además no eran militares de carrera en su inmensa mayoría, sino personas que habían sido afectadas de una forma u otra por las drásticas medidas de la revolución fidelista; a la victoria sobre esta fuerza, FCR le dio el flamante nombre de *"**Primera Gran Derrota del Imperialismo Yanqui en América Latina**"*, aquello era descomunal, desmedido, rimbombante, jactancioso, aparatoso, como para llamar la atención, desconociendo las victorias en sucesivas acciones bélicas de Augusto César Sandino en los años 30s. de la pasada centuria y que conllevaron a que el entonces presidente de los EUA, Franklin Delano Roosevelt sacara a los más de 5000 soldados y 464 oficiales yanquis derrotados de la tierra nicaragüense, decisión tomada al ver como quedaban los cuerpos de los soldados que caían todos macheteados, porque esa era el arma fundamental usada por el General de Hombres Libres.

Las tropas americanas no tenían una estrategia para enfrentar aquella lucha cruenta, terrible, deshumanizada. Fue un paso muy acertado del Presidente americano. De todas aquellas batallas llevadas a cabo por Augusto César Sandino y sus hombres hubo una que se hizo famosa, la llamada Batalla de las Segovias, más gloriosa que la victoria de Girón, pero FCR quería tener toda la gloria de su famoso grano de maíz y lanzó el triunfo de Girón con esos epítetos deslumbrantes haciendo que nadie más hiciera mención en manera alguna a las épicas victorias de Sandino. Desde entonces aquellas victorias fueron lanzadas al olvido y la victoria de Girón inundó al mundo, así de fastuoso era FCR.

Como parte de su excentricidad y supervaloración, FCR, no integró el primer gobierno revolucionario formado después del 59, él había nombrado al presidente acuerdo que existía desde la Sierra Maestra, este lo nombra a él comandante en jefe de todas las fuerzas militares del aire, tierra y mar, pero él se "rehusó" a tomar parte de aquella farsa, aunque tenía dentro del gobierno un grupo de ministros lacayos que alaban para él, tales como Armando Hart, Faustino Pérez, Osvaldo Dorticós, Julio Camacho Aguilera entre otros. Estos ministros eran el lleva y trae de lo que pasaba en el gobierno y además los que le pedían firmemente que formara parte del mismo, ellos prácticamente aclamaban a Fidel y este haciéndose, fingiendo, simulando que no quería formar parte del gobierno dijo el 6 de feb. de 1959: *"Yo no soy el gobierno. Todo el mundo sabe que yo he tratado de inmiscuirme lo menos posible en los problemas* *del gobierno; todo el mundo sabe del desinterés con que he luchado en esta Revolución; todo el mundo sabe que yo no he estado aspirando a cargos de ninguna clase; todo el mundo debe de saber, además, que los cargos no me importan absolutamente nada, porque un cargo para mí es un sacrificio, jamás un negocio, jamás una vanidad. Si todo el mundo ha observado aquí la conducta de los líderes políticos, debe haber comprendido que mi preocupación es más bien **alejarme** que inmiscuirme en el poder. Todo el mundo sabe que, lejos de intentar inmiscuirme en las cuestiones del poder, lo que he tratado por convicción y por principio es **de alejarme siempre**. Me duele cuando en la prensa extranjera se dice el régimen de Castro, porque yo no soy ni hombre fuerte, ni dictador, ni soy un mandón, ni estoy dando órdenes aquí. Y me duele también cuando se me responsabiliza y se me quiere echar la culpa de todos y cada uno de los errores de los demás".*

Habrá que ser impúdico, deshonesto, cínico, inmodesto, no tener vergüenza; Fidel estaba aplicando el clásico proverbio de "no lo quiero, no lo quiero, échamelo en el sombrero"; un hombre que le dijo a los sandinistas cuando perdieron las elecciones con Violeta de Chamorro, que: *"el poder no se entrega"*, todo después de haberle aparentado lealtad, muy a pesar suyo, al expresidente tico, Óscar R. Arias Sánchez, en sus gestiones de pacificar Centroamérica, mientras Fidel por debajo trataba de incendiar el istmo porque a él nunca lo sedujo que se lograra esa paz en el área sin una participación preponderante de su persona; fíjese si la simulación de FCR ante el Presidente Arias fue grande que él asistió a verlo en San José para tratar los asuntos concernientes a esos acuerdos de paz e incluso elogió al exmandatario por el Premio Nobel de la Paz que le había sido otorgado.

Arias Sánchez había obtenido el Premio Nobel de la Paz de 1987, por sus gestiones en la pacificación del área lo que conllevó a la firma de los Acuerdos de Esquipulas, granjeándole un gran prestigio y respeto a ese presidente en su momento, cosa no vista bien por el revolucionario incendiario del continente.

En aquel momento el Sr. Arias Sánchez se entrevistó con los dos pilotos que incidían en lo convulso de la región, ellos eran Ronald Reagan, presidente de los EUA y el incendiario FCR.

Así que a FCR no le interesaba el poder, según sus palabras, y cuando se montó en él, no quiso ponerlo en juego nunca, por lo que se retractó de lo que había prometido desde la Sierra Maestra al prometer elecciones en los 18 meses ulteriores al triunfo y después aparecerse con aquella cínica, ambivalente y retorcida frase de: "*¿Elecciones, elecciones para qué?*", y eso que quería estar lejos del poder, pero todo fue una mentira cruel, desde que se trepó al poder no hubo quien lo bajara, y eso que no quería, si llega a querer... ¿habrase visto sujeto más des..., más desc..., más desconsiderado? De paso vea en sus palabras finales de la citada expresión en la que decía que no quería el poder, si no más bien alejarse de él, que los demás cometen errores pero no él, eso siempre fue así.

No importa que el mundo sucumba bajo un infierno nuclear, pero este tiene que responder a mi voluntad; es de pensarse que con el amor que FCR se tenía hubiera sido casi imposible que él también sucumbiera ante la hecatombe que le solicitó a Nikita Jruschov (Krushov) para que este disparara preventivamente sus mortíferas armas contra la población indefensa de los EUA.

A Fidel no lo tocó ni un perle en los asaltos a los cuarteles Moncada y Carlos M. de Céspedes, tanto él como el hermano salieron ilesos y aunque atacaron objetivos diferentes distantes el uno del otro ambos abandonaron la escena de los tiros sin que una esquirla les pasara por al lado, sin embargo en esa acción sí perdió la vida el segundo jefe de los atacantes, Abel Santamaría Cuadrado. En el desembarco del Granma, lo mismo, ni un perle se les acercó a ninguno de los dos, ¡qué manera de tener suerte!, sin embargo el segundo jefe de los expedicionarios, Juan M. Márquez no llegó a la Sierra, y así habrían decenas de acciones militares en la que las balas no pasaban nunca cerca de Fidel; está la famosa batalla de Guisa de 10 días y nada, ni un rasguño aunque sea para contarlo como trofeo de guerra y que al mismo tiempo fuera prueba inequívoca de que él estuvo allí, pero nada; no, y una de las fotos y películas más vendidas durante las acciones de Girón fue cuando Fidel detiene un tanque que "accidentalmente" pasaba por el lugar y él se monta, ya hasta ahí la filmación, ¿para dónde iba ese tanque?, no se sabe;

y así una duda tras otra; Fidel que desciende de un tanque en marcha sin que hubiera un entorno de beligerancia, más bien parecía una foto de estudio. ¿Pa' qué tanta mentira, pa' qué tanta falsedad?

Demagogia: *"Creo que es este un momento decisivo de nuestra historia: la tiranía ha sido derrocada. La alegría es inmensa. Y sin embargo, queda mucho por hacer todavía. **No nos engañamos creyendo que en lo adelante todo será fácil; quizás en lo adelante todo sea más difícil.**"* (discurso del 8 de ene. del 59 en Columbia, llamada después Ciudad Libertad.)

Tal vez esa fue la única verdad que dijo de corazón en ese discurso del apocalipsis cubano, esta es una frase medular y los que allí estábamos no alcanzamos a ver cómo estaba empezando el robo de nuestra voluntad de ser verdaderamente libres; las cartas de estilo o credenciales presentadas por este farsante parecían auténticas y nos fuimos tras la música con la que él nos endiosaba. Esa expresión de vuestro caballo del apocalipsis cubano hace pensar que él tenía el libreto escrito de todo lo que hemos sufrido en estos más de 60 años con la porquería de revolución hecha por y para los Castros.

El cataclismo, la gran tragedia causada por el régimen de basura, por la calamidad, la catástrofe, la devastación que trajo el caballo del apocalipsis cubano no tiene comparación en los anales de la historia porque lo peor ha sido la larga duración de su permanencia en el poder; miles de miles, millones de cubano maldicen el día en que a Castro, el muerto, se le ocurrió apropiarse de Cuba en nombre de la libertad, de la igualdad, de una mejor vida de esclavo o de perro callejero. Ha sido una verdadera ruina, ¡ojalá no tenga paz en ningún lugar donde se encuentre esa alma perversa y perturbada, llena de maldad y de odios irracionales!

"Y por eso yo quiero empezar —o, mejor dicho, seguir— con el mismo sistema: el de decirle siempre al pueblo la verdad."

Véase qué forma más inteligente de irse ganando la confianza de la gente, pero en sí él podía empezar a decir la verdad porque lo que había hecho hasta ese momento era decirle al puebla algunas verdades y muchas mentiras y ya después que se afianzó en el poder se le había acabado las pocas verdades que tenía en el carcaj, a partir de ahí la mentira era su divisa de cambio, de engaño.

"Si a mí me preguntaran qué tropa prefiero mandar, yo diría: prefiero mandar al pueblo".

Sigue el robo de voluntades, de cerebros, sigue la atracción fatal que nos llevaría a caer rendidos de afecto ante aquel Gran Mentiroso que nos hacía las cortes haciéndonos sentir como personas importantes, seres humanos valorados, tomados en cuenta, sin darnos cuenta que nos estaba poniendo los grilletes y las cadenas de la esclavitud. ¡Qué bien Fidel, por más de 60 años hemos sido una de las mayores dotaciones de esclavos del mundo!, tal vez superada por los norcoreanos y hasta cierto punto por chinos y vietnamitas.

"Luego, ¿quién ganó la guerra? El pueblo, el pueblo ganó la guerra. Esta guerra no la ganó nadie más que el pueblo —y lo digo por si alguien cree que la ganó él, o por si alguna tropa cree que la ganó ella. Y por lo tanto, antes que nada está el pueblo."

¿Quién tenía inteligencia, voluntad y coraje para protestar ante una afirmación que se ve tendenciosa, como lo es esta? Primero le tira la indirecta a las otras fuerzas que participaron en el conflicto, tales como el Directorio Revolucionario, de que ellos no coadyuvaron en la victoria, sino que esta se logró gracias al pueblo; eso era, es y será una mentira porque ese pueblo no estuvo en ninguna de las dos sierras donde se llevaron a cabo los combates y batallas decisivas y por otra parte, Fidel, el inteligente, se sumaba a la muchedumbre y la ponía en el bolsillo chiquito de su pantalón. ¡Todo un ladrón, qué manera de robar voluntades!

Tiene hoy el pueblo la paz como la quería: una paz sin dictadura, una paz sin crimen, una paz sin censura, una paz sin persecución.

Puede verse como FCR sigue robando al descaro, sin recato alguno, ¡qué ignominia, qué sarcasmo, qué infamia esa de FCR, qué baldón para la nación semejantes palabras!, ¿habría perdido la vergüenza el líder de la revolución durante ese discurso o es que nunca la tuvo?; porque él sabía bien lo que se traía entre manos.

Esta era una mentira adelantada, este discurso del 8 de ene. del 59 era la antesala de los crímenes que FCR empezaría a cometer unos días después, de manera que cuando ya él llega a juramentarse como primer ministro el día 16 de feb. tenía más de 300 muertes en sus espaldas y solo de oír lo que decía en ese discurso de toma de posesión se le ponían los pelos de puntas a cualquier humano normal; a partir de esa fecha los asesinatos no ocurrirían en las calles como solía ser en la anterior tiranía, con esta ocurrirían en La Cabaña del che y en el Santiago de Cuba de Raúl, él, FCR, sabía bien lo que se traía entre manos, sabía el rumbo que seguiría la historia bajo su torcida dirección.

Así que paz sin crimen, ¿y qué son los muertos de la XX Aniversario, los de la 13 de Marzo, los torturados a escondidas en los antros de Villa Marista o de 100 y Aldabó, o los 3 jóvenes que asesinó reclamando y manchando la trayectoria de 27 personas de la música, la pintura y en general de las artes?, ¿y cuántos y cuántos y cuántos crímenes cometidos en nombre de esa paz y del peligro del imperialismo yanqui?, ¿y por qué pulverizó en el aire a dos avionetas civiles de Hermanos al Rescate matando a cuatro jóvenes?, ¿y por qué ametralló y hundió un navío de la fuerza naval bahamés matando a cuatro personas de la tripulación aduciendo que ellos estaban secuestrando pesqueros cubanos?; en ambos casos las razones no soportaban el peso de la infame mentira con la que intentaban justificar la pérdida de vidas de jóvenes segadas por la furia y la ira fidelista y su desidia por la vida de los demás.

¡De qué os asombréis!; él nos enseñó las armas que utilizaría desde los mismos primeros momentos de su asunción como jefe de gobierno, lo que pasa que no las vimos, las pasamos por alto.

Paz sin dictadura, perdóname Dios, pero, ¡qué descaro!, este hombre había perdido la brújula o ya desde entonces se estaba burlando del pueblo como futuros esclavos fieles a su amo. ¿Pero qué carago es lo que ha regido los destinos de Cuba durante más de 60 años bajo el fidelismo o el castrismo? ¿No es eso una dictadura o serán pasteles?

Paz sin censura: ¿quién es el único que tiene palabras para decir algo dentro de Cuba?, si no son el partido, el gobierno y las personas que son autorizadas por esas instituciones. Pregúntenle a un periodista independiente si ellos pueden dar una noticia, una simple nota de algo por algún medio dentro del país, además los periodistas independientes son enemigos de la revolución por decreto fidelista, el que no está con la revolución está en contra de Fidel, de Raúl, del partido y eso no es permitido.

Paz sin persecución: estos comunistas están cogiendo la cara como nalgas, han perdido la vergüenza, total ellos se creen seguros en el poder y el grupo de capataces que comanda a la manada de esclavos se encarga con medios represivos de mantenerlos a raya. Hay muchos opositores presos por solo diferir o no gustarles la secuela-sucesión-serie de desmanes del régimen.

"Todo el que haga hoy algo contra la paz de Cuba, todo el que haga hoy algo que ponga en peligro la tranquilidad y la felicidad de millones de madres cubanas, es un criminal y es un traidor. Quien no esté dispuesto a renunciar a algo por la paz, quien no esté dispuesto a renunciarlo todo por la paz en esta hora, es un criminal y es un traidor."

A partir de ese momento la palabra **t r a i d o r** adquiere un nuevo contenido, algo más reducido y es que quien no esté de acuerdo con Fidel es un traidor, esa son las reglas del juego a partir de ese fatídico momento y fíjese como enrola las palabras tranquilidad, madres, felicidad, paz, contra las que nadie en su sano juicio debería atentar y es que el inteligente de FCR asume que todo eso es lo que él representa y que contra esos patrones no se puede hacer algo. ¡Hay o no inteligencia! ¡Acabó con nosotros! No se olvide alguien que hacía unos días en La Habana y otras ciudades los atentados revolucionarios acababan con la paz, la tranquilidad, con la felicidad de las madres cubanas al ver a sus hijos descuartizados por los petardos del M-26-7, de los cuales algunas veces ellos mismos fueron víctimas; pero aquellos eran actos de sabotaje re-vo-lu-cio-na-rios, estaban bien hechos, estaban bendecidos; los que se harían después serían satanizados por el dios Fidel.

"Creo que todos debimos estar desde el primer momento en una sola organización revolucionaria: la nuestra o la de otro, el 26, el 27 o el 50, en la que fuese, porque, si al fin y al cabo éramos los mismos los que luchábamos en la Sierra Maestra que los que luchábamos en el Escambray, o en Pinar

del Río, y hombres jóvenes, y hombres con los mismos ideales, ¿por qué tenía que haber media docena de organizaciones revolucionarias?

La nuestra, simplemente fue la primera; la nuestra, simplemente fue la que libró la primera batalla en el Moncada, la que desembarcó en el "Granma" el 2 de diciembre, y la que luchó sola durante más de un año contra toda la fuerza de la tiranía; la que cuando no tenía más que 12 hombres, mantuvo enhiesta la bandera de la rebeldía, la que enseñó al pueblo que se podía pelear y se podía vencer, la que destruyó todas las falsas hipótesis sobre revolución que habían en Cuba."

Véase como "la nuestra lo hace mejor", los otros no, aquellos eran unos come-vacas, estaban de vacaciones en el Escambray, no se esforzaron como "la nuestra"; el que no vea el nivel de inteligencia y traición de FCR en esas palabras es porque además de perder el cerebro perdió la visión y la audición. Desde un principio el señor inteligencia quiso controlarlo todo bajo su mando y mandó a la basura todo los acuerdos que había concitado para luchar contra la tiranía que había, para cambiarla por una nueva.

"Y por mi parte les digo que como al que quiero mandar es al pueblo, porque es la mejor tropa y que prefiero al pueblo que a todas las columnas armadas juntas, les digo que lo primero que haré siempre, cuando vea en peligro la Revolución, es llamar al pueblo. Porque hablándole al pueblo nos podemos ahorrar sangre; porque aquí, antes de tirar un tiro, hay que llamar mil veces al pueblo y hablarle al pueblo para que el pueblo, sin tiros, resuelva los problemas. Yo, que tengo fe en el pueblo, y lo he demostrado, y sé lo que puede el pueblo, y creo que lo he demostrado, les digo que si el pueblo quiere aquí no vuelve a sonar nunca más un tiro en este país."

Una verdadera cátedra de cómo ganarse, de cómo engatusar, de cómo ensimismar, de cómo atraer al pueblo, valorizándolo, dándole méritos, fuerza, empoderándolo, enhestándolo, elevándolo al cielo, cosa que nunca antes había hecho gobernante alguno en la isla, ¡ese es Fidel!, un ladrón de voluntades, un comprometedor de personas para que estas salgan a morirse por él. En este día Fidel emborrachó al pueblo con el acíbar ligada con un mejunje de cundiamor que le estaba dando edulcorado con aquellas frases tan ponzoñosas.

*"Porque la opinión pública tiene una fuerza extraordinaria y tiene una influencia extraordinaria, sobre todo cuando no hay dictadura. En la época de dictadura la opinión pública no es nada, pero en la época de la libertad la opinión pública lo es todo, y los fusiles se tienen que doblegar y arrodillar ante la opinión pública. **¿Voy bien, Camilo?** (EXCLAMACIONES DE: "¡Viva Camilo!")"*

Una vez más puso al pueblo a vivir en el Cielo, aquello era locura, ¡que importante somos!, se habrán dicho algunos en aquella fatídica noche y es que el comandante los estaba poniendo a dormir en cama con colchón de muelles para que cuando se levantaran ya fueran esclavos. ¡Así que en época de dictadura la opinión pública no vale nada!, ahahah ahora se entiende por qué la opinión pública en Cuba no vale un comino desde que llegó Fidel.

Es la canallada cabalgando a todo galope, véase como en el fragor de ese discurso y de los repetidos aplausos dando muestras de aprobación a lo que decía se vira y le pregunta al más carismático de los comandantes rebeldes, al Comandante del Pueblo, al Señor de la Vanguardia, al Héroe de Yaguajay, le pregunta que si iba bien, Fidel es un bicho de la tierra, una alimaña, porque después de esa aparente empatía, como aquel le robaba simpatías, **FCR lo desaparece**; sí porque basta ya de decir la salta de mentiras que se le dijo al pueblo de que si mal tiempo, de que si acá o allá, entre cielo y tierra no hay nada oculto, a no ser que se haya creado una cofradía contubérnica donde la verdad nunca vería la luz; ¡pero si es que los aviones, barcos, lo que fuere, que han caído en el famoso Triángulo de Las Bermudas han aparecido!, ¿cómo explicarse que una avioneta que volaba en una trayectoria sobre tierra, en que no necesariamente tenía que salir al mar, se caiga, presumiblemente en tierra y no aparezca?; uhuhuhuh eso huele a componenda castrista; eh, ¿y por qué el asesinato impune y absurdo del Capitán Cristino Naranjo Vázquez y su chofer después de este decir que investigaría la desaparición de su ex jefe y amigo?, se corría un peligro que había que eliminar y al parecer la orden de equivocarse y dispararle a mansalva hasta matarlos vino de 'Arriba' donde solo hay una persona, enferma de amor por el poder que es como decir FCR.

No son tan certeras las palabras de quien (Juana Castro Ruz) nos hace creer que su hermanito Fidel no tenía ninguna animadversión contra Camilo y que era incierto que había dejado al che a su suerte abandonado en una lucha a la que Fidel con maestría insuperable lo había empujado.

Camilo era todo un polo positivo, muy atrayente y no encajaba en los planes de los Castros, fíjese que se dice que ese mismo día que se pierde Camilo también se había perdido el Cesna en que viajaba Raúl buscándolo, o tal vez no buscándolo sino tratando de que no apareciera nunca jamás; ya, es suficiente, no más coincidencias, así que el avioncito de Raúl se cae, este aparece y Camilo no: uhuhuhuhuhuhuhu, eso huele muy, pero que muy castrista.

En relación con el che y su permanencia o no en la nomenclatura de los dirigentes de la isla, no se explica ¿por qué se adelantó la lectura de la cartica del che si este estaba en el Congo (abr. hasta nov. de 1965) y al parecer no era 100% seguro que se hubiera quedado allí?; entre abr. y nov. median unos 7 meses, era tal vez un poco rápido para dar la noticia de que no estaría más entre "nosotros"; de manera que si aquella operación fallaba era de esperarse que retornara a su patria, que era Cuba, nacionalidad que le había sido conferida por nacimiento.

Cuando se forma el comité central del pcc en oct. de 1965 y se le da lectura a esa cartica que según FCR fue escrita *"de puño y letra por el che"*; con esta lectura pública se le cierra la posibilidad de regresar a Cuba. Se sabe que el che no quería regresar a Cuba después de esa fallida campaña y hubo que rogarle para que fuera a Cuba desde donde estaba; fue su esposa la que lo hizo regresar y se puede decir que entró a la isla prácticamente como un clandestino, no por su seguridad, sino porque la realidad era que en su carta ya se había dado de baja de la libreta de racionamiento donde FCR era el jefe de núcleo y ya no había un puesto para el che; ese hombre que había sido el primer comandante nombrado por el otrora "¿amigo?" estaba fuera del juego y tenía que buscarse su cuota en otra parte, porque ya la Cuba fidelista no lo tenía en sus planes. Recuérdese que FCR no tenía amigos, cualquier sacrificio que un ser hubiera hecho en su causa este sacrificio pasaba de largo si las **hideas** de Fidel así lo entendían.

¿Cómo es que continúa el robo de voluntades en el discurso de presentación? Veamos lo que expuso, lo que pidió Fidel en aquel fatídico día:

"Y a quien le pido que nos ayude mucho, al que le pido de corazón que me ayude, es al pueblo, a la opinión pública, para desarmar a los ambiciosos, para condenar de antemano a los que desde ahora están empezando a asomar las orejas."

Sigue pidiendo ayuda al pueblo, para que este se le sumara en su enfrentamiento contra las tropas que formaban los miembros del D.R. 13 Marzo porque no compartían la forma en que el M-26-7 de FCR se estaba apropiando del poder que quería enterito pa' él solito. ¡Es o no inteligente!, no es fácil escapar a tal embrujo, a tal encantamiento; ya aquí está invitando al pueblo a luchar contra los que se opongan a su modelo, aquellos no eran buenos, el bueno era él. ¡Qué lo compre el que no se quiere lavar la mano que le dio una vez para saludarlo o tal vez la que dice que comiendo papas está bien si está con Fidel!

"Así que eso es todo por hoy. Realmente, nada más me falta algo... Si supieran, que cuando me reúno con el pueblo se me quita el sueño, el hambre; todo se me quita. ¿A ustedes también se les quita el sueño, verdad? (EXCLAMACIONES DE: "¡Sí!)"

Se quiere más arrullo que este, de manera que vuestro hombre no puede vivir sin el pueblo, pierde el sueño, el apetito, pierde hasta la vergüenza y no le da pena decir un ramillete de mentiras que supera las dichas por cualquier otro desgobernante. Él era como una vez fue descrito, tal serpiente híbrida anaconda-pitón asiendo sus anillos sobre un famélico pueblo, ignorante, deslumbrado al ver tanta promesa y pensar que saldría de la caverna en la que había pasado sus últimos 57 años, y en verdad salía de aquella caverna pero se adentraría en otra más o tan tenebrosa como la precedente y por mucho más tiempo y viendo la misma cínica, mentirosa e hipócrita cara, la del querido Fidel, incluso aún después de muerto está presente cual mito o leyenda insomne y malévola que no nos deja en paz.

"Lo importante, o lo que me hace falta por decirles, es que yo creo que los actos del pueblo de La Habana hoy, las concentraciones multitudinarias de hoy, esa muchedumbre de kilómetros de largo —porque esto ha sido asombroso, ustedes lo vieron; saldrá en las películas, en las fotografías—, yo creo que, sinceramente, ha sido una exageración del pueblo, porque es mucho más de lo que nosotros merecemos (EXCLAMACIONES DE: "¡No!")."

Se desvive en halagos, en elogios, en lisonjearías, en adulaciones, en encomios para que la población caiga rendida a sus pies, a esos pies que años después pisotearía todos los derechos de estos que hoy 8 de ene. lo vitoreábamos hasta la enajenación, hasta la locura. Él fue un verdadero traidor, un canalla, un pelafustán vestido de verde olivo; las palabras que expresan las características de FCR **no pueden ser vistas como irrespetuosas**, ¿por qué?, ah bueno porque se ajustan perfectamente a la persona referida, no se ha puesto de más, ni se ha exagerado, se ha dicho lo justo de acuerdo al caso que ocupa.

"Sé, además, que nunca más en nuestras vidas volveremos a presenciar una muchedumbre semejante, excepto en otra ocasión —en que estoy seguro de que se van a volver a reunir las muchedumbres—, y es el día en que muramos, porque nosotros, cuando nos tengan que llevar a la tumba, ese día, se volverá a reunir tanta gente como hoy, porque nosotros ¡jamás defraudaremos a nuestro pueblo!"

El título de MAESTRO por su obra perfecta es muy poco para reflejar el alcance de cómo FCR quería que el pueblo lo llevara y se comprometiera con él desde aquella misma primera noche y en eso parece se equivocó al menos un poco, a pesar de las presiones y el trabajo hecho en las cuadras para que las personas asistieran a rendirle homenaje a su memoria con las cenizas del sátrapa ausentes porque ni eso hicieron, es decir el pueblo pasó por la Base al Monumento José Martí a rendirle homenaje al fantasma de FCR porque sus cenizas no estuvieron presente, él era muy "grande" para que miles de cubanos pasaran horas para entrar al recinto y no ver ni la urna con las cenizas de Fidel; algunos pensamos que la razón era por lo mal oliente que resultaban aquellas y para que no se infestara el lugar decidieron no exhibirlas teniendo en cuenta que algunos mandatarios vendrían a su sepelio.

Al sepelio del invicto comandante en jefe solo asistieron unos 22 jefes de estado y de gobierno estos de los más cercanos y comprometidos con el occiso y otros por razones de elemental deber; si se compara con los que asistieron a los funerales de uno de los grandes de todos los tiempos, el GRAN NELSON MANDELA, más de 100 jefes de estado y de gobierno, hubo países que enviaron a sus dos principales figuras, hubo otros en que fueron tres de los últimos presidentes como es el caso de los EUA, en que por supuesto fue Obama; los países de más representatividad en el mundo estaban en los funerales de Mandela; a los del guapito FCR no vinieron ni China, que tampoco estuvo representada en los de Mandela, pero no vino Rusia, ni Reino Unido, ni Francia, ni Alemania, ni …, ni…; entonces qué FCR, tanta alharaca y te dejaron te enfriaras solo como un mal augurio que siempre fuiste.

Traidor: estas palabras de a continuación fueron pronunciadas en fecha tan temprana y lejana como jun. de 1964, y demuestran que no todos veían que la trayectoria seguida por la revolución fidelista de 5 años era lo mejor para la isla, la persona que las pronuncia merece el respeto triple (por mujer, por ser familia y por tener el coraje para cortar con el mal) y no la mofa o el desagravio de quienes pudieron interactuar con ella; que se conozca es la única, o tal vez no la única, pero sí la que con más fuerza se opuso de esa familia al dictador. Sus opiniones en aquel momento fueron: *"el propio Fidel dijo que yo lo había traicionado, yo no traicioné jamás a Fidel, yo no he traicionado a nadie";* *"Fidel, lamentablemente y con dolor que lo sentí bien profundo, Fidel nos traicionó a todos incluyendo a su propia familia";* *"…el comunismo divide a la familia, destruye la Patria, proscribe la religión, deforma la historia, lleva la sociedad humana al peor atraso y establece la más ignominiosa esclavitud."* Estas palabras fueron dichas por una valerosa mujer, muchas veces vituperada por el exilio asentado en Miami, dado a que ella es nada menos que la hermana de él, la hermana de los dos dueños del país, ella es Juanita Castro Ruz y estas palabras fueron dichas en jun. del 64 en México, después de abandonar definitivamente el país porque sus actividades en contra de la revolución no dejaban alternativas a que se mantuviera en el país.

Su propia hermana lo sentenciaría años más tardes al decir que Fidel sembró el odio entre los cubanos, que separó a la familia y en fin dividió al país entre los que eran revolucionarios y los que no lo eran; en Cuba era más importante ser revolucionario y estar de acuerdo con FCR que el sentimiento familiar, que el respeto a los valores que dentro de la familia se cultivan y todo ese accionar negativo, nefasto, apartado de las tradiciones en las que crecía la familia cubana quiso sustituirse por la formación del hombre nuevo, y ahí está el hombre nuevo enseñando lo aprendido dentro de la revolución fidelista, dando muestra a donde quiera que llega, que los cubanos, muchos de ellos, no todos, son gente de cuidado; causan bochorno muchas de las malas noticias que producen los cubanos a los lugares a que llegan, es difícil a veces oír que hay algo bueno que haya hecho la diáspora, pero lo que si fluye rápido son los asesinatos, las estafas, los atracos. ¿Serán estos los productos del hombre nuevo que quería FCR?

Las comparaciones no son buenas porque casi nunca establecen semejantes raseros para medir las magnitudes que se comparan, esto es más evidente cuando se comparan personas, pero vale la pena hacer esta valoración entre dos personas que se dicen 'fueron amigos', pero caras opuestas de diferentes monedas; de una parte, Nelson R. Mandela, que cumplió 27 años de injusta prisión, en una Sudáfrica rebosante de racismo, de desigualdades, de odios sembrados por los colonialistas ingleses, un país abundante en abusos, donde los nativos eran tratados peor que a los perros, dividida en grupos tribales que eran confinados a los odiosos y bochornosos bantustanes.

Cuando Mandela salió de prisión en 1990 y asumió la presidencia en 1994, se enfrenta a una nación en la que los problemas de todo tipo sobraban, pero sobre todo los sociales la hundían y era su tarea traer esa nación a flote, mostrando su inteligencia, sacándola del abismo en el que se sumergía cada vez más y eso solo lo pueden hacer seres humanos de talla muy grande, Mandela no tenía talla; salió de la cárcel sin resentimientos, sin aspiraciones revanchistas, sin odios, ¡sin odios!, con unos sentimientos y un corazón repleto de amor, con una sabiduría política inmensa, los años de encierro le fueron muy fecundos y ahora había que hacer valer la razón por la que fue obligado a guardar tantos años de cárcel.

En la formación del gobierno que presidió desde may. del 1994 hasta jun. del 99, no hubo oportunismo de ningún tipo, buscó y logró la reconciliación nacional, le ofreció la vicepresidencia de la nación a quien había sido presidente en el período anterior, fundó una nación en la que se fueron sanando las heridas de muchos años de abusos, de dolor, de sufrimientos infinitos, de humillación en tu propia tierra, de segregación, de odios, fue creando oportunidades para todos los sudafricanos, no excluyó a nadie, no obligó a que alguien abandonara el país, al contrario, fue inclusivo, todas las corrientes que existían en el país fueron tenidas en cuenta, trató de dar solución a los problemas de la nación, no de agravarlos, lo que demostró cuando dijo: *"**de Sudáfrica no tiene que irse nadie, aquí caben todos**"*; esta frase resume la clase de persona que era Mandela, un tipo inmenso, una gente para querer, una inteligencia puesta al servicio de la causa de una nación para resolver los problemas que por años la habían agobiado, esa es la verdadera inteligencia, sabiamente usada para el beneficio de las mayorías y NO para falsos sentimientos de egocentrismo. ¡Kño, cuánto nos hubiera gustado a los cubanos de bien tener al frente del país a una persona como Mandela!

Le otorgaron el Premio Nobel de la Paz de 1993 compartido con Frederik W. de Klerk, quien había sido el presidente predecesor, por sus méritos y capacidad de ambos para trabajar en la eliminación del odioso apartheid.

A sus funerales asistió más de un centenar de jefes de estados y gobiernos, la flor y nato de lo que representa la democracia a nivel mundial, todos interesados en rendir postrer tributo a una persona de tan amplio registro humano, político, de sabiduría, de inclusión. Una breve semblanza de él nos dice que nunca se vio con comportamiento brusco, grosero, soez, siempre se mostró amable, gentil, con gallardía, solo se sabe que intentaron una vez contra su vida, no se tiene amplia información de su intercambio con periodistas, pero es de suponerse que siempre hubiera mantenido el mismo patrón de conducta, en sus discursos se le vio siempre equilibrado, sobrio, pacífico, cordial, sin ninguna gesticulación fuerte aparte de que en su juventud había practicado algo de boxeo, era todo un caballero, mesurado; cuando se divorció de Winnie la noticia se dio a conocer sin ningún secretismo, como algo normal que puede ocurrir entre los seres humanos que son normales; fue un hombre abierto, diáfano, sincero, a pesar de ser un político, no se ha podido descubrir ni una sola mentira en sus discursos o en cualquier tipo de aparición en público, es considerado como una persona honesta, franca, limpia, incapaz de asesinar a alguno de sus correligionarios, ex colegas de lucha o incluso opositor a sus ideas, todo su pueblo lo veneró hasta el delirio, podía caminar por las calles de su país y no había una alta probabilidad de que fuera atacado, gobernó a su país por 5 años hasta 1999 y al término del mandato tenía 81 años y aunque podía seguir a otro mandato optó por dejar la presidencia a otra figura, declinó su postulación para un segundo período, ¡cuánto desprendimiento!, no se eternizó en el poder como si el país fuera su atrio particular, ayudó a romper las cadenas en las que estaba enclaustrado su pueblo, por eso lo quieren tanto hasta después de muerto. ¡Kño, cuánto nos hubiera gustado a los cubanos de bien tener al frente del país a una persona como Mandela, eso sí es un presidente para RESPETAR!

Sudáfrica fue otra después que Nelson Mandela la dirigió, y no es que se hayan acabado o desaparecido los muchos problemas que tenía y que aún le persisten, pero hubo un resurgimiento, nació una esperanza que nunca antes había existido; hubo mejoras desde el punto de vista social, se murieron los bantustanes, formó parte de los BRICS, que son un grupo de cinco naciones con economías emergentes que han ido registrando avances importantes y han complementado sus economías; los países son Brasil, Rusia, India, China y Sudáfrica.

Del otro lado, el extinto FCR, también cumplió prisión pero solo durante 23 meses de los 15 años a los que fue condenado por los ataques a los cuarteles Moncada y Carlos M. de Céspedes, su prisión no tan fecunda como pretendió expresar Mario Mencia en su libro; a su asunción al poder en el 59 comenzó un período de éxodo de los cubanos por las rígidas medidas que tomó lo que ha hecho que en todos estos años cerca de 3 millones de cubanos hayan emigrado; en el primer año de su gobierno se calcula que fueron asesinadas con la denominación de ajusticiamiento a más de 839 personas, estos asesinatos-ajusticiamientos siguieron cobrando vidas a lo largo de todos estos años hasta totalizar al menos 7440 personas; proporcionó que la población iletrada de la isla fuera alfabetizada en el año 61, repartió la tierra a los campesinos, le quitó las casas a sus dueños originarios y se las dio a los inquilinos que la habitaban, creó escuelas para niños y jóvenes, arrastró la economía de la isla a niveles de improductividad y pobreza nunca antes vistos; para muchos su gestión fue buena, para otros no tanto; fue objeto de alrededor de 634 intentos de atentados lo que indica la gran repulsión que por él sentían, no era bien querido por millones de cubanos dentro y fuera del país, mientras que otros de diferentes latitudes lo adoraban; a sus funerales solo asistieron cerca de una veintena de jefes de estado; era una figura bastante contradictoria; sus discurso, unos brillantes, otros no tanto eran objeto de polémicas en algunos lugares de la geografía nacional; en uno de ellos ante la salida de una enorme masa de cubanos que abandonaban el país en 1980 dijo: (ver cita en pág. 154, 1er. párrafo); con estas bellas y elocuentes palabras salidas de una mente enferma, perturbada, él mostraba su aborrecimiento, su menosprecio, su arrogancia, su soberbia, su altivez, a los que lo dejaban y se iban del país; quien siembra abrojos recoge tempestades.

En un breve bosquejo sobre su personalidad, no habría muchas cosas positivas que adicionar sobre la misma, más que las que se han expresado, pero sí reconocer las cosas buenas que pudo hacer para algunas personas, para un amplio segmento de la población, los sectores más pobres; tuvo varios momentos de conducta inapropiada en público, incluso fuera de su país, sobre todo con periodistas de origen cubano que lo esperaban afuera del país para entrevistarlo porque los periodistas que residían en la isla lo entrevistaron una sola vez y para colmo él le corregía la forma de preguntarle; esas entrevistas en el extranjero eran verdaderos shows en los que se veía a FCR abandonando el escenario ante lo incómodo de las preguntas a responder o enredarse en una discusión contra los periodistas por las preguntas que estos les han lanzado; era una figura violenta, se desajustaba cuando en sus apariciones en público había algo que lo podía incomodar; no era honesto, mentía a granel por encima de la media de todos los políticos, bien, bien por encima, no había quien le ganara en el arte de decir mentiras, la mentira en Fidel era algo epidémico; era desleal con sus camaradas cuando supuestamente estos podían haber cometido algún error sin tener en cuenta los servicios que a la causa habían prestado, su sanción predilecta era dar paredón; no obstante las cárceles del país están repletas de personas que no coinciden con la forma en que se administra la política en la nación.

Fidel era fuerte amigo del secretismo, cuando se enfermaba ese hecho no se daba a conocer para que el enemigo no tuviera información sobre su estado de salud, esto según él; no se supo que estaba casado hasta que enfermó y ya no podía valerse por sus medios y entonces necesitaba de la ayuda de la esposa que estuvo en el anonimato por más de 45 o 46 años, no era sincero, era una persona con dobleces, a veces aparentaba aceptarle una explicación a un funcionario, sea un ministro, un militar de alto rango y este infeliz pensaba que se había entendido lo que le había explicado a Fidel y después este, Fidel, reaccionaba yendo a su televisión y despotricando sobre esa persona; los que no podían o no querían comulgar con la forma en que FCR conducía los destinos del país optaban por fugarse de la isla si podían porque si Fidel los cogía lo sancionaba a largas cadenas de 30 o 35 o 40 años de prisión y él le colgaba el cartel de traidor para desacreditarlo mucho más; un discurso del MLR era como un combate por el nivel de gesticulación y si tenía que tocar el tema de los yanquis entonces era combate de sumo-judo-boxeo-lucha greco y libre, aquello era algo muy serio.

Se encaramó en le poder después de decir que no lo quería, lo que era una más de sus gigantescas mentiras, y después que lo tuvo no hubo quien lo bajara del mismo hasta su muerte en nov. del 16, porque mientras estuvo con vida, fue él quien verdaderamente conducía los hilos del poder, Raúl era una marionetica en manos del hermano enfermo doblemente; en sí, FCR era un desastrico, incorregible el señor, si sacamos todas las cosas malas que hizo, no lo van a dejar estar allá a donde fue enviado a pulgar sus penas, es mejor dejarlo quieto por allá porque esa urna fúnebre tiene muy mal olor para millones de cubanos, fíjese si es así que nunca se había visto que ante la muerte de un humano se hayan dado manifestaciones de júbilo, de gozo, ni cuando se supo que Adolf Hitler se había ¿suicidado?, ni cuando se ajusticiaron a los 19 criminales más notorios de la Segunda Guerra Mundial; solo hubo un caso en que las masas tomando la justicia por sus manos ajusticiaron a un jefe de estado en forma salvaje, podría decirse que fue un linchamiento, su cadáver fue colgado con la cabeza hacia abajo en plaza pública como para que sirviera de escarmiento, así fue la trágica muerte del jefe del fascismo, Benito Mussolini y se puede decir que en alguna medida la población disfrutó de aquel ajusticiamiento.

Pero no fue solo la hermana del sátrapa re-vo-lu-cio-na-rio la que resultó engañada, todos los que apoyaron la lucha dando dinero, incorporándose a la lucha armada, o arriesgando sus vidas por la causa, o personas que se comprometieron con la insurrección armada y el ulterior compromiso con la instauración de la democracia, todos ellos resultaron timados por aquel que decía que no le interesaba el poder, que todos podían ver cuán alejado del poder él estaba, pero cuando se subió al mismo dijo de aquí no me baja nadie.

FCR traicionó todos los acuerdos contraídos con los distintos grupos y organizaciones revolucionarias que luchaban contra la dictadura de Batista; los embaucó haciéndolos creer que lo más importante era la lucha contra la tiranía y después del triunfo mandó al diablo los compromisos, se adueñó de la escena y bajó de ella a los otros actores, él sería el protagonista.

FCR juró y perjuró que no era comunista, lo vociferó en diferentes lugares; dijo en mayo del 59 que: *"La Revolución no es roja, es tan verde como las palmas."* y fue una vulgar mentira como tantas otras que pesaban toneladas, así fue de mentiroso, hasta en su participación en el 7mo. congreso del pcc. Un verdadero desastre el hombre y no se le podía decir algo, porque la represalia llegaba de alguna manera más temprano que tarde.

El daño más grande que le hizo FCR al país, a la nación, a su población, no ha sido la pérdida de valores como la vergüenza (esta se perdió y no hay forma de encontrarla, ni en los centros espirituales aparece), ni la falta de decoro, ni la falta de autoestima (hay personas que dicen que con Fidel aunque viva comiéndose una papa o un boniato), o la escasez de todo tipo, de ropa, de zapatos, de comida, de papel higiénico, de íntimas, etc.; o el daño por la prohibición de que las personas puedan tener sus negocios privados como es regla en todo el mundo; ni tan siquiera el daño por la ominosa prohibición de que un cubano-esclavo tenga que pedirle permiso a sus superiores para poder salir del país; no ha sido tampoco la ausencia de un salario decoroso que le permita a las personas vivir con cierto grado de decoro; no ha sido tampoco el daño de convertir a los esclavos cubanos enemigos de sus congéneres, de sus vecinos, elevando la chivatería otrora criticable al rango de virtud revolucionaria; no ha sido igualmente el echo de enviar a miles de jóvenes a pelear al África, a América y que miles de ellos perdieran sus vidas en causas fútiles para que FCR brillara con luz manchada de sangre; el mayor daño tampoco ha sido correr el peligro de una guerra nuclear liderada por un loco cuando la Crisis de Oct.; no ha sido la altilocuencia con la que FCR auto valoraba cualquier resultado obtenido por la revolución; no ha sido la hegemonía ejercida por Fidel en la esfera deportiva la cual nos privó de participar en dos Olimpiadas en forma consecutiva (la del 84 en Los Ángeles y la del 88 en Seúl); ni fue el mayor daño engañar a los deportistas invitándolos a abandonar el profesionalismo para conseguir toda la gloria que recibirían siendo atletas del pueblo (una brutal mentira, muchos deportistas que pudieron ser millonarios y llevar una vida como la de los seres humanos fuera del fidelismo y se perdieron entre el ron de bajo costo y viviendo una vida de caracol terrestre); el daño mayor producido por FCR al pueblo de Cuba no fueron las toneladas de mentiras con las que embarcó a todos los que en algún momento le creímos; mucho menos fue el daño causado a lo poco que de alegría nos quedaba cuando por una razón débil, inconsútil nos quitó de un tirón las celebraciones de fin y nuevo año dejándonos sin 24, 25, 31 de dic. y 1ero. de ene., festividades para las que los cubanos se preparaban con una alegría muy intensa, desde los más pobres hasta los más pudientes, todos y cada uno en correspondencia con sus posibilidades económicas; el daño ni siquiera fue el acabar con la vida y prestigio de miles de cubanos que no querían la mierda de régimen que el inteligente de Fidel nos obligaba a vivir para beneficio suyo sobre todo; ese daño que se señala no fue ni tan siquiera el habernos quitado productos que para los cubanos eran parte de su cultura tales como el café y el azúcar (por café dio un mejunje de mucho chícharo y un tin de café, ese es el café de los cubanos en tiempo de Fidel); tal vez ni fue el daño que nos hizo cuando quitó toda la tv comercial privándonos de saber que se vendía y se comercializaba en la isla, total ya él sabía que pasaríamos a ser esclavos y estos no necesitan ni ropas, ni zapatos, ni electrodomésticos, ni nada, solo necesitan discursos revolucionarios y más discursos que fortalecieran el trabajo político-ideológico de los esclavos; quién dice que el daño mayor fue la destrucción de la principal industria del país, la azucarera, o la cafetalera o de casi todas las industrias que existían antes de la hecatombe del 59, en sí Fidel y su 'utopía' descorazonaron casi todo el país, ningún ciclón, huracán, meteorito, tornado (rabo de nube) o temblor de tierra ha causado tanto daño y destrucción como el dueto Fidel-Raúl, son terribles esos niños, son gente de cuidado, vean cómo está Cuba y se comprenderá mejor; tampoco fue el daño hacernos creer que estábamos en el pináculo del mundo con títulos de potencias médica, en educación, en deporte, en cultura con los llamados médicos del alma, con más médicos y maestros per cápita que ningún otro país, no, no, no, ¡Cuba, una tacita de oro o de m…, es decir de mentiras!; tampoco fue el daño de meternos preso por tener dólares en el bolsillo, o por pararnos en el portal de una shopping en los años 80s. y 90s., o por comprar 10 cartones de huevos, o por comernos una res que sacrificamos porque "era nuestra", o por no poder comer camarones o langostas sin ir a la cárcel porque esas comidas ilegales producían "enfermedades" y había que evitar que los esclavos de Fidel las consumiéramos; no fue tampoco el daño mayor el no adaptarnos a comer avestruz, o búfalos, o jutías, o iguanas, o majáes de Santa María, o no ingerir las infusiones de plantas traídas desde no se sabe dónde para cuidar la salud del pueblo como quería FCR, esto referido a la moringa oleífera y la morera; no fue el daño mayor el trauma de meternos meses, años sin apenas ropa suficiente para vestir adecuadamente, con un pantaloncito por la libreta o un metro de tela cada vez que el cometa Halley se acercaba a la Tierra, o andar con zapatos rotos; el daño mayor provocado por Fidel Castro Ruz fue…, fue…; el daño más fuerte que le ocasionó FCR al cubano de a pie no fueron las interminables y largos números de horas oyendo discursos y discursos que no se materializaban nunca en todo lo que en ellos se decía; no fueron las **hideas** fidelistas de hacernos creer aquella locura de las tres invulnerabilidades, la de que éramos invulnerables políticamente, la de que casi éramos invulnerables en lo militar (tal vez él no le dio el 100% de la posibilidad porque le faltaban los coheticos nucleares que Nikita Krushov le quitó en 1962), ¿y de la invulnerabilidad económica qué?, no de esa mejor no hablemos, por eso estamos tan frustrados, entre otras cosas; pero tampoco fue el daño mayor cuando la revolución fidelista la emprendió contra la religión en la isla al extremo de expulsar a más de un centenar de clérigos en los primeros años del triunfo revolucionario; no fue el daño que nos hizo la guapería revolucionaria del líder violento que se fajaba con cualquier presidente amigo o enemigo porque Fidel nos enseñó que él siempre tenía la razón aunque estuviera equivocado; tampoco estuvo ese daño en la conducción errática de una economía que se decía crecía al 10, al 11% y ese crecimiento no se veía en la mesa, ni en los servicios, ni en lo que teníamos que vestir, ni en el transporte, ese crecimiento hipotético estaba solo en la mente y el deseo de los dirigentes de la cúpula; mucho menos estaba ese daño en las insuficiencias y deficiencias de un sistema de salud en que los medicamentos no los hay en las farmacias, y en los hospitales que se destruyen o los insectos de todo tipo creando bandas de música en ellos y llenan salas con sus congéneres, o crean equipos de fútbol y llenan estadios con los que asisten al espectáculo; el daño mayor provocado por ese tranvía llamado Fidel Castro Ruz fue…, fue…; el daño más tremebundo, más espantoso provocado por FCR fue el *habernos cercenado y robado la masa encefálica a los cubanos que nos quedamos atrapados en la isla* *después que FCR nos diera aquellos caramelos fatales de: reformas agraria y urbana, de educación, de salud, de fábricas e industrias arrebatadas a sus dueños, con los que nos edulcoraba la vida y sublingualmente nos obligaba a creer en su revolución y en él; craso error del que no nos hemos recuperado millones de cubanos porque somos fieles esclavos falderos seguidores de las deformadas hideas de Fidel, que era el único que pensaba; los esclavos no estábamos para pensar, además con qué kño íbamos a pensar. A partir de este tratamiento los cubanos perdieron la capacidad de pensar, de disentir, de opinar, no había, no tenían que pensar porque para ello estaba Fidel y el papel de la masa esclava era seguir al dueño del rebaño como ovejas, sin chistar, calladitos, listos para obedecer los dislates, las extravagancias y desmanes del dictador sustituto, léase Fidel, que sustituyó a Batista.*

Los cubanos de la isla y de afuera de esta también han devenido en una especie de fundamentalistas, siguen al pie de la letra lo que dentro de ella se diga, sin imaginar que lo que se está llevando a cabo es la limpieza de lo poco que les quedaba de cerebro con el fin de que el esclavismo se perpetúe, los que más lejos llegan en el sentido de disentir de la revolución fidelista dicen, mirando hacia los lados como inequívoca señal de miedo: "esto está malo, pero qué vamos a hacer, la revolución nos lo ha dado todo"; mientras que los de afuera de la isla la emprenden contra los que en Cuba tienen muestras de apoyo a la revolución sin pensar que estos no tienen muchas opciones, que desde afuera unos podemos decir cosas y criticar el maleficio de la revolución, pero los que están dentro tienen familia y tienen miedo y están muchos de ellos comprometidos por los "beneficios" que a diario reciben y no ven que en definitiva la revolución fidelista es como una anaconda-pitón híbrida que arrollada sobre la masa esclava aprieta fuertemente con sus anillos, los va asfixiando, los va ahogando, quitándoles las ganas de vivir, no deja que los esclavos atrapados en los anillos salgan al exterior, los mete en la cárcel solo por pensar, los esclavos que escaparon y devinieron en cimarrones, no todos pueden regresar y entrar, esto como castigo y tal vez para que no contagien a los esclavitos de adentro, los cubanos de afuera no ven que si los que permanecen dentro de la isla no acatan lo que la anaconda-pitón disponga, el nivel de represión con violencia y golpes incluidos es tremendo, no ven como la híbrida aprieta, cada vez más, y más, y más, hasta que un día se quiebre uno de esos anillos o varios al mismo tiempo y entonces toda esa masa dócil, sumisa y obediente se transforme en bolo indigerible e inmanejable.

Es un proceso largo, los esclavos de la isla tienen que sentirse bien sofocados, con mucha falta de aire, a penas sin fuerzas, con la mirada perdida ya casi sin vida y en esos estertores surge la fuerza redentora, liberadora y quiebra los lazos, los anillos envolventes que le arrebatan la vida a la masa esclava; el proceso puede ser largo, doloroso, frustrante, es como un parto natural, sin cesárea, tal vez desde afuera se pueda dar una ayuda haciendo una pequeña escisión, una hendidura para ayudar a que el parto se consuma, pero las principales contracciones tienen que producirse allí, adentro de la isla, esas contracciones sin dudas ayudarán a que la criatura rompa los tabúes, los anillos que la oprimen, los que quieren quitarle la vida por venir y el porvenir; ningún parto está ausente de pérdida de sangre, por poca que esta sea, pero habrá alguna pérdida, eso es inevitable, ojalá y sea mínima, pero la habrá.

Los cubanos de afuera debemos ser objetivos, no levantar falsas expectativas con lo que sería el futuro de la isla una vez se consuma el parto, no se puede o no se debe crear el ilusionismo de que se va a vivir como en España (como ha dicho un cubano residente allí), o como en Francia o como en los EUA, eso es mentira, es una quimera al estilo de Fidel, no más mentiras por favor; no se puede pensar que con un país que ha involucionado, que se ha **subdesarrollado** durante más de 60 años, que camina como el cangrejo, pa'tras, ahora de ya pa'ya, de ahora pa'hora mismo vamos a alcanzar esos niveles de vida, esas propuestas no son serias, ni reales y lo que hacen es sembrar la duda en los que aún tienen algunos vestigios de materia pensante.

Hay que entender que el país está patas arriba, la portada no los enseña, la isla ha dado un giro en sentido contrario a como giran las manecillas del reloj, +180, ese giro es el que describe un ángulo en sentido positivo dentro de las Matemáticas y por eso los fidelistas piensan que la isla ha progresado desde que ellos la han cogido entre manos, ellos no son capaces de ver cómo la han hecho retroceder y no ven que con el giro de la isla en el sentido de las manecillas del reloj es cuando se obtiene el verdadero ángulo orientado en sentido negativo y con él llevarla al desarrollo; nada que en las Matemáticas el sentido de la orientación positiva y negativa es contrario a como ocurre en la vida real; los pobres están confundidos, necesitan ayuda, por eso deben ser sustituidos todos, los viejos y los nuevos que los han acompañado, ya ellos no saben ni donde les queda la Estrella Polar para por lo menos ubicar el norte porque la brújula o la rosa náutica no les es suficiente. Están perdiditos, perdiditos, perdiditos y no hay quien los traiga de regreso a la realidad, parece ser que se quedaron varados en el 1959.

¿Cómo un país que ha descendido a niveles nunca antes pensado, un país cuyo **subdesarrollo** e involución lo ha hecho descender más profundo que el fondo de la Fosa de las Marianas, va a tener niveles de vida como los países considerados como *el yuma*? Una economía no se hace en uno, dos, tres, ni cinco años, es resultado de muchos años de arduo trabajo donde se acumulan riquezas, bienestar para la satisfacción de los que la habitan con independencia de si son o no revolucionarios; estúdiese el caso de los EUA para que se vea cómo fue acumulando bienes, servicios, léase una vez más lo acontecido desde los inicios fundacionales de la nación y cómo, a pesar de que hubo abusos, malos pagos, discriminación, violencia y violaciones, a pesar de todas esas desgracias ocasionadas por un crecimiento desmesurado a toda costa, ese país logró lo que hoy nos exhibe. Tardó años en alcanzarlo, así que ahora Cuba no va a obrar milagros en unos añitos, un país que se cae a pedazos, un país que está en peores condiciones que hace casi 120 años cuando en 1902 fue declarada como república. A pesar de los pesares y de todo lo que hay que lamentar en la llamada época republicana, la isla avanzó bajo la égida de una inversión nacional y foránea al extremo de ubicarla como uno de los países del continente americano con más progreso en aquellos años entre el 1902 y 1958, esa es la verdad; lo que no quita las calamidades y miserias que había en los campos, los trabajos solo en época de zafras, el ejército de desempleados que existía en la nación; la discriminación hacia los negros sobre todo, pero también a los pobres con independencia del color de la piel; el robo descarado de los fondos públicos, sin enmascaramiento, por lo menos los descarados instaurados ahora roban pero se hacen los que están invirtiendo en cualquier cosa; en aquella república que no había escuelas suficiente para todos los niños, entonces ahora hay quien nos quiere hacer creer que la educación privada resolvía la ausencia de escuelas públicas, y hay que ser tarado mental para concluir que si no había educación pública, esa que se suponía atendiera el gobierno, la privada iba a suplir el déficit, hay que ser…, mejor que me calle, que no diga nada, … no quiero hablar, no quiero hablar; será que aún existen personas que quieren que nuestras calamidades se perpetúen de por vida para los pobres, esa fue una de las causas por la que varios se fueron al monte a luchar y traernos una revolución deformada que no cubre las expectativas de millones, pero no podemos volver al monte para resolver esos problemas porque nos haríamos presa de los mismos problemas que hoy vivimos.

Aquella república no la queremos ni en juego, pero la que tenemos ahora muchísimo menos, por corrupta, mendaz, manipuladora, enferma como sus dirigentes de un ego fatal, que nos hace creer que estamos en el cielo y no en el abismo, en el precipicio.

Los cubanos fundamentalistas del exilio, algunos de ellos, no todos, gracias a Dios, quieren hacer ver que cuando se produzca el añorado **parto** las cosas cambiarían súbitamente y uno se pregunta: ¿serán estos los nuevos Fidel Castro tratando de engatusar a los actuales esclavos que perdieron la posibilidad de pensar gracias a las acciones de aquella lumbrera llamada FCR?, porque no se puede pensar que del lugar donde está la isla ahora se le puede hacer emerger con unos baloncitos de aire, eso ni pensarlo, da risa mezclada con llanto y rabia aderezada con un odio infinito a los que nos han hecho descender hasta casa del carago allá abajo a más de 11 034 m, es decir más de 11 km de profundidad, no resulta fácil remontar esa distancia viniendo desde tan lejos, desde tan profundo lugar donde hay que tomar en cuenta todo el peso que sobre la isla hay en cuanto a cosas dejadas de hacer, así como otras que se han destruido; entonces no se le puede llenar la cabeza de sandeces, boberías y sueños irrealizables a los esclavos de la isla.

Otro aspecto que destaca en los cubanos que estamos afuera de la isla es la arremetida contra los que son comunistas, o contra las personas que sin ser comunistas no se expresan en contra del régimen de marras; por el camino que se mueven estos cubanos nos veremos otra vez matando personas por disentir del sistema político que se instaure un día y que se espera sea diametralmente opuesto a la barbarie que se vive hoy en Cuba bajo el fidelismo.

En el mundo desarrollado existen grupos de personas que no comparten ideas con los gobiernos que asumen el poder, estos grupos son extremistas y en su ejecutoria son capaces de matar personas por el simple echo de ser migrantes, o por negros, o por ser pobres o por cualquier otra razón totalmente baladí, incluso matan, ponen bombas en lugares públicos causando muertes de personas que no son conocidas por estos bárbaros; en uno de los países que exhibe uno de los estándares más altos de democracia existe un grupo de extrema racial para matar negros y ese grupo no ha sido ilegalizado, ni perseguido, como sí lo fueron en la década de los 50s. y los 60s. los comunistas, que solo tenían ideas políticas y que directamente no mataban ni asesinaban a mansalva.

Estos grupos de facinerosos, de extremistas cohabitaban con el partido comunista que en los EUA tenía un cierto grado de legalidad tal como la tenía el KKK, mientras los comunistas eran perseguidos y hostigados los miembros de las 3K dormían la dulce vida matando de vez en cuando a un negro o negra y no pasaba nada; no es menos cierto que en las últimas décadas, sin que la tenebrosa agrupación haya desaparecido, las cosas han cambiado para mejor, pero aún están con su estatus en los EUA, sin que se les moleste, como reflejo de lo que es una amplia pluralidad de pensamiento y tendencias opuestas.

En los EUA se cometieron crímenes de estado bochornosos, basados en que los encartados eran comunistas o habían colaborado con ellos, no vamos hablar del caso de Sacco y Vanzetti de la década de los 20s. del siglo pasado procesados e inculpados en un juicio sucio, amañado, con contradictorias pruebas que no probaban nada que fuera verídico y después de 7 largos y penosos años fueron ejecutados en la silla eléctrica, sin pruebas que verdaderamente los incriminaran por el crimen de asesinato que NUNCA fue demostrado, sin embargo los mataron más que por otra cosa porque tenían un pasado anarquista, incluso cuando varias organizaciones mundiales pedían su absolución por lo turbio que se mostraba el proceso. Cincuenta años después fueron revindicados por un hombre limpio de esos que no abundan, el Gobernador de Massachusetts, Michael Dukakis.

Pero del siglo pasado los EUA tienen su hoja de servicios en extremo sucia, así lo acredita el caso de un matrimonio asesinado sin podérsele probar que en verdad ellos habían vendido el secreto del arma nuclear a Moscú, una imputación falsa, carente de toda credibilidad, sin las garantías de las supuestas pruebas que dio la fiscalía, pero los Esposos Rosenberg, Ethel y Julius, tenían que morir como lección inequívoca que se transmitía para los que tenían ideas comunistas; era la época del macartismo y se vivía en el mundo los inicios de la llamada guerra fría, donde ser comunista era más grave que todos los pecados capitales juntos.

Estos fueron los albores de la llamada guerra fría en que el mundo occidental, y con mucha razón, se defendía de la peste que representaba el comunismo, y lo hacía con todos los medios a su alcance, fueran limpios o sucios para incriminar y matar a cuanta de dar un escarmiento; los Esposos Rosenberg son un ejemplo de esa barbarie, al morir ejecutados injustamente el 19 de jun. de 1953, en la silla eléctrica dejando dos hijos, Robert de 6 años y Michael de 9 años; todo por la histeria anticomunista, histeria fundamentalista que se puede apreciar en cierta medida hoy en los cubanos que desde afuera de la isla consideran que si alguien le cantó al sátrapa y mentiroso de FCR, esa persona no debe actuar en escenarios estadounidenses, es respetada la posición que respecto a esto pueda tener cada cual, pero cuidado, la verdadera democracia es amplia de pensamiento, que cada cual sea lo que desee ser, comunista, ateo, religioso, apolítico, revolucionario, republicano, la democracia como tal no puede ser tendenciosa, es y debe seguir siendo LIBRE; no hay que tenerle miedo a los comunista, ni llevarlos al paredón por sus ideas porque si no estaríamos haciendo lo mismo que los fidelistas hicieron al triunfar y durante todos estos años y sería bochornoso que sigamos sin encontrar el camino de la convivencia en armonía permitiendo que cada cual piense como le venga en ganas; esa pluralidad que hoy se reclama y esta teniendo vida para los que tienen distintas preferencias sexuales al género que representan, sin discriminación y con mucho respeto, esa es la única forma para poder vivir en paz.

De lograr un cambio en Cuba, no podemos volver al pasado republicano que no fue bueno para millones de cubanos que morían callado, sin chistar; tiene que ser una Cuba habilitada para todos los que nacimos allí, no una Cuba *"con los humildes, por los humildes y para los humildes"*, como quería FCR, sino una Cuba como lo quería José Martí, ***"con todos y para el bien de todos"***, pero de verdad, no de mentiras como ocurría en la puñetera República mediatizada en la que solo vivían los que tenían y los demás que se _odieran, eso no puede volver; las oportunidades han de ser para todos los que demuestren facultades, cualidades, aptitudes, inteligencia, destrezas, esto si queremos que la nación marche a mejores niveles que los exhibidos en sus casi 120 años de nación.

Por eso hace falta que todos pensemos lo que queremos para el país, si pobreza, si burocracia, si nepotismo, si corrupción, si bufones actuando como mandatarios o payasos proponiendo comer carne de animales que son especies endémicas, o generales de división dedicados al cultivo de dos plantas para que la población consuma sus infusiones, en lugar de dedicase a ver cómo producir más carne de res, de gallina, de cerdo, o a investigar la desaparición "¡misteriosa!" de las enormes sumas de dinero que entran al país y usted ni nadie ve en qué se emplea porque el hambre, la miseria, la pobreza lejos de desaparecer crecen más rápido cada día, crecen en forma exponencial; si lo que queremos es tener un parlamento de porquería que no controla na', ni representa na', con un presidente que solo está ahí porque es de la raza negra y para dar una distorsionada idea de democracia, pero cuyo presidente-jefe de estado no decide na' porque todo está decidido ya; si lo que queremos tener es una GAESA que maneja fondos y recursos sin darle cuentas a nadie repitiendo parte de la historia por la que fueron asesinados cuatro militares en 1989 por la urdimbre, por el complot que se tejió para justificar las operaciones "ilícitas" que tenían lugar en el llamado departamento MC.

Los esclavos del fidelismo tenemos que estar dispuestos a redimir al país y sacarlo del zafacón donde lo ha metido el castrismo y darle un nuevo giro en beneficio de todos, porque ni esta etapa de nuestra sociedad vale la pena, pero la que le antecedió tampoco la vale; ambas estuvieron lastradas para el disfrute sencillo, simple, sin pompas de toda la población; no olvidarse de la miasma que lastró a la isla antes del 59, no nos engañemos, no más cuentos de hadas que esos son buenos para dormir a los esclavos que aún no tienen materia gris para pensar, pero hay otros que sí pueden pensar y son capaces de hacerlo mejor que la mierda que nos trajo el fidelismo y la etapa de la república mediatizada; hay que llegar al fondo de los problemas para revertirlos de una vez y no estar poniendo curitas de agua con sal. Ni el fidelismo vale la pena, pero aquella con los defectos enunciados tampoco la vale, esas no sirven de modelo para lo que queremos los cubanos.

El fidelismo, su revolución, su líder, han sido el motivo del atraso económico, de la calamidad social en que vive el país, de la miseria humana de millones de personas que han perdido los valores de honestidad, de decencia, de amor a la familia y a la patria, de respeto entre las personas y a lo ajeno, de no apropiarse de lo que no es suyo, de un conjunto de valores que se daban en la familia cubana aun cuando había miles de vicisitudes y limitaciones irracionales, y todos esos valores fueron trocados por los **balores fidelistas**, por los **balores revolucionarios** que son los del odio al que no piensa como tú, la persecución por razones de religión, de política, el robo de lo que la revolución arrebató y dijo que era de todos y ahora muchos roban de esa propiedad robada, por los **balores** de delatar, de chivatear al vecino, al amigo, al familiar por cualquier razón, esta acción antes del 59 era muy negativa pero cuando llegó la hecatombe fidelista cambió de mala para buena, para positiva, **balores** de golpear inmisericordemente a un cubano porque este abandone el país donde se ha instaurado un régimen de intolerancia; si nos ponemos a valorar que ha sido la revolución de Fidel y no la revolución de los cubanos, tendrá que concluirse que esta ha traído más pesares que glorias, no solo por las miles de muertes por revancha, o muertes inútiles, o muertes para que no estorben en los aviesos destinos que llevan al país y a todos los que en él están a un precipicio, sino por los daños emocionales, las frustraciones, las limitaciones, las cegueras en las que han ido a parar millones de seres humanos siguiendo las malas **hideas** de un loco que todo lo que hizo fue por brillar él, su único interés era sobresalir él y ser seguido por un ejército, por una muchedumbre de adeptos, de esclavos sin la posibilidad de pensar, que estos se entregaran a sus designios sin hacer un mutis y hay que reconocer que gracias a su inteligencia, a su cochina y maldita oratoria, lo logró.

"No quiero hablar, no quiero hablar", esas eran las palaras de un niño sabio, inteligente, ante situaciones que eran evidentes y que alguien hacía mal, pero aunque no se tenga toda la evaluación suficiente para hacer un diagnóstico de la personalidad de FCR, algo hay que decir; sin ánimo de ofender, de ser irrespetuoso como él sí lo fue, sino con el propósito de hacer un bosquejo de lo que era FCR.

Por algún tiempo se ha esperado que una figura con currículum, con preparación adecuada, con estudios sobre el caso FCR, dé un veredicto sicológico sobre este sujeto, porque no sería ni profesional, ni muy serio que alguien empíricamente, haga algo que requiere de cierto rigor científico; ese dictamen es el que debiera dar un día la Dra. Hilda Molina, una científica prestigiosa, destacada, muy destacada, con una inteligencia nada semejante a la del monstro FCR, que interactuó con él en múltiples ocasiones dado a que ella era la flamante y distinguida directora de una institución científica que ella gestó y dio a luz, el CIREN; el perfil sicológico que ella haga va a tener un grado de veracidad y respaldo científico mayor que el que pueda hacer una persona que sin estudios profundos en Sicología pueda hacer.

Algunos perfiles se han dado a conocer y no distan mucho de lo que aquí se esboza, pero el que dé la Dra. Hilda Molina sería como el pan caliente, es codiciado y de seguro respaldaría a lo que sobre este ser irrespetuoso de los demás aquí se dice.

El fidelismo, su revolución, su líder han desvalorizado tanto la condición de ser humano que una de las consignitas lanzada por fifín, una sola deja a las claras que los cubanos, los seres bajo su égida no valen nada, son algo si creen en él, si no es mejor que no existan; mírese este entarimado fidelista para valorar lo que es ser humano, abra bien los ojos por favor, aquí no vamos a interpretar fragmentos de Platero y Yo de Juan Ramón Jiménez, o de la poesía de Rabindranath Tagore, o de Jorge Luis Borge, o de nuestro José Martí, o de cualquier escritor de habla hispana que haya dejado una literatura que resulte difícil de interpretar, aquí la expresión es muy directa, no necesita profundos conocimientos literatos, ni de los giros o de las inflexiones del lenguaje, ni saber mucho sobre símiles y metáforas, basta con leer una, dos, si acaso una tercera vez y ya captaste el mensaje fidelista, esta es la frase: *'primero dejar de ser, que dejar de ser revolucionario'*; he ahí la frasecita, fácil de entender, de interpretar; otra del mismo nivel de interpretación, téngase en cuenta que estas frases de basura no podían tener un lenguaje muy rebuscado porque eran dirigida a una masa esclava, que aunque se había alfabetizado en 1961, algunos o muchos de esos esclavos se quedaron en ese nivel solamente, en el de ser alfabetizado y no siguieron por las batallas del sexto, ni del noveno grado; he aquí la otra: *"donde nace un revolucionario mueren las dificultades"*; ¿qué cree usted respetable lector?, fíjese como la condición de revolucionario es vinculante, esa condición no puede faltar, además no se puede pasar por alto que ser revolucionario es ser amiguito de Fidel, él lo dijo una vez que le preguntaron sobre amistades y dijo que prefería que sus amigos fueran revolucionarios; son tantos los dislates que una enciclopedia no sería suficiente para abarcarlos todos, mire esta: *"ser comunista es el eslabón más alto de la especie humana"*, total atracción a ser comunista, si no lo eres serás un primate o un humos sapiens en sus primeros tiempos, o si fuiste alguna vez comunista como nos ocurrió a algunos y cuando despertamos decidimos no serlo más, entonces se habrá involucionado, ya por esa omisión hasta dejar de ser persona es posible, es algo enajenante; en una de las etapas de aquellas fatídicas y funestas nacionalizaciones en que se le quitaban, se le arrebataban a sus dueños sus propiedades a cambio de nada, en algunos casos los mismos que intervenían devenían en administradores de las entidades intervenidas y ante una de estas rondas de intervenciones el Caballo del Apocalipsis Cubano y refiriéndose a los nuevos administradores de lo birlado, él dijo: "*lo importante es que sean revolucionarios*"; es decir importaba un bledo si el que iba a asumir la entidad era conocedor o no de la misma, pero lo que SÍ tenía que ser fidelista = ser revolucionario = no estar en contra de Fidel, lo cual no era válido siempre porque Camilo Cienfuegos Gorriarán, el fiel Comandante, dijo una vez, en un juego de béisbol: *"contra Fidel, ni en la pelota"* y de nada le sirvió su fidelidad, porque ante personas enfermas de ego y que se creen que todo lo merecen y que nadie puede disentir de lo que ellos digan, ante personas que no admiten que alguien pueda ser mejor que ellos, o personas que pierden su temperamento y compostura si alguien le hace la más mínima observación, o ante personas que se creen la excepción y no la regla, personas que le dicen a presidentes de otros países cual debe ser su comportamiento, cuando estas personas son un desastre que se lían a palabras ofensivas con sus oponentes, ante personas que no tienen clase y que dicen en sus discursos frases soeces que no corresponden al lenguaje, al léxico de un presidente de una nación, ante esta clase de ser humano poco bueno se puede esperar.

En sí, fifín, FCR, el invicto, el PCEM, MLR, LHR, el CJ, el guapo revolucionario, fifo, patilla, el caballo, toda esa caterva de nombres para encumbrar, para magnificar a un ser humano que en la vida real no tenía clase porque no se comportaba con la normalidad de las otras personalidades y dignatarios que nunca se vieron descompuesto o con una conducta errática, guapa, de esquina biranense como se le vio a este, vuestro Caballo del Apocalipsis Cubano.

Este Caballo del Apocalipsis Cubano resulta mucho más eficiente que los cuatro jinetes del apocalipsis porque ellos representaban por separado cada uno de los males con que se castigarían a los que desobedecerían la palabra divina, pero el vuestro es más, qué decir más, mucho más efectivo y eficiente; en uno solo acumula todos los males de aquellos así como otros más para sobrecumplir el plan, fíjese que fifín, fifo, él solo encierra en sí las siguientes pestes: ***hambruna*** (por más de 60 años y no solo de comida, sino de todo lo necesario para vivir como personas y no como esclavos), ***guerra*** (por lo menos en 19 conflictos entre los que se llevaron a cabo directamente y los encubiertos a lo largo y ancho de todo el mundo, un país como el nuestro, lleno de necesidades y miseria con pretensiones de ser una potencia fidelista de basura), ***conquista*** (quería ganarse el famoso grano de maíz en el que cabía toda la gloria del mundo y más que el granito quería ganarse todo el maíz del mundo pero lleno de gloria, además desde el punto de vista físico, de territorios, Angola representaba para él una conquista que si bien no iba a desgobernar directamente, sí pasaría a la historia como que él jugó un papel decisivo en su liberación), ***muerte*** (solo al triunfo de la revolución ordenó, participó en la muerte de más personas que la de los 19 superasesinos condenados a muerte en los Procesos de Nuremberg que se llevaron a cabo por más de dos años entre nov. 20 del 1945 y dic. 5 del 47, mientras que en el primer añito el fidelismo se adjudicó la muerte de por lo menos 839 personas en juicios de poca seriedad, juicios relámpagos y con el pasar de los meses y los años las cifras serían de terror, escalofriantes; este sr. fue todo un asesino con barba de gorila, para atemorizar; las cifras están sobre las 10 000 muertes y se dicen conservadoras), ***mentira*** (las dijo a granel, por toneladas, al menos si escaseaban los productos básicos para vivir incluso como esclavos, no podía escasear la mentira, fue brutal, la producción de mentiras suplió con creces la de todas las producciones industriales y agrícolas de cualquier época; sin miseria, las mentiras fidelistas eran como ese rimo creado por un gran músico referidas al ritmo que él creó, pero en este caso el texto musical se ajustará a la mentira: 'sin miseria, la mentira fidelista es sin miseria'), ***venganza*** (matar a amigos para que no le hicieran sombra, desaparecer gente que pudieran robarle el show, incluso, un presidente que lo ponchó en una de las Cumbres Iberoamericanas tuvo una muerte cuya causa fue objeto de cuatro versiones diferentes, ¡qué raro!, y si hay algo cierto es que este sr. no perdonaba al que le humillara o lo hiciera pasar una pena en público, esto es parte del perfil sicológico del encartado y este sentimiento de no ser humillado en público lo acompaña desde su época de estudiante interno en Santiago de Cuba), *egolatría* (quizá desde su niñez tuvo lidiando con estos males, tal vez falta de cariño, de amor materno, de una familia, de ser humillado por su condición al nacer, por miles de aspectos que son conocidos cuando se adentra uno en la vida de la niñez-juventud de este humano; hay un perfil sicológico del sr. en internet, que no está rubricado por alguien, que es muy completo), *demagogia* (hay un tema musical que se ajusta muy bien a lo que este hombre hacía para atraer a la población, hablaba a diestra y siniestra para que la población no pensara en nada más que en sus discursos, en la década de los 60s. cogió un vicio de micrófono que eran 25 o 26 horas diarias de discursos para sumarse al pueblo, para que la gente lo quisiera, él quería y reclamaba para sí todo el cariño y afecto que no tuvo cuando más joven; si se quiere saber cómo era la atracción que el pretendía de la población hacia su nefasta persona, léase el discurso inaugural del 8 de ene. del 59), *traidor* (tal vez si este fue uno de los rasgos de su personalidad que más daño hizo, él, que se dice odiaba a la traición, la usó sin medidas, contra amigos, familia, y ni que decir contra la legión de esclavos que llamó "nuestro pueblo", era un traidor nato, de sangre fría, sin escrúpulos, al punto de prometerle a la madre de uno de sus comandantes, que según las regulaciones fidelista había sido declarado como traidor y al cual iban a fusilar, que no lo matarían y hacer al día siguiente todo lo contrario, o decirle a los familiares de uno de sus más allegados correligionario, ante la pérdida de este, que el desaparecido pronto estaría de regreso cuando él sabía que eso nunca pasaría; en sí FCR traicionó a todo y a todos, cuántas veces dijo que no era comunista y después se viró con el doble blanco o con el doble nueve, según se considere, no era limpio, no era transparente, uno nunca sabía si actuaría de acuerdo a la lógica o de acuerdo a los **prinsipios fidelistas**, o cuando dijo decenas de veces que él no estaba interesado en el poder y cuando le dieron una oportunidad que se hizo de él más nunca se bajó y así sería interminable la lista de vaivenes, de subes y bajas del dueño de la traición); todas estas 'deidades', 'virtudes' en un solo jinete que al mismo tiempo era el caballo; indiscutiblemente es mucho mejor, más eficiente tener uno solo que tener cuatro que no abarcaban todos los aspectos que este comprendía, a este Caballo del Apocalipsis Cubano le fueron concedidos todos los más altos cargos de la nación, y para no quedarse corto también atesoró todas las peculiaridades negativas que un ser humano pueda poseer, nada personal, pero así es visto.

La ecuación de la vida que mejor lo define es: FCR = hambruna + guerra + conquista + muerte + mentira + venganza + egolatría + demagogia + traición = 0.

Algo sí parece ser que ocurrirá en el futuro cuando toda las heces producidas por este individuo y su sistema vengan a la superficie, y es que si algún día no lejano de la última década del siglo pasado vimos con estupor, pavor, con espanto cómo los rusos bajaban las estatuas de Lenin de sus pedestales, sin que el gobierno fidelista dijera una palabra certera del porqué aquello ocurría, entonces es de esperarse que la figura del invicto, de fifín, del comandante que nos mandó a miles de jóvenes a morir en cualquier latitud, que esas imágenes aparezcan en el basurero de la historia como justo pago a la obra que el sucumbió; sabido es que él no quería estatuas, al parecer tenía una premonición, pero a falta de estatuas su retrato estaba en cualquier lugar, en tiendas, fábricas, teatros, escuelas, en retretes, donde quiera se podía encontrar su foto y de seguro que ellas irán a parar a los zafacones o los tanques de desperdicio como pago a la obra tan nefasta que nos dejó llena de odios y mentiras. De momento una foto suya apareció en febrero del 2020 en un tanque de basuras, pero es de esperarse no sea la única, vivir por ver. Ese es su lugar.

LOS TEJIDOS Y LAS CÉLULAS QUE MUTAN.

La Biología es la ciencia que estudia la vida en el mundo animal y vegetal; estos a diferencia de los minerales están formados por tejidos que a su vez tienen como estructura primaria a las células.

En el mundo o reino animal algunos ejemplos de tejidos lo son el óseo, el tejido muscular, el nervioso, el epitelial y otros; en el mundo o reino vegetal se pueden contar los tejidos de sostén, de crecimiento, de protección, de conducción entre otros. Tanto en uno como en otro reino la estructura básica de cada uno de estos tejidos son las células; esa en la estructura básica, la elemental, podría decirse que la primaria.

En la sociedad cubana, esa que se llama socialista unas veces y comunista otras, en la constitución del 24 Feb. de 1976, Artículo 35, se dice: *El Estado protege a la familia, la maternidad y el matrimonio. El Estado reconoce en la familia la célula fundamental de la sociedad y le atribuye responsabilidades y funciones esenciales en la educación y formación de las nuevas generaciones.*

La constitución del 24 Feb. de 2019, en semejante artículo 35 reza: *El Estado protege a la familia, la maternidad y el matrimonio. El Estado reconoce en la familia la célula fundamental de la sociedad y le atribuye responsabilidades y funciones esenciales en la educación y formación de las nuevas generaciones.*

Esta segunda versión es copia fiel de la primera, pero además con el mismo número de artículo y todo. Solo acotar que cuando se dice *familia como célula fundamental de la sociedad,* hay que insertar la palabra: *revolucionaria*, no puede ser una familia cualquiera como existe en cualquier punto del planeta, sin que esta familia esté investida de la condición de *revolucionaria*, en la Cuba fidelista o castroniana si no es revolucionaria no es trascendental. En este contesto, es obvio que el término célula reviste otro significado al que originalmente le fue atribuido, aquí tiene más bien un significado social.

Si se considera a la sociedad como un ente vivo, en constante movimiento y no se dice evolución porque en Cuba, lejos de evolucionar, la sociedad involuciona, pero si se le considera como algo cambiante podríamos establecer otro tipo de relación, que no es exactamente el dado en las constituciones "revolucionarias"; asumamos que la sociedad (organismo viviente y cambiante) está compuesta por familias (estas serían los tejidos que conocemos en los seres vivos) y a su vez las familias están compuestas por individuos, por los miembros de cada familia (ahora serían las células referidas en los seres vivos).

Supongamos a esta sociedad, la cubana, como alguien que durante 57 años ha estado esperando una vida más digna que la llevada desde su nacimiento el 20 de mayo de 1902, todo lo que había vivido en esos años no satisfacía las expectativas de ella como sociedad, cierto que se habían dado momentos de algún esplendor pero aún había muchas cosas que la mantenían como una sociedad insatisfecha.

Ella sabía que algo grande se gestaba desde hacía muchos años, por ejemplo cuando tenía solo 31 años estuvo a punto de recibir un cambio muy significativo en su vida, pero este se fue a bolinas, no fraguó y ella, la sociedad, siguió esperando; a los 50 años sufrió un golpe muy fuerte que le estremeció el alma, le mató un tanto las ilusiones de vivir, pero siguió batallando y esperando tiempos mejores; en esos años sus tejidos se desgarraban, sus células morían y sufrirían algunas hemorragias que le afectaban y laceraban la vida, pero ella, la sociedad, siguió esperando algo mejor; a los 57 años sufrió la conmoción más grande y profunda que en su vida había vivido, fue un destello que iluminó todo su ser, pensaba ella, la sociedad, que le había llegado la hora de ser feliz y que tal vez con algunas limitaciones en los primeros años, iría saliendo de la vida de perro callejero que había llevado hasta este momento, se dijo para su fuero interno, de ahora en adelante se renovarán mis tejidos, cada célula que los forman tendrán una mejoría que iría en ascenso paulatino, ella no quería, ni creía en los grandes saltos, había sido observadora de lo que se daba en otros lugares y lo que deseaba era una vida modesta, con posibilidades para todos sus tejidos y células, que no hubiera preferencia de tipo alguna atenida al tipo de tejido o de célula de que se tratare, en sí se esperaba una vida plena para todos, con todos y para el bien de todos. ¡Cuán feliz estaba la sociedad!, ella que había sido violada varias veces, tenía heridas que no habían lacerado aún por las cuales sangraba; pero se acabó, 'tiempos mejores me esperaban', se decía a sí misma; ella toda, sus tejidos y células trinaban de alegría ante la posibilidad de una mejor vida para todos, sin exclusiones, aquello era el delirio, lo nunca antes visto, todo su organismo estaba gozoso y pleno de felicidad; pero la felicidad en sociedad pobre dura poco.

De repente y en no muy largo tiempo comenzó la preocupación al ver que algunos de sus tejidos y células mejores ubicados, empezaban a mutar, a desprenderse de ella e ir a parar a otros organismos con mejores o peores condiciones, pero mutaban. Y lo que parecía empezaba bien, poco a poco se iba derrumbando; el encanto causado por el nuevo pretendiente y su voz parlante fue dando acordes muy discordantes, donde se producían cada vez más desgarramientos de tejidos, de células, el organismo se resentía y pensaba que lo que había llegado con mucho bombo, platillo y fanfárrea no era tan bueno como se había insinuado y ella había creído.

La voz parlante que pretendía a aquella dama, algo madura ya, pero bien conservada para sus 57 abriles en aquel momento, resultaba ser un farsante que lo que quería era vivir de lo que ella le podía ofrecer, esa voz le prometió todo tipo de bienestar, que se lucharía en aras de una sociedad mejor, donde todas las células y tejidos tuvieran una vida digna, que ella, la sociedad, tendría estándares de vida superiores a los que otras establecidas desde mucho tiempo atrás tenían en aquel momento, pero la deserción no tardó mucho en llegar, después de pasados unos años olvidó lo prometido y se pudo ver que a pesar de todo el andamiaje que montó, para esta voz parlante, la patria no era aras, sino pedestal sobre el cual estructurar su discurso engañoso.

Cierto es que en el inicio hubo algo que hacía pensar en una mejor vida, porque las células y tejidos que estaban más debilitadas empezaron a recibir alguna ayuda pero a partir de sustraerle las provisiones a los semejantes que ya estaban establecidos y que contaban con buenas condiciones de vida; este pretendiente no creó sustentos nuevos para los más debilitados, sino que arrebató lo que tenían los tejidos y células mejor establecidos; esto creó un gran desequilibrio en la sociedad, todas las expectativas que se habían creado empezaban a desvanecerse, aun cuando para algunos tejidos y células de aquellos primeros tiempos todo le sabía bien, a gloria; lastimosamente muchos de aquellos con el tiempo también empezaron a penar y tuvieron que mutar a otros organismos.

La relación entre el otrora pretendiente, ahora dueño absoluto de los destinos de la ya añeja, mustia y destruida sociedad, ha durado por más de 60 años, tiempo más que suficiente en que la derruida sociedad ha vivido los años más lúgubres de sus casi 120 años, atrapada en el dilema de unas células y tejidos que aún creen en el falso conquistador y los que ya se han convencido de que por el camino que marcha la sociedad es segura la autodestrucción.

En estos años se ha visto mutar cientos de tejidos, unos completos y otros casi completos, alrededor de 3 millones de células han mutado y sin lugar a dudas el organismo llamado sociedad se ha debilitado y no se avizora que las células y tejidos que todavía permanecen en ella tengan la fuerza suficiente para reaccionar y expulsar del organismo la enfermedad que lo ha estado destruyendo por muchos años.

Los que le prometieron un futuro mejor a la sociedad, la esquilman cada día, se han estado hartando de los mejores nutrientes, luciendo robustos y fuertes físicamente, mientras que han hecho que viejos, medianos y jóvenes tejidos y células muten con la consiguiente involución de la sociedad; los tejidos y células que permanecen en el organismo han hecho una especie de enquistamiento y simulan estar de acuerdo con el conquistador, con el pretendiente-dueño de la sociedad, pero en el fondo tratan de sobrevivir a la escasez de sustancias, nutrientes y minerales que cada vez les llegan en menos cantidad después de todos estos años; ¡han sido más de 60 años perdidos!

Afortunadamente, y con pesar hay que reconocerlo, muchas de las células que han estado a lo largo de todos estos años simulando sentirse a gusto con el trato que le ha dispensado el conquistador y su voz parlante, ya no muestran el mismo grado de satisfacción y se sienten usadas, ultrajadas porque han visto cómo tejidos y millones de células han mutado ante la indolencia y la falta de sensatez del conquistador de la sociedad. Si el 8 de ene. del 59, esta, la sociedad, quedó flechada ante las palabras con las que fue conquistada por la voz parlante, no es menos cierto que la conducta posterior en todos estos años han mostrado una relación dolosa entre la pareja (revolución y sociedad, conquistador y conquistada), una relación coital en que la parte femenina no se siente a gusto por ver cómo a ella se le desgarraban sus tejidos y se perdían sus células y la hemorragia que en los primeros momentos se pensaba sería algo momentáneo, se ha tornado casi permanente, unas veces más profusa, otras más discreta, pero nunca ha cesado; el goce, el placer no era uniformemente placentero para ambas partes, no se disfrutaba por igual, dígase que la porción conquistadora llevaba siempre la mejor parte en la relación que desde muy temprano devino en enfermiza, cuya relación nunca la revolución quiso rectificar, nunca quiso que ese intercambio en el que se supone ambas parte disfrutarían, tomara un giro más equitativo, siempre fue una relación con amplios beneficios para la revolución y con grandes perjuicios y sufrimientos para la sociedad; ha sido así hasta nuestros días.

Nuestra amiga la sociedad no ha tenido tregua; entre los dos períodos vividos, no hay dudas que para muchos el primero, el comprendido entre el 1902 y 1958 resultó mejor, es decir menos malos que este segundo que va para más de 60 años y en el que se nota que el peso de esta etapa la ha afectado profundamente; a ella se le ve destruida, alicaída, mustia, apesadumbrada, sin ganas de vivir, desesperada por romper una relación tormentosa, turbulenta, que a ella, la sociedad, no le conviene desde hace muchos años, pero que el conquistador que está disfrutando y se ve disipado, licencioso, despreocupado de la vida, no quiere que ese estado de cosas cambie.

El conquistador (la revolución) no tiene las más mínimas intenciones de romper las relaciones, se siente bien, está a sus amplias, qué le importa que los tejidos se desgarren, que las células muten, que el organismo se debilite por la falta de nutrientes, de minerales, de todo, de salud para restaurar los tejidos desgarrados, de medios higiénicos para evitar infecciones, de todo, a ella, a nuestra amiga la sociedad le falta de todo, mientras que a la revolución y a su voz parlante no les falta nada, lo tienen todo, por lo tanto no tienen interés en que se rompan las cuerdas, los lazos que los mantienen unidos; a la revolución y a su voz parlante no les importa que la sociedad, sus tejidos y células se destruyan si ellos están como quieren.

Si los tejidos y células de la sociedad no se contraen y se ponen fuerte a pesar de las limitaciones de salud y debilidades que recorren sus organismos, difícilmente la revolución y sus partes se van a separar y dejar el estado de buena vida que llevan a costa de esquilmar a la sociedad. ¡Qué se desangre!, dice el conquistador. ¿Quién lo duda?, dice el escriba. Camine para que vea

NA: Estimado(a) lector(a), siéntase libre de estar o no de acuerdo con lo que acaba de leer si es que hizo el recorrido completo, discrepe, disienta, cuestione, diverja de lo que el autor le ofrece, pero…, pero…, investigue sobre lo que ha leído, no dé todo por cierto, como verdad infalible, ni tampoco por falso, sino que busque con las personas que por su edad e integridad le puedan hablar sobre estos temas que le pueden ser remotos por su edad. Han sido más de 60 años de castrismo y hay acciones que se pueden haber quedado lejos del alcance de personas más nuevas. Es parte de la democracia, opinar a favor o en contra de algo sin el temor a ser sancionado.

Muchas gracias.

GLOSARIO

carago.- palabra de nueva creación; difiere en una sola letra de su originaria y antecesora, se usa para expresar estados de ánimo tales como jolgorio, malestar, incomodidad por algo que no esta bien, etc. Sustituyendo la letra *g* se tendrá la palabra original.

Cenesex.- Centro Nacional de Educación Sexual, para atender las necesidades de las personas discriminadas por tener una orientación sexual diferente al género que representan. Su directora es un FRAUDE.

Cubanazo.- se espera que sea una acción de desobediencia contra el gobierno castrista similar a la que se dio en ago. de 1994, en la que parte del pueblo de La Habana se manifestó contra el régimen que los oprime desde 1959; aquella acción tuvo lugar en el litoral habanero, en la ave. Malecón, esta que se espera debe ser una manifestación de la mayoría oprimida del pueblo de Cuba, y que dé al traste con la dictadura que lo mancilla y oprime; de ahí el nombre de Cubanazo.

GAESA.- sigla con la que se representa al Grupo de Administración Empresarial S.A., es el emporio, el consorcio de las empresas militares que rinden un tremendo beneficio, que administra los negocios más rentables como los del turismo, pero que además no le rinde cuenta a ninguna de las instituciones del estado, es decir ni en el parlamento, ni a la Contraloría General, ni a nadie, solo el general en jefe y su presidente ejecutivo disponen de los fondos que atesora; esta es una cofradía de personas que obtienen grandes beneficios amparados en las necesidades del país, en nombre la nación.

gambito.- es una acción que tiene lugar en el ajedrez en la que se sacrifica una pieza para ganar en posición o adquirir alguna ventaja; con esta palabra se ha representado la acción llevada a cabo por FCR el 17 de jul. del 1959, para derrocar a Manuel Urrutia Lleó, que había sido nombrado presidente por acuerdo de las fuerzas que luchaban contra la tiranía; Fidel quien lo admite como presidente en esos primeros 6 y medio meses, y que ya era primer ministro quería todo el **poder** concentrado en sus manos y necesitaba cambiar a este presidente que le hacía alguna oposición a sus designios por otro que fuera más dócil, así surge Osvaldo Dorticós Torrado. FCR no le da el clásico golpe de estado en que se usa al ejército, lo que hizo fue renunciar al premierato; así que Fidel se hizo aclamar por el pueblo, se hizo de rogar, hubo que pedirle que ocupara el cargo de primer ministro, hubo que llorarle para que el 'niño' regresara, pobrecito él no quería volver al poder. Al pobre Urrutia le quedó como opción el exilio en abr. de 1961.

kño.- apócope de nueva creación; difiere en dos letras de su predecesora original, pero el sonido inicial es semejante a esas dos letras, se usa para expresar estados de ánimo, jolgorio, malestar, para dar fuerza a una expresión. Actúa como una interjección.

LGBTI.- Esta sigla representa a la comunidad donde se asientan y reconocen los derechos de las personas que son L=lesbianas, G=gay u homosexuales, B=bisexuales T=transgéneros y la I =cuestionamiento, que el individuo está en proceso de investigación. La comunidad está totalmente en contra de la homofobia que tanto daño ha causado sobre todo en aquellas sociedades netamente machistas, que no admiten lo diverso, lo diferente.

Maleconazo.- acción de desobediencia contra el gobierno castrista que tuvo lugar en ago. 5 de 1994, en la que parte del pueblo de La Habana se manifestó contra el régimen que los oprime desde 1959;

para sofocarlos se usaron las fuerzas de la policía y se disfrazaron a los trabajadores del contingente de trabajo Blas Roca Calderío que usaron objetos contundentes para golpear a los manifestantes, la orden de semejante salvajismo es muy probable que viniera del propio FCR, quien después que la situación se había controlado bastante, ya en horas de la tarde apareció en el escenario haciéndose el valiente y después relataría cómo ante su presencia los disturbios se controlaron ya en la tarde, pero cuando la candela estaba brava, Fidel que se cuidaba más que señorita, no se portó por todo aquello.

MC.- departamento del MININT (Ministerio del Interior Cubano) que se había creado para burlar el embargo, que los castristas llaman bloqueo, y cuyo objetivo era traer a la isla aquellos renglones deficitarios y que costaba algún trabajo conseguir fuera de las fronteras; este departamento MC, (moneda libremente convertible) se auto constituyó en una entidad fuera de la ley que hacía cosas reprobables, es lo que hace hoy GAESA que actúa bajo la égida del MINFAR (Ministerio de las Fuerzas Armadas de Cuba), que es una mafia más fuerte que lo que en su momento fue MC.

NA.- nota del autor, necesaria para hacer cualquier tipo de aclaración al margen del contenido del texto.

yuma.- voz popular para nombrar a persona de los EUA, por entenderse que vive bien, como los seres humanos, esta voz ha sido extendida a todo extranjero que visita la isla para indicar que tiene un estado de bienestar aceptable, es decir que no es un menesteroso o un pordiosero. También es denominativa de los EUA.